广东服装年鉴 2025

广东省服装服饰行业协会
广东省服装设计师协会　编著

中国纺织出版社有限公司

广东服装

任仲夷 题

「广东服装」——任仲夷题词

努力开拓进取 振兴广东服装

一九九〇年九月 杜钰洲

「努力开拓进取 振兴广东服装」——杜钰洲题词

序

时光镌刻不凡，奋斗铸就华章。回首2024年，广东服装产业于风云变幻中笃定前行，绘就了一幅波澜壮阔的发展画卷。《广东服装年鉴2025》即将付梓，它宛如一座承载行业记忆的宝库，珍藏着过去一年广东服装人拼搏的汗水与闪耀的成就，凝聚着宝贵的经验与深刻的启示，成为我们回首来路、展望未来的重要参照。

过去一年，全球经济格局深度调整，广东服装行业面临前所未有的严峻挑战。在这艰难时刻，每一位从业者都承受着巨大压力，但我们没有退缩，而是携手并肩、积极应对，在困境中挖掘新机，于变局中开创新局，用实际行动诠释了顽强的生命力与不屈的奋斗精神。

在这场艰苦卓绝的跋涉中，广东服装行业依然取得了令人瞩目的成绩。生产端，企业精准把握市场脉搏，灵活调整产品结构，加速推进产业升级，成功实现服装产量的稳步回升，为行业发展筑牢根基。出口端，凭借着完备的产业链条、强大的制造实力和多元的市场布局，广东服装产业稳住了出口基本盘，展现出强大的韧性。

创新，始终是广东服装产业发展的核心驱动力。2024年，众多企业深刻认识到科技赋能的重要性，以金鼎智造等为代表的行业先锋，积极探索智能制造新模式，引领越来越多的企业踏上数字化变革之路，推动广东服装产业在全球价值链中稳步攀升。

文化与时尚的深度融合，为广东服装产业注入

刘岳屏

广东省服装服饰行业协会会长

了全新的灵魂与活力。我们深入挖掘中华优秀传统文化，将其巧妙地融入服装设计中，让中式美学在时尚舞台上大放异彩。从例外与传统文化的深度结合，到生活在左在国际时装周上展现东方魅力，再到希琳、萧娘等众多非物质文化遗产特色新品牌的涌现，广东服装正以独特的文化内涵赢得世界的认可。

初心如磐，使命在肩。衷心期望《广东服装年鉴 2025》不仅是产业发展的鲜活注脚，更是照亮未来征程的灯塔。在这里，要特别感谢大力支持本年鉴出版的华慧服饰，特别感谢同事们年复一年的不懈坚持与辛勤付出，感谢学术委员会、编委会为年鉴贡献的智慧，同时也要感谢中国纺织出版社有限公司的专业支持和严谨把关。正是大家齐心协力的付出，才有了这本年鉴的精彩呈现。

鉴往知来，行稳致远。愿全体同仁以史为鉴，精准锚定趋势，以创新为帆、以合作为桨，破浪前行。相信在我们的携手拼搏下，广东服装产业定能勇立潮头，在国际时尚版图上镌刻更璀璨的印记，续写更加辉煌的篇章！

广东省服装服饰行业协会会长

刘岳屏

2025年5月

导读

　　《广东服装年鉴2025》是全面记录2024年广东服装产业发展的重要文献，信息丰富，有很高的参考价值。本书分为6个部分，包括产业综述、年度关注、年度创新案例、行业荣誉、产业政策汇编以及附录等。重点部分导读如下：

　　【产业综述】开篇对2024年广东服装行业的整体发展情况进行概述，包括行业规模、产量、出口额、产业集群分布等关键数据，分析产业在复杂环境下的发展态势，梳理面临的机遇与挑战，让读者对产业全貌有清晰认识。辅以"2024年广东服装行业大事记"，以时间为轴，扼要记录2024年广东服装行业的重大事件、活动及政策变化，展现行业一年的发展脉络与动态。

　　【年度关注】聚焦"非遗新造""外贸升级""集群创新"。

　　"非遗新造"围绕非遗保护与传承，阐述政策导向，展示非遗与服装服饰融合的创新实践。其中，非遗活动重点收录了广东非遗时尚之夜等21个代表性活动及成效。

　　"外贸升级"着重探讨广东纺织服装外贸在复杂国际环境下的转型升级之路，通过政策导向、外贸基地发展动态，以及多元化的外贸模式，展现广东服装产业在跨境出海方面的积极探索与成果。

　　"集群创新"收录广州市番禺区数字化赋能时尚产业打造湾区"智造"高地的创新案例，以及清远全力打造万亩千亿级"中国快时尚智造基地"的专篇内容。

【**年度创新案例**】展示广东服装产业创新探索和成果，涵盖园区焕新、品牌力量、跨境出海、文化赋能、绿色引领、数智升级、产教融合、新质智造等8个领域，共收录包括比音勒芬、UR 母公司 FMG 集团等在内的30个企业和项目案例，为行业提供了丰富的借鉴。

综上，本年鉴展示了2024年广东服装产业发展全貌，为行业同仁、研究者以及关注广东服装产业的读者提供了丰富的信息和深度的洞察。我们期待通过《广东服装年鉴》的持续编纂与发布，为广东服装行业的持续健康发展贡献一份力量，共同书写中国时尚产业发展的新篇章。

目 录
CONTENTS

1

第一部分
产业综述

2024年广东服装产业概况

2024年，全球贸易环境更趋复杂严峻，市场消费动力整体偏弱，广东省服装行业面临较大考验。在充满不确定性的发展环境下，广东服装行业充分激发发展潜力、逆势而上，坚守"科技、时尚、绿色"的产业定位，持续优化产业结构，加快培育新质生产力，扎实推进行业现代化产业体系建设和高质量发展。

一、生产情况

2024年，在国内外市场需求有所恢复和产品结构调整等因素的带动下，广东省服装生产平稳回升。根据广东省统计局数据，2024年1~12月广东服装行业规模以上企业累计完成服装产量34.44亿件，比2023年同期增长3.5%，占全国的16.83%，比2023年增长0.47个百分点；工业销售产值累计2155.94亿元，比2023年同期下降10.7%；工业增加值比2023年同期下降11%。

二、出口情况

2024年，受国际市场需求复苏动能偏弱、地缘政治冲突加剧、贸易保护主义盛行及汇率波动等因素影响，广东省服装出口略有下降。根据海关总署广东分署数据，2024年1~12月，广东省服装及衣着附件出口金额225.6亿美元，同比下降4.3%，占全国服装出口总额的14.18%，比2023年减少0.72个百分点。

三、经济效益

2024年，广东省服装行业运行质效持续承压，主要经济指标均出现下降。根据广东省统计局数据，2024年广东规上服装服饰企业资产全年合计1784.95亿元，比2023年同期增长2%；负债累计912.70亿元，比2023年同期增长4.5%；主营业务收入2177.99亿元，比2023年同期下降9.5%；主营业务成本1758.59亿元，比2023年同期下降10%；利润总额96.41亿元，比2023年同期下降4.3%；平均用工人数38.50万人，比2023年同期减少9.5%。

四、行业特点

1. 政策出台持续助力

2024年，广东省工业和信息化厅制定出台《2024年开展"穿粤时尚潮服荟"打造纺织服装新质生产力行动方案》，提出各地需因地制宜，在新产业、新制造、新技术、新模式、新消费、新服务等六大方面开展专项行动，推动生产要素的创新性配置以及产业的深度转型升级。这一政策的出台，为广东服装行业的发展提供了清晰的目标和有力的政策支持，引导行业资源向提升产业新质生产力方向聚集。

2. 服装出口下行压力加大

国际市场需求复苏动力不足，欧美等发达经济体补库存周期进入尾声，叠加地缘政治冲突、贸易保护主义等不稳定不确定因素增加，将对我国服装出口造成较大影响。一方面，美国对中国加征关税的幅度和节奏是服装出口所面临的最大不确定性。另一方面，国际采购商加速订单转移的步伐，广东服装企业也在进一步加快全球化产能布局，以规避贸易风险。同时，受益于广东省完善的服装产业链优势、现代化制造能力和多元化市场的强大韧性，以及跨境电商、海外仓等新模式新业态的有力拉动，广东省服装出口仍然存在较强支撑。

3. 内销市场压舱石作用增强

随着国内经济回升向好，消费信心和市场活力逐渐增强，我国服装内销市场呈现平稳向好态势。一是扩内需、促消费、惠民生等政策持续发力。二是以Z世代、新中产为代表的新消费群体崛起，运动、国潮、绿色等新消费增长点结合线上线下融合发展的新零售模式持续激发市场活力。三是县域市场展现出巨大的消费潜力和消费变革需求，国货品牌和电商平台加速布局下沉市场。四是随着促消费及改善营商环境等政策协同发力，服装品牌和企业加强产品开发和场景创新，助力服装内销市场持续回暖。

4. 产业集群发力升级重塑优势

东莞虎门、大朗，中山沙溪等广东纺织产业集群持续推进升级。虎门举办第二届"世界服装大会",发挥自身产业优势,通过特色活动与创新项目,培育发展新优势,在产业分工中继续扮演着重要角色。大朗毛织产业集群则在毛织产品的创新设计、工艺提升及智能制造应用上取得新进展,吸引更多高端人才和资源集聚。沙溪依托深厚的产业基础和创新发展理念,不断推动服装从"制造"向"智造"转型升级,深中通道开通后,沙溪顺势规划了以凤凰山为中心的高端智造园,在直播带动下服装产业蓬勃发展。

5. 新兴服装产业集群崛起

清远作为"广东省纺织服装产业有序转移重点支持建设主平台",抢抓机遇,高水平规划建设"万亩千亿级"制造业大平台,广清纺织服装产业有序转移园成为新的产业集聚热点,为全省产业布局优化提供了全新的发展空间。广州市番禺区纺织服装产业成功入选"国家级中小企业特色产业集群"和"广东省外贸转型升级基地",数字化快时尚产业优势显著,以希音为引领构建起独特产业生态,集群内中小企业紧密协作,推动番禺纺织服装产业迈向新高度。

6. 文化融合创新,中式美学引领潮流

比音勒芬等品牌与传统文化深度融合,更多品牌挖掘中华优秀传统文化元素并将其融入服装设计中。生活在左等品牌在国际时装周展示中式美学魅力,其服装作品不仅在设计上体现传统服饰元素,在面料选择、制作工艺上也注重传承和创新传统技艺。此外,还涌现了佰年金慧旗袍、希琳、云喜纱华、小茹裙褂等一大批非遗特色品牌。

7. 数智化转型加速,赋能全产业链

企业内部数智化深入推进,更多广东服装企业在设计研发环节运用人工智能、大数据等技术进行市场趋势预测、款式设计创新;在生产环节引入智能设备、自动化生产线,提升生产效率和产品质量;在销售环节利用数字化营销手段,精准触达消费者,提升客户体验和销售转化率。致景科技、春晓科技等数字化优质服务商不仅在珠三角地区扩大服务范围,还将业务拓展至全国更多区域,广东服装产业生产性服务业在全国的影响力和辐射力持续增强。

8. 快时尚持续引领,全球影响力扩大

2024年,希音持续拓展海外市场,在全球多个国家和地区的市场份额进一步提升,其成功模式吸引了更多广东服装企业向快时尚领域转型或加强相关业务布局,带动了广东快时尚产业整体竞争力的提升,强化了广东在全球快时尚产业中的引领地位。

9. 品牌建设成果凸显,全球化进程加快

歌莉娅、UR、真维斯等品牌也不断创新营销方式,优化产品设计和店铺体验,在国内外市场吸引了更多消费者。歌莉娅通过在地化管理,准确把握新市场需求,举办一系列文化主题活动,将品牌文化与时尚产品深度融合,增强了品牌的文化内涵和消费者黏性。真维斯从"服装零售"转型为"品牌经营",在2024年双十一期间全网累计销售突破50亿元,创历史新高。

10. 文化创意驱动产业空间升级

广州东山口等时尚街区、中大门"新潮代"时尚港产业数智化平台等产业空间,以文化创意为核心,打造集时尚展示、购物、文化体验于一体的消费场景。这些空间吸引了众多服装品牌、设计师工作室入驻,通过举办各类文化活动、时尚展览,成为传播中式美学和时尚文化的重要阵地,带动了周边服装产业的发展,形成独特的文化时尚产业生态。

广东时尚发布图片辑

2月

2024年2月23日（意大利米兰时间），2024秋冬米兰时装周·深圳福田时尚盛典在米兰王宫举办，奈蔻（NEXY.CO）、卡汶（KAVON）、克劳西（CHLOSIO）组团亮相，图为NEXY.CO奈蔻发布会（图1-1）。

图1-1

2024年2月26日（法国巴黎时间），2024秋冬巴黎时装周·深圳福田时尚日在巴黎布隆尼亚尔宫举办。图1-2为拉珂蒂（La Koradior）、音儿（YINER）、歌力思（ELLASSAY）的2024年秋冬系列发布。

图1-2

③月

2024年3月28~30日，第三届潮汕国际纺织服装博览会在汕头博览中心举办（图1-3）。

图1-3

④月

2024年4月16~22日，2024广东时装周—春季（第33届）在广州番禺·万博时尚广场举办（图1-4）。

图1-4

2024年4月17日，广东省服装服饰行业协会青年企业家分会成立暨就职仪式在广州番禺举办（图1-5）。

图1-5

5月

2024年5月3日，"2024广东非遗时尚之夜"在白鹅潭大湾区艺术中心成功举办（图1-6）。

图1-6

2024年5月19~30日，2024中国（广东）大学生时装周（第19届）在广州国际轻纺城举办（图1-7）。

图1-7

6月

2024年6月29日，在广东时装周组委会组织下，广东品牌联合专场亮相2024亚欧时装周（图1-8）。

图1-8

7月

2024年7月13日下午，作为2024年广东（始兴）围楼文化旅游周的重要活动之一，百年围楼·国潮兴生——非遗国际时装秀在始兴县长围举办（图1-9）。

图1-9

9月

2024年9月20~29日，2024广东时装周—秋季（第34届）在广州番禺·万博时尚广场举办（图1-10）。

图1-10

⑩月

2024年10月16日，广东十佳服装设计师邓小燕、齐立良亮相2024澳门服装节（图1-11）。

图1-11

⑪月

2024年11月15日，在全球浙商服装产业链合作大会上，广东省服装服饰行业协会和浙江省服装行业协会正式签署浙粤服装产业链战略合作协议，太平鸟集团董事长张江平、华鼎集团董事长丁雄尔、雅莹集团董事长张华明、夏梦·意杰董事长陈孝祥、佛伦斯集团董事长吴国胜等服装企业家共同参与见证（图1-12）。

图1-12

2024年11月20~22日，第二十一届中国（大朗）毛织产品交易会在东莞大朗毛织贸易中心举办（图1-13）。

图1-13

2024年11月20~22日，2024世界服装大会在东莞市虎门镇举办，大会发布《2024世界服装大会虎门愿景》（图1-14）。

图1-14

12月

2024年12月6日，2024广东服装大会在清远市广清纺织服装产业有序转移园举办（图1-15）。

图1-15

2024年广东服装行业大事记

一、卡宾助力长八遥三火箭发射圆满成功

事件概述 2024年3月20日8时31分，探月工程四期鹊桥二号中继星由长征八号遥三运载火箭在中国文昌航天发射场成功发射升空。长征八号遥三运载火箭飞行24分钟后，星箭分离，将鹊桥二号中继星直接送入预定地月转移轨道。中继星太阳翼和中继通信天线相继正常展开，发射任务取得圆满成功。本次发射任务中，卡宾（CABBEEN）品牌主理人卡宾先生受邀担任长八遥三火箭试验队队服的设计师，搭建与试验队员的"连心桥"。

上榜理由 作为中国设计师品牌，卡宾一直紧密关注中国航天事业发展，并自2021年起为火箭试验队队员设计与开发专业队服。飞天逐梦，剑指苍穹，探索之路，同心同行。卡宾充分发挥中国原创设计力量，以服装语言呈现航天人自信而强大的风采，为中国航天发展乃至国家事业贡献广东服装力量。

二、西樵镇举办产业高质量发展大会

事件概述 2024年3月21日，西樵镇举办产业高质量发展大会，总投资超30亿元的万钧·南印纺织智造园项目发布，多个重点项目签约、启动，助力产业转型升级，发展新质生产力。万钧·南印纺织智造园项目位于广东西樵纺织产业基地内，总占地面积227亩，配建污水处理、蒸汽管网、燃气管网等生产配套设施，拟打造集线业、高端面料、纺织服装生产等于一体的纺织全产业链示范园区，以纺织全产业链企业和智能装备、新能源、新材料等新兴产业为招商方向。

上榜理由 纺织业是西樵的传统优势产业、区域品牌产业，也是西樵"3+3"产业发展体系的一环，此次大会彰显了西樵推进纺织服装产业转型升级的信心和动力充足。

三、广东省工业和信息化厅发布《2024年开展"穿粤时尚潮服荟"打造纺织服装新质生产力行动方案》

事件概述 2024年3月29日，广东省工业和信息化厅发布《2024年开展"穿粤时尚潮服荟"打造纺织服装新质生产力行动方案》，在新产业、新制造、新技术、新模式、新消费、新服务等方面实施六大专项行动，推动纺织服装产业提质升级，打造产业新质生产力。

上榜理由 纺织服装产业是广东省传统优势产业。该方案的出台，有力推动各地因地制宜，从"新"出发，向"新"而行，凭"新"而变，加快推动纺织服装产业提质升级、打造产业新质生产力。

四、2024广东时装周在番禺举办

事件概述 2024广东时装周选址番禺，举办了春（4月16~22日）、秋（9月20~29日）两季，受到行业内外各界的广泛认可和高度赞扬，活动举办成绩喜人，助力做强做大时尚产业。每季吸引了超过500家企业、上千个时尚品牌、500余名设计师和来自全国各地20多个产业集群共同参与，以服装为基点，向外拓展链接汽车、电器、珠宝、美食等产业，探索"时尚+艺术""时尚+音乐"等丰富结合形式，形成大时尚产业的集中展示平台。

上榜理由 2024广东时装周全力打造首发首秀首展时尚发布平台，充分发挥时尚展会与核心商圈联动的优势，以时尚消费带动时尚产业经济新发展，为广州打造具有国际影响力的时尚之都、为岭南时尚走向世界贡献力量。

五、"2024广东非遗时尚之夜"在白鹅潭大湾区艺术中心精彩绽放

事件概述 2024年5月3日，在广东省文化和旅游厅的指导下，由广东省非物质文化遗产工作站（服装服饰工作站）主办，广东省服装服饰行业协会、广东省服装设计师协会共同承办的"2024广东非遗时尚之夜"在白鹅潭大湾区艺术中心成功举办。活动以"锦绣南粤·非遗华裳"为主题，以动态发布和静态展示的形式展示传统手工技艺的当代化设计。

上榜理由 本次活动充分结合广东省非物质文化遗产馆开馆契机，通过传统文化与潮流时尚的碰撞、文化建筑与现代服饰的交融，在五一劳动节节点为市民和游客呈现了一场极具岭南特色、富有岭南文化内涵的时尚盛宴，提升民众对新馆的认知和关注，聚集人气、形成热度，进一步推动非遗与服装服饰的深度融合，助力打造粤港澳大湾区标志性文化工程。

六、2024中国（广东）大学生时装周在广州国际轻纺城举办

事件概述 2024年5月19~30日，2024中国（广东）大学生时装周以"实现梦想的天桥"为主题，汇聚28所广东服装专业院校的新生设计力量，举办了院校毕业设计展演、指定面料团体创意设计大赛、广东大学生优秀服装设计大赛总决赛、对接交流会等33场主题活动，全面展示了广东服装教育成果。

上榜理由 始于2006年的中国（广东）大学生时装周，是国内首创、规模最大、规格最高，专门为广东省内各高校服装设计专业学子打造的大型公益性时尚发布及交流平台。19年以来，其以人才培育为突破口，已经成为促进我国纺织服装产业人才交流、产学研用深度实践、供需对接的重要平台与桥梁，同时也极大推动着行业时尚设计、时尚教育、时尚制造、时尚消费等产业链的不断延伸、拓展，为探索时尚产业可持续发展提供了更多可落地生根的青春土壤。

七、比音勒芬"五星战袍Ⅲ"惊艳亮相巴黎奥运会

事件概述 2024年8月，2024巴黎奥运会上，与中国国家高尔夫球队相伴十一载，历经三届奥运盛会的中国高端运动服饰品牌——比音勒芬以令人瞩目的"五星战袍Ⅲ"系列比赛装备，助力中国健儿与一众世界顶级球手展开激烈较量。

上榜理由 中国健儿身披"五星战袍Ⅲ"征战，匠心巧思凸显中华风采，让世界看见中国高尔夫，看见广东服装品牌的实力与决心。

八、番禺区纺织服装产业集群入选国家级中小企业特色产业集群

事件概述 2024年9月19日，在国家工业和信息化部正式公布的《2024年度中小企业特色产业集群名单》中，番禺区纺织服装产业集群凭借雄厚的产业基础和强劲的发展潜力，成功入选国家级中小企业特色产业集群，成为2024年度全国全行业新增的唯一一国家级集群。12月，番禺区快时尚服装基地被广东省商务厅认定为"省级外贸转型升级基地"。

上榜理由 2024年，番禺聚力打造"时尚六品"，包括服饰尚品、珠宝精品、声光潮品、化妆美品、定制佳品和皮具优品。近4万家服装企业，由原始设备制造商（OEM）到原始设计制造商（ODM）再到原始品牌制造商（OBM），线上线下、蝶变升级，一个国际化数字化的产业链条、产业生态正蓬勃发展。

九、"潮起湾区·沙溪风尚"2024年沙漠休闲服装外贸基地品牌展成功举办

事件概述 2024年9月23日，"潮起湾区·沙溪风尚"2024年沙溪休闲服装外贸基地品牌展成功举办，在全亚洲最长室外秀道——龙瑞大宗祠213米的青石板街上，15家优质服装品牌企业携最新产品亮相，古韵新潮交融，展现出沙溪时尚的独特魅力。

上榜理由 沙溪作为广东重要的服装产业集群，以"休闲男装"的领先实力，支撑着全球供应需求；以"沙溪智造"的创新举措，引领着产业数字化进程；以"时尚沙溪"的现代姿态，全力打造服装产业新格局，持续为我省服装产业输送发展动能。一场雨中大秀彰显了沙溪时尚的发展决心，创新性地将文化传承、乡村振兴和服装智造有机结合，成为服装产业发展的一个优秀范例。

十、广东品牌迎出海热潮

事件概述 2024年9月27日，林栖个人设计师品牌LINQI在2025春夏巴黎时装周首次亮相，并以"Après la pluie雨后"为主题，呈现了一场沉浸式服装设计盛宴；11月，歌莉娅欧洲首店在西班牙正式开业，成为第一个进驻巴塞罗那感恩大道的中

国时装品牌；12月，FMG集团旗下快奢时尚品牌URBAN REVIVO与功能科技休闲服创领者品牌本来（BENLAI），在泰国曼谷One Bangkok综合商场联袂开设新店。

上榜理由 广东服装品牌纷纷开启全球化征程，以新面貌参与全球时尚格局，对中国时尚走向世界具有里程碑意义，行业正在进入"新航海时代"。

十一、广东省服装服饰行业协会和浙江省服装行业协会达成战略合作

事件概述 2024年11月15日，在全球浙商服装产业链合作大会上，广东省服装服饰行业协会和浙江省服装行业协会正式签署浙粤服装产业链战略合作协议。

上榜理由 本次合作将开启浙粤服装协同发展的新篇章。广东省服装服饰行业协会和浙江省服装行业协会将全面紧密合作，共同为两省服装企业做好138项全生命周期产业发展服务，促进两地服装产业资源互补、优势互成、协同发展。

十二、虎门"三会"同期举办

事件概述 2024年11月20~24日，2024世界服装大会、第27届中国（虎门）国际服装交易会、2024大湾区（虎门）时装周在东莞虎门同期举办。

上榜理由 "三会"联动带来了令人惊喜的收获，实现了"会""展""秀""赛"的紧密融合，以及动态与静态、线上与线下的紧密融合，进一步提升了虎门服装产业在世界上的影响力。

十三、2024广东服装大会在清远召开

事件概述 2024年12月6~7日，2024广东服装大会在清远市广清纺织服装产业有序转移园成功召开，以"产业融合·时尚领航"为主题，精心策划"1+N"系列活动，政府代表、行业专家、领军企业、科研院所及服务机构同台对话，群策群力探索时尚发展新方向。至12月，广清纺织服装产业有序转移园启动建设

一年多以来，已建成高标准厂房110多万平方米，二期2800多亩用地正加快推进开发。戴世拉链、天思服饰、衣针衣线、绿芳洲、丽彦妆、君研、东资达等500多家企业落户发展，聚集效应显现。

上榜理由 本次大会通过智慧碰撞，共谋纺织服装时尚产业的高质量发展蓝图，引领行业迈向更加辉煌的未来。作为承接珠三角产业有序转移的主战场、首选地，清远用心用情当好"服务员"和"店小二"，努力提供更好的政策支持、更强的平台支撑、更优的服务环境，为广东服装提供了更广阔的发展舞台。

十四、广东省服装服饰行业协会、广东省服装设计师协会和中国服装设计师协会达成战略合作

事件概述 2024年12月7日，在2024广东服装大会上，广东省服装服饰行业协会、广东省服装设计师协会与中国服装设计师协会达成战略合作，三方正式建立常态化的互动联络机制，开展在中国国际时装周设立"广东日"、探索构建"中国十佳服装设计师"全国各省推荐评价体系框架的试点及联动机制等系列举措。

上榜理由 产业共融、时尚领航成为当今服装产业蓬勃发展的关键脉络。此次合作促成时尚发布平台的集成互补，打造设计人才的融通之路，以"融"之力量推动中国时尚向世界、向未来！

十五、博罗县纺织服装产业协会正式成立

事件概述 2024年12月27日，博罗县纺织服装产业协会第一届第一次会员大会暨成立大会在园洲镇召开，广东大红马纺织新材料有限公司总经理郑晓航当选第一届会长。

上榜理由 博罗是省内唯一一个为时尚产业设立产业链和出台专项政策的县域。博罗县纺织服装产业协会的成立标志着博罗纺织服装行业在转型升级的道路上迈出了坚实的一步，对整合全县纺织服装产业资源、提高行业影响力和市场竞争力具有积极的推动作用，进一步助力博罗纺织服装产业高质量发展。

第二部分 年度关注

非遗新造

保护传承非遗　谱写时代华章

非遗，源于生活、世代相传，是中华文化的根脉，是民族智慧的结晶。2024年是中国加入联合国教科文组织《保护非物质文化遗产公约》20周年。二十载保护之路为这一年赋予了格外厚重的意义，中国特色的非遗保护制度体系也在这一年更好地被世界所了解。为全面展示过去20年来我国在非遗保护方面所取得的显著成果，提升公众对非遗保护的认识与理解，进一步推动非遗文化的传承与发展，2024年"文化和自然遗产日"非遗宣传展示活动主题被确定为"保护传承非遗 赓续历史文脉 谱写时代华章"，强调非遗保护的重要性，以提升保护传承水平，深化文明交流互鉴，以及实现非遗文化与现代文明的有机融合。

一、政策导向

2024年9月，为鼓励和支持社会各界积极参与非遗的传承和保护工作，规范广东省非遗传承基地的设立与管理，依据《中华人民共和国非物质文化遗产法》《广东省非物质文化遗产条例》等法律法规，广东省文化和旅游厅组织研究起草并发布了《广东省非物质文化遗产传承基地管理办法（征求意见稿）》。

2024年12月，全国非物质文化遗产保护工作会议在北京召开，以"春节"入选人类非物质文化遗产代表作名录为契机，明确"系统保护、人才强基"主线。会议提出构建"非遗+旅游""非遗+教育"融合标准，启动全国非遗馆建设规范、文化生态保护区评估体系研制，首次将非遗知识产权保护纳入2025年工作要点。

2024年12月，广东省首部市级非遗综合性法规《东莞市非物质文化遗产保护条例》施行，首创三大机制。一是分级保护。赋予镇街设立非遗名录权限，塘厦麒麟舞、寮步香市等23个镇街项目获法定地位。二是开放传承。允许异地非遗（如佛山醒狮、客家山歌）在东莞建立传承基地，推动"湾区非遗共融"。三是产业赋能。明确"非遗+制造"路径，高埗矮仔肠、大朗毛织等12个项目纳入"东莞制造"品牌计划。

二、非遗活动

广东省服装服饰行业协会作为广东省文化和旅游厅认定的"广东省非物质文化遗产工作站（服装服饰工作站）"，致力于推动非遗保护工作多方合作、跨界融合，吸引社会力量广泛参与；开展非遗新造物、非遗传播推广、非遗活化利用、非遗品牌塑造、非遗研学提升等多方面工作，探索非遗发展的新模式和新路径；进行非遗时尚化、生活化、价值化和数字化的多项实践，助力非遗传承，推动非遗创造性转化、创新性发展；链接全国各地非遗资源，为有公益心、有兴趣的非遗品牌提供公益性展示平台，持续、全力推进非遗传承创新工作。

2024年，在广东省文化和旅游厅指导下，工作站积极响应国家加强中华优秀传统文化创造性转化、创新性发展的号召，积极响应中共中央办公厅、国务院办公厅《关于进一步加强非物质文化遗产保护工作的意见》精神，按照《关于实施中华优秀传统文化传承发展工程的意见》《中国传统工艺振兴计划》《广东省传统工艺振兴计划》等文件要求，开展了非遗服装服饰展示交流、宣传推广、融合创新等工作，积极推动了广东非遗在服装服饰产业中的创造性转化、创新性发展。

1. 2024非遗时尚融合创新作品发布会

2024年4月17日，2024非遗时尚融合创新作品发布会在2024广东时装周—春季主会场举办（图2-1）。

图2-1

非遗是中华民族的文化瑰宝，是历史长河中积淀的智慧与情感的结晶。时尚则是现代社会的潮流风向标，是人们对美好生活的追求与向往。本场发布会由"织爱行动"公益项目宣讲&约会天才妈妈非遗时尚秀、云纱星韵×邵诗茹·新中式服装作品发布会和小茹裙褂·钉金绣作品发布会三个部分组成，向大家集中展示非遗时尚创新成果，以"非遗+公益""非遗+设计""非遗+时尚"为关键词展现非遗与产业融合发展的无限可能。

（1）力促非遗时尚深融合

广东省服装服饰行业协会执行会长卜晓强指出，乡村振兴建设、公益事业发展和非遗技艺传承保护工作需要各方力量的集结，也需要新模式的加持。这次"织爱行动"走进广东时装周活动，就是一次融合多方资源的模式创新，结合广东时装周的平台效应，拓展公益活动的新渠道与新场景，用非遗技艺嫁接"她力量"，携手乡村和边远地区的手工艺女性，为"织爱行动"联合广东服装品牌的公益影响力与深度慈善的提升进行了一次有益的探索。

作为时尚热土，番禺拥有底蕴深厚、基础雄厚的时尚产业，汇聚了多家知名时尚企业总部，为非遗与时尚的结合、文化与产业的融合创造了极佳条件。广东省服装服饰行业协会整合了非遗基金、产业园区、广东十佳设计师、非遗传承人、非遗机构等参与广东时装周，通过平台集中展示非遗时尚融合创新作品，有力推动了服装非遗创造性转化、创新性发展。番禺希望以文化为纽带，推动"文旅+"的跨界融合，以创新模式、创新思维，带动大湾区文商旅产业迸发新动

能，携手时尚产业打造全球时尚会客厅，助力千亿级快时尚产业集群建设。

（2）"织爱行动"走进广东时装周

"织爱行动"是由纺织之光科技教育基金会、中国妇女发展基金会共同发起的品牌公益项目，旨在动员纺织服装行业的力量，融合多方资源，主要围绕乡村振兴、文化传承、应急响应等方面开展实施，为困境女性及其家庭送去关爱；推动品牌企业多元合作，促进开展非遗传统手工艺文化传承保护，实现品牌企业、行业组织、公益机构、社会大众的善因循环。活动上，纺织之光科技教育基金会理事长叶志民、中国妇女发展基金会资助项目部副主任赵光峰对"织爱行动"项目做了整体的介绍（图2-2、图2-3）。

图2-2

图2-3

为推动广东服装服饰行业支持"织爱行动"、关注参与社会公益事业，纺织之光科技教育基金会、中国妇女发展基金会和广东省服装服饰行业协会共同策划了"织爱行动"走进广东时装周系列活动，推动服装企业、设计师与传统手工艺绣娘的合作，促进乡村振兴、非遗

传承及公益事业的长足有效发展。项目在活动现场向广东服装行业发起倡议，得到众多企业家和设计师代表的响应，大家共同举牌，以这个值得铭记的公益时刻向行业发出公益呼吁，鼓舞更多力量加入（图2-4）。

图2-4

伴随着清澈嘹亮的苗族歌曲，"织爱行动·约会天才妈妈非遗时尚秀"拉开序幕，来自湖北恩施、贵州赤水、丹寨、凯里的"天才妈妈"绣娘身着盛装与模特共同登上"致敬梦想"的T台，向大家展示了土家族西兰卡普、竹艺、苗族苗绣、苗族蜡染等非遗服饰作品，显示了古老手工艺与现代时尚的激情碰撞，让千年技艺焕发时尚之美（图2-5~图2-7）。

图2-5

图2-6

图2-7

（3）云纱星韵×邵诗茹共造新中式

作为名副其实的"中国面料"，近年不少设计师通过创新设计，在香云纱的面料上制造惊喜，通过广东时装周的平台向外展示香云纱的独特魅力和文化韵味。

本次发布会上，一直致力于香云纱非遗传承传播与创新发展的云纱星韵香云纱（非遗）文化园特别携手广东十佳服装设计师邵诗茹，积极发挥非遗产业园区作用，以设计力量创新非遗形态，把深受喜爱的香云纱与备受追捧的新中式风格结合起来，让传统与现代、东方与西方碰撞重组，创造出更具时代风貌的非遗时尚产品（图2-8~图2-10）。

图2-8

图2-9

图2-10

（4）小茹裙褂新意传承钉金绣

钉金绣裙褂富丽堂皇、光彩夺目，是广府地区传统婚庆文化、美术工艺、刺绣工艺、人体美学与服装设计的结合。怀着"传统服饰·时尚演绎"的宗旨，广东纺织服装非遗推广大使、广东十佳服装设计师唐志茹多次在广东时装周展示钉金绣时尚作品，让见证爱和幸福的传统吉服焕发出新的光彩（图2-11）。

图2-11

本届时装周上，小茹裙褂呈上了新意满满的钉金绣裙褂系列。唐志茹匠心传承、大胆创新，提炼多元魅力元素，用更符合现代气质的设计传递不变的爱意和祝福，一针一线、一图一色，无不展现钉金绣的独特魅力和文化内涵，让裙褂成为连接传统与现代、文化与生活的桥梁（图2-12、图2-13）。

2. 金泳萱中雍云纱非遗发布秀

2024年4月18日，在"光年计划"青年设计师孵化行动发布大秀上，中雍云纱品牌创始人金泳萱以广州作为海上丝绸之路起点的璀璨历史为灵感，深入挖

掘岭南传统文化元素，将古老贸易路线上的文化交融与服饰设计相融合，使岭南元素焕发新生。走秀不仅仅是对非遗时尚化创新的展示，更是对广东深厚历史文化的致敬与传承。

设计师金泳萱将传统图案与现代时尚元素相结合，以独具匠心的设计，探索现代剪裁与传统装饰美学的契合点，打造出符合当下生活方式与审美趋向的新国潮范式。品牌同时关注传统材料的可持续理念，以创新的染整技术丰富传统香云纱面料的色彩与质感，打造充分具有前瞻流行属性的色彩搭配矩阵（图2-14、图2-15）。

图2-12

图2-13

图2-14

图2-15

3．"织爱行动·约会天才妈妈"妈妈的手工课非遗体验活动

2024年4月18日，作为2024广东时装周—春季特别活动，"织爱行动·约会天才妈妈"妈妈的手工课非遗体验活动在四海城未未宇宙艺术中心开展（图2-16）。

图2-16

为推动广东服装服饰行业了解"织爱行动"、关注参与社会公益事业，纺织之光科技教育基金会、中国妇女发展基金会和广东省服装服饰行业协会共同策划了"织爱行动"走进广东时装周系列活动。作为系列活动之一，本次"织爱行动·约会天才妈妈"妈妈的手工课非遗体验活动携手"天才妈妈"丹寨蜡染梦想工坊手艺人张晓丹，带领大家体验蜡染技艺，零距离感受非遗之美（图2-17）。

蜡染，作为中国古老的民间传统纺织印染手工艺，以其独特的艺术风格和精湛的技艺深受人们喜爱，成为大山里的天才妈妈与世界相连的介质。本次手工课上，手艺人张晓丹带领大家深入了解蜡染的起源、发展和技艺要点，并进行蜡染技艺的制作演示，让参与者体验非遗技艺，对传统手工艺进行更深入的了解和认识，进一步感受到蜡染工艺的内容鲜活、形式多样、

内涵丰富（图2-18、图2-19）。

图2-17

图2-18

图2-19

本次活动吸引到一批热爱传统文化的服装企业家、设计师和服装院校教师等参与，以生动有趣的非遗课堂促进广东服装产业了解"织爱行动"，加强与手艺人的交流，为推动品牌企业多元合作、开展传统手工艺文化传承保护创造机会。

2024广东时装周一春季期间，特别开设"织爱行动·约会天才妈妈"非遗技艺展示区，让公众可以近距离观赏非遗，进一步展示传统手工技艺，同时开展举办"织爱行动·约会天才妈妈"妈妈的手工课非遗体验活动、织爱行动×SANI绣艺设计与流行趋势创谈会等系列活动，推动广东纺织服装行业力量积极参与"织爱行动"等公益项目的共建共发展（图2-20）。

图2-20

4. 织爱行动×SANI绣艺设计与流行趋势创谈会召开

2024年4月18日，织爱行动×SANI绣艺设计与流行趋势创谈会在SANI公司顺利召开，与会嘉宾围绕织爱行动项目、非遗设计合作等话题展开深入交流（图2-21、图2-22）。

图2-21

图2-22

"织爱行动"通过开展公益系列活动，引发大众对"织爱行动"及非遗时尚文化的关注，每一个参与的爱心品牌都在用实际行动践行着社会责任，表达着纺织人对公益事业的热忱和执着。"织爱行动"将坚持围绕以纺织行业资源推动发展地方特色经济、推广纺织企业社会责任建设、引领现代时尚生活为方针指引，为助力乡村振兴实现共同富裕，为中国式现代化建设贡献公益力量。

广东纺织服装非遗推广大使、SANI品牌创始人江小云带领与会嘉宾参观了公司，作为具有高度社会责任感的品牌企业，SANI一直关注和积极开展公益事业。近年来，SANI秉持虔诚与探索之心，开启了对非遗时尚融合的实践与创作，2023年通过广东时装周的舞台展示蓝靛染技术与现代时尚结合的产品系列，发挥品牌力量促进非遗价值商业转化。手工带来的温度，引发情感共鸣的同时也令人深深触动。SANI将积极响应"织爱行动"，持续进行对于民族文化和手工技艺的探索，让东方工艺和中国文化继续展现美的价值以及焕发新的生命力（图2-23）。

图2-23

图2-24

交流环节,来自"天才妈妈"梦想工坊的五位绣娘分别介绍了非遗工坊和技艺传承情况,围绕"织爱行动"项目、绣艺设计合作等与大家进行交流,共同探讨传统工艺与时尚市场结合的最佳路径。

5. "岭南·江南丨朗蔻×上久楷"联合大秀

岭南与江南,有着独树一帜的文化脉络与精神特质,也在发展的过程中不断遥相呼应、频繁交流。非遗技艺是传播两地文化的生动载体,而与现代生活方式结合是非遗文化传承并绽放时代光彩的关键所在。穿在身上的文化,让古老的非遗以灵动的姿态走向更多人的生活。

2024年4月22日晚,"岭南·江南丨朗蔻×上久楷"联合大秀惊艳亮相2024广东时装周—春季闭幕式,朗蔻(LCOAMAXY)携手上久楷(SAINT JOY),以华丽大秀呈现纺织服装非遗的时尚焕新(图2-24)。

朗蔻本季主题为"循环之舞",以广东代表性非遗香云纱为载体,融入粤绣元素和岭南风物,讲述对女性艺术、自然规律和悠远历史文化的思考,轮廓线条与板型设计干净利落,优雅又不乏张力,飘逸灵动,演绎着非遗元素创新性发展的时尚之美。

香云纱是朗蔻本季服装的主要载体与灵感来源。蚕丝为坯,薯莨浸染,塘泥涂抹,日晒加工,香云纱的每一寸都有着时间沉淀的独特美感。大地泥土与植物阳光的气息,赋予布料每一处颜色和纹理以生命,展示着浑然天成的自然之美与东方气韵。取自泥土,归于泥土,大地之上的万事万物有着自己的运转规律与智慧,循环往复,生生不息。

质朴自然的大地色系,沉静温暖又饱含生命力,就像女性自经历而产生的富足平和,与自然紧密相连的自信优雅。朗蔻以文化为引领,聚焦"文化与可持续",融入现代女性生活方式,挖掘传统文化元素创新性发展的时尚之美。

上久楷取意庄子的"无为"之道,呈现了世界非遗——宋锦在现代实用场景的诗意表达。时装设计师边惠中以自然为题,以宋锦为纸,以点、线、面为墨,结合西式立体剪裁技术以及异质拼接,绘制出一幅未经刻意雕琢却带有诗意与浪漫的时尚画面,企盼以有为之法入无为之境,自然而然地唤起大家对传统文化的共鸣,将东方美以全新的形式展现在观众面前(图2-25)。

图2-25

朗蔻以广东非遗香云纱展现创新美感，上久楷以江南宋锦创造诗意时尚。大秀将非遗元素与现代设计完美融合，推动非遗创新发展。同时，岭南与江南的文化交流与融合得以彰显，促进了地域特色与文化自信。这次联合大秀为保护非遗、推动地方文化发展和加强国际交流带来积极影响，展现了中国传统文化的魅力。

6. 2024广东非遗时尚之夜

2024年5月1日，广东省非物质文化遗产馆正式开馆。作为开馆系列活动之一，在广东省文化和旅游厅的指导下，由广东省非物质文化遗产工作站（服装服饰工作站）主办，广东省服装服饰行业协会、广东省服装设计师协会共同承办的"2024广东非遗时尚之夜"于5月3日在白鹅潭大湾区艺术中心成功举办（图2-26）。

图2-26

活动以"锦绣南粤·非遗华裳"为主题，以动态发布和静态展示的形式展示传统手工技艺的当代化设计，通过"服装"这个最直接、最明显、最易被大众触及的介质，让古老的非遗以灵动的姿态走向更多人的生活。同时，齐聚非遗传承人、非遗工作站、非遗产业园区、企业、品牌、设计师等各方力量，以新角度展示广东纺织服装丰富非遗资源，体现非遗对当代美好生活的深度浸润。

（1）动态发布精彩纷呈，掀起非遗潮流新风尚

随着民族自信和文化自信的日益提升，以及社会大众对于非遗保护传承意识的提高，近几年，非遗越来越多地呈现在时尚舞台上，契合现代审美趣味和需

求的"新中式"成为备受追捧的顶流。

结合"新中式服装"热点，本次非遗服装秀共展示了11组运用非遗项目创新设计、具有岭南文化特色的服装服饰作品，涵盖广绣、潮绣、抽纱、瑶族刺绣、香云纱染整技艺、墩头蓝纺织技艺、钉金绣裙褂制作技艺等国家级和省级非遗项目，以时尚为媒，促成非遗与现代生活浪漫邂逅，让观众更好地了解非遗的创造性转化和创新性发展（图2-27）。

图2-27

①国家级非遗项目"瑶族刺绣"和"香云纱染整技艺"与服装融合创新作品《大地》。本组作品由当代非遗服饰空间主理人、广东纺织服装非遗推广大使、广东十佳服装设计师成晓琴设计，其创作初衷是传承纺织非遗，让代代相传的匠心民艺与当代结合，形成一种可持续的生活方式。作品《大地》以广东非遗面料"香云纱"为主体，融入少数民族苗族、瑶族刺绣，赋予服装新的生命，诠释着匠心精神的温度，从历史、人文、自然、匠心诠释人与大地的情感链接（图2-28）。

图2-28

②国家级非遗项目"抽纱"与服装融合创新作品《鎏金》。本组作品由广东纺织服装非遗推广大使、广东十佳服装设计师孙恩乐牵手汕头潮阳抽纱传承人蔡玉君、潮州抽纱传承人祝书琴创作设计。作品运用了国家级非遗项目——抽纱。抽纱,是潮汕人在海洋文化影响下,将欧洲抽通技艺与传统潮绣、编织技艺相结合创造出来的新式手工技艺。即按照图案,间隔有序地抽除布料上的经纬纱线后进行绣制,形成通珑秀逸、形态各异的"花窗"。抽纱在材料、品种、绣种、针法和操作技法上,具有鲜明的地域特色,呈现出针法多样、精巧繁复、细致光洁、轻盈淡雅的艺术风格。抽纱技艺一般可分为抽通、刺绣、补布、钩编、拼贴五个类别(图2-29)。

图2-29

③国家级非遗项目"香云纱染整技艺"与服装融合创新作品《云纱星韵》。本组作品由广州云纱星韵纺织品有限公司联合广东十佳服装设计师邵诗茹创作设计。云纱星韵致力于香云纱非遗传承、传播、发展和创新,将传统非遗植入现代产业空间,对地地道道的古老香云纱生产工艺技术进行传承,通过青少年研学旅游,促成不同领域的跨界交流,各种文化思潮的跨界碰撞,使得传承与创新、历史与未来、传统文化与当代潮流共营共生。作品通过年轻化的设计元素和剪裁,改写香云纱面料成熟老气的刻板印象,从而让香云纱服饰进化成年轻人喜爱的"新中式"时装(图2-30)。

④广东省级非遗项目"中式服装制作技艺(钉金绣裙褂制作技艺)"与服装融合创新作品《裙褂&时尚》。本组作品由钉金绣裙褂制作技艺代表性传承人、广东十佳服装设计师、广东纺织服装非遗推广大使唐志茹创作设计。"凤兮"系列作品怀着"有凤来仪,必有好事"的美好祝福,运用中式服装钉金绣裙褂制作技艺刺绣手法、蕾丝立体钉珠手法,配上原创手工盘扣,以黑色为主色调,搭配流行色,扩大钉金绣的不同应用范畴。传统的钉金绣手艺、优雅的蕾丝钉珠拖尾与礼服的立体剪裁完美融合,希望让更多人看到传统手工艺之美(图2-31)。

图2-30

图2-31

⑤国家级非遗项目"粤绣(潮绣)"和"粤绣(珠绣)"与服装融合创新作品《华韵清风》。本组作品由JOOOYS品牌联合创始人兼设计总监、广东纺织服装非遗推广大使蔡彪创作设计。作品运用了国家级非遗名录中的粤绣(珠绣)工艺,又称潮州珠绣,不同于印度珠绣与法式珠绣的钩针绣珠针法,采用潮绣的针法将珠、亮片、水晶、羽毛等绣在不同的面料上,立体效果是其独有的特点。本系列将苏绣与珠绣相结合,设计师巧妙地融入清风元素,如旗袍领、盘扣、云纹、海水纹、万字纹等,使礼服不仅仅是服装,更是历史与文化的传承(图2-32)。

图2-32

⑥国家级非遗项目"香云纱染整技艺"与服装融合创新作品《香纱·云响》。本组作品由萧娘香云纱公司创作设计。作品运用香云纱，根植于古老的东方民间手工艺，致力于传统文化与当代时尚和谐共鸣，创造出独特现代而富有魅力的新中式产品。萧娘始终坚持初衷，传承非遗经典，织就当代传奇。作品主题为弘扬经典致敬传承，以返璞归真作为设计理念，跟随非遗寻迹面料最初的样子，呈现东方之美（图2-33）。

图2-33

⑦广东省级非遗项目"墩头蓝纺织技艺"与服装融合创新作品《生生不息·雁归来》。本组作品由悟蓝手作品牌创作设计。作品表达自然界的循环与再生，将墩头蓝纺织工艺与扎染手法结合在服装中，展现大雁归巢的壮丽景象，象征着生命力的恒久与春天的希望。结合现代设计，创作出一系列服装和配饰，捕捉大雁翱翔于蓝天之间的美丽瞬间。每一件作品都是对大自然最诚挚的赞歌，唤起人们对环境保护的意识，并通过这种传统与现代相结合的方式，让更多人感受到生生不息的力量和美好归来的温暖（图2-34）。

图2-34

⑧国家级非遗项目"粤绣（珠绣）"与服装融合创新作品《林深见鹿·潮风起》。本组作品由潮州市市级潮绣代表性传承人许允荃创作设计。许允荃致力于潮州珠绣传承，将潮州立体珠绣运用于中式嫁衣。作品旨在呼应国潮之风席卷，宣扬潮绣独树一帜，将传统文化与时尚元素融于嫁衣，让更多新人领略潮绣的独特魅力，希望匠人匠心的一针一线，穿梭于每一场婚礼的幸福瞬间。"林深时风起，我踏风而来，见鹿，更想见你"（图2-35）。

图2-35

⑨国家级非遗项目"粤绣（广绣）"和"粤绣（潮绣）"与服装融合创新作品《消逝与永存》。本组作品由广州领悟服饰有限公司主理人兼设计总监、广东十佳服装设计师郑立宏创作设计。作品运用了广绣、潮绣非遗技艺，以线绣工艺和绒绣工艺描画广州花城古风之气质，呈现和气致祥和满园春色（图2-36）。

⑩国家级非遗项目"香云纱染整技艺"与服装融合创新作品《红棉花开》。本组作品是由国家级非遗香云纱染整技艺代表性传承人梁珠大师嫡传弟子及第四代传承人，广东十佳服装设计师帅常英创作设计。作

品以非遗香云纱面料为基础，以广州市市花木棉花为主线，通过和著名画家李小白老师的书画艺术，以及苏绣、广绣、非遗手工布艺以及绫罗绸缎等各种织法的完美融合，用世界的语言把具有文化和健康的面料和红色文化与时尚紧密融合。让香云纱走进百姓生活，让中国非遗之美走向世界（图2-37）。

⑪国家级非遗项目"粤绣（广绣）"与服装融合创新作品《岭南春晓》。本组作品由中国十佳时装设计师、广绣代表性传承人屈汀南创作设计。作品怀着"让中国人穿着更优雅"的初心，从岭南文化中获取灵感，一针一线将广绣的浓艳欢快融入现代服饰，古老的文化和现代时尚相互交融，绘就一幅明艳轻快的岭南春日景象，设计出更具岭南韵味和时代气息的新中式服装（图2-38）。

（2）展销结合边秀边卖，零距离体验非遗之美

为推动非遗更好地融入现代生活，2024广东非遗时尚之夜还特别开设了沉浸式静态体验展，展示了15组具备时尚性、艺术性的服装服饰和文创产品，通过展销结合的形式实现边秀边卖，吸引到大批观众挑选购买，与手工艺人互动交流，深入了解优秀传统文化，零距离体验非遗时尚之美，促进了非遗时尚产品的商业价值转化（图2-39、图2-40）。

本次活动充分结合广东省非物质文化遗产馆开馆契机，通过传统文化与潮流时尚的碰撞、文化建筑与现代服饰的交融，在五一节点为市民和游客呈现了一场极具岭南特色、富有岭南文化内涵的时尚盛宴，营造了浓厚、热烈、时尚的文化氛围，提升了民众对新馆的认知和关注，聚集人气、形成热度，进一步推动非遗与服装服饰的深度融合，助力打造粤港澳大湾区标志性文化工程，不断满足人民群众精神文化生活新期待。

图2-36

图2-37

图2-38

图2-39

图2-40

7. 百年围楼 国潮兴生｜非遗国际时装秀

2024年7月13日，作为2024年广东（始兴）围楼文化旅游周的重要活动之一，"百年围楼 国潮兴生"2024广东（始兴）围楼文化旅游周非遗国际时装秀在韶关市始兴县长围举办，时装与围楼如同两位跨越时空的诗人，共同织就了一场关于大美始兴的梦幻诗篇（图2-41、图2-42）。

本次百年围楼 国潮兴生2024广东（始兴）围楼文化旅游周非遗国际时装秀由始兴县人民政府和广东省服装服饰行业协会、广东省服装设计师协会联袂呈

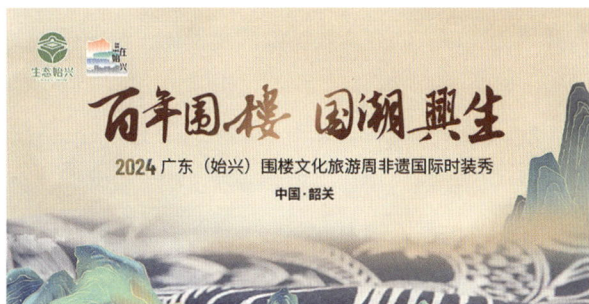

图2-41

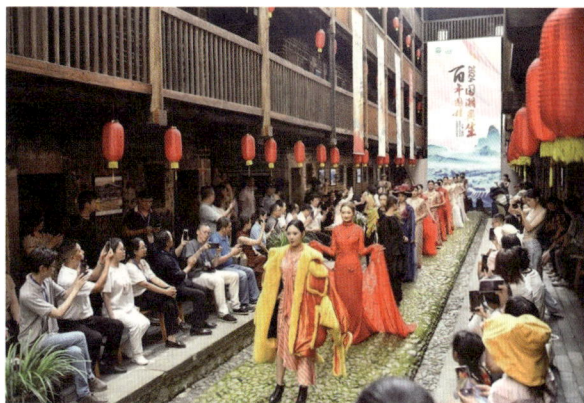

图2-42

现，组织东莞市文化馆、中国十佳时装设计师、广东十佳服装设计师、广东纺织服装非遗推广大使等共同展示广绣、钉金绣、潮绣、瑶绣、香云纱、汉服、植物染、马面裙等一批精美非遗服饰，让古老围楼与现代时装完美融合。

（1）龙狮非遗系列服装

本组非遗服装作品涵盖东莞非遗项目，包括东莞的千角灯、戏曲文化、婚庆文化等民俗文化，高埗矮仔祥腊肠、虎门白沙油鸭、寮步香市、大岭山莞香生产与制作技艺等人文饮食，麒麟、醒狮和龙舟等民间艺术。丰富多样而极具莞邑特色的非遗题材激发设计师们挑战的激情与灵感的火花，当创意在传统与时尚、艺术与商业之间游弋，当非遗元素以属于自己的时尚方式呈现，内涵符号的提炼在设计的逻辑中酣畅淋漓表达，创意、设计、制作，每一针、每一线都是设计者自我实现的华丽绽放（图2-43）。

图2-43

（2）钉金绣系列服装

本组作品由钉金绣裙褂制作技艺代表性传承人、广东十佳服装设计师、广东纺织服装非遗推广大使唐志茹创作设计。作品运用广东省非遗项目——中式服装制作技艺（钉金绣裙褂制作技艺）。钉金绣是粤绣的一种独特绣法。钉金绣裙褂是广府地区吉日里不可或缺的服装，是省级非遗项目。它富丽堂皇、光彩夺目，是广府地区传统婚庆文化、工艺美术、刺绣技艺、人体美学与服装设计的结合。它是广府传统婚嫁文化的活化石。作品获评2022年度广东非遗服装服饰优秀案例（图2-44）。

图2-44

（3）《等风来》系列汉服

由冯三三品牌带来的《等风来》系列汉服是秀场上一抹迷人的东方色彩。设计灵感来自瑶族服饰和传统文化，将非遗——瑶绣结合时尚的设计语言，让春天的色彩、绚烂的花海、甜蜜的微风，还有穿越千年的原始呼唤都变成丰富的服饰特点（图2-45）。

图2-45

服装结合传统汉服、改良汉服、马面裙等中国传统服饰，将非遗与时尚相结合，让汉服大众化、简单化、时尚化、市场化。采用纯天然植物染、浆染、泥染等工艺，将可降解、可持续、零污染的设计理念运用其中，让环保大众化。一抹绚烂的色彩，装点了围楼的古朴和庄严。

（4）香云纱服装系列

由匠曼廷品牌带来《绿野仙踪》墨池古法香云纱作品以岭南非遗面料香云纱为画布，与流动唯美的墨池水拓画相融，带来新中式美学的视觉盛宴，整体以流畅的剪裁、大气的廓型为主体，以经典创新，运用旗袍的立领盘扣，以旗袍的廓型做改良以呈现非传统新中式，精致的刺绣结合中国服饰经典斜襟与现代廓型，设计结合非遗文化，让中式美学融入生活，体现中国文化（图2-46）。

图2-46

《锦绣年华》香云纱系列服装将非遗刺绣与香云纱相结合，将这种古老的刺绣工艺结合当代的审美情趣与流行文化融为一体，在一针一线的穿引中将古典与艺术完美融合，百转千回，方寸之间，演绎东方之美。款式以传统东方的经典服饰做改良设计，有美感又失时尚，完美呈现了新中式美学（图2-47）。

"百年国潮 围楼新生"时装秀在长围的见证下，不仅是一场视觉的盛宴，更是一次文化的洗礼。设计师们以古老的客家围屋为舞台，将传统非遗与现代时尚设计巧妙融合，让古老的围楼文化遗产在时尚的舞台上焕发新的生机与活力。古朴长围与时尚时装交相辉映、相得益彰、毫不违和，不仅展现客家文化的博大精深与独特魅力，更为传统文化的传承与发展书写新的篇章（图2-48）。

图2-47

图2-48

8. 彝山之灵｜云思木想2024秋冬发布会

2024年9月20日晚，2024广东时装周一秋季的舞台上，原创摩登东方品牌云思木想以"彝山之灵"为主题，作为本次时装周的开幕秀，在璀璨灯光的映照下，一系列的服饰展示为我们带来一场精彩绝伦的视觉盛宴（图2-49）。

图2-49

本季以彝族文化为灵感源泉，设计师以现代审美将这些古老而丰富的文化元素进行重新诠释，赋予其新的生命力和时代感，让传统文化为时尚赋能的同时，也让时尚作品成为传播文化的载体，不仅展现了彝族文化的独特魅力，也满足了现代人对时尚与个性的追求。

国家级非物质文化遗产传承人贾巴子将彝绣技艺搬上时装周舞台，随着一段震撼的音乐响起，现代舞者通过精湛的舞技与深情的演绎，向我们展示了"彝山之灵"的大秀主题，2024年广东时装周一秋季的帷幕也正式拉开（图2-50）。

图2-50

2024秋冬系列"彝山之灵"以独特的视角重新诠释中华民族文化的深厚底蕴，探索古典与现代的交融的可能性，用新潮的设计打破大众的审美观念，从精致的刺绣到流畅的剪裁，从细腻的面料选择到独特的色彩搭配，让衣物承载着文化的厚重与艺术的雅致，在广东时装周舞台上，以时尚启幕秀为契机，向世界宣告云思木想品牌的多元风貌和无限潜力（图2-51）。

图2-51

彝族是一个拥有悠久历史和灿烂文化的民族，其服饰、图案、色彩、工艺无不透露着彝族文化的独特韵味，在开始秋冬系列时尚设计之前，品牌创始人丹丹仙携带设计师团队深入彝族文化腹地寻找灵感，在这场探索中，为本季的"彝山之灵"主题注入了鲜活的灵魂与深厚的文化底蕴，主线围绕"神鹰守护""阿诗玛""多彩彝绣"展开。舞台上，模特们身着云思木想的服饰，以优雅的步伐传递时尚的魅力，细腻精美的刺绣、独具匠心的剪裁，设计师巧妙地将彝族传统图案如苍劲雄鹰、索玛花、日月星辰、彝族少女，以及中国经典的凤凰、龙图腾等元素融入服装设计之中，承载着彝族人民对美好生活的向往和对自然的敬仰，每一件作品都充满了艺术感与实用性，让东方传统之美跃然于眼前（图2-52）。

图2-52

近几年，新中式风格逐渐成为一种流行趋势，它以独特的文化韵味和现代审美理念，赢得了国内外时尚爱好者的广泛青睐。新中式，以"新"为形，以"中"为魂，将古典美学精髓融入现代设计理念之中，通过现代化的设计手法和创新思维，简化传统服饰的复杂纹饰和线条，将传统服饰元素如对襟、盘扣、立领等与当代流行元素相结合，展现出穿者的沉稳与内敛。新中式的兴起，反映了当代中国年轻人对传统文化的自信与认同。

云思木想新中式风格，不仅注重外观的呈现，更在乎内在的品质与文化的传承。它让人们在享受现代生活便利的同时，也能感受到传统文化的魅力

与温度、先锋理念与文化底蕴的碰撞，让新中式风格不仅适合正式场合，也适合日常穿着，通过跨越时空的设计语言，让传统之韵在当代生活中悠然流淌。

传统与现代交织成的每一件时尚作品，都承载着对文化的敬意与创新的追求，随着云思木想品牌的缓慢崛起，愿这股源自东方的时尚力量，能够继续引领潮流，让世界看见中国美的无限可能。

9．第五届广东纺织服装非遗推广大使联合发布会

集新质之力，彰非遗之美。2024年9月22日晚，第五届广东纺织服装非遗推广大使联合发布会在2024广东时装周—秋季主会场盛大启幕。熊轩轩、刘春芝、希琳（邓小燕）、林俊亿、汤世芳、楠秋（徐华银）、严芳妮、王掌柜（王琼芳）、丁伟、关淑敏等十位获"第五届广东纺织服装非遗推广大使"荣誉称号。本次活动由广州国际轻纺城"时尚源创平台"独家特约支持，活动上组委会特向广州国际轻纺城颁发"非遗新造时尚推动奖"，以表彰与肯定其"时尚源创平台"在溯源创新与推动非遗时尚融合发展等方面所作的卓越贡献（图2-53）。

图2-53

历史发其源，文化铸其魂。作为纺织服装产业的标识属性，文化一直是产业美学价值、体验价值、情感价值、品牌价值的创造之源，也是提升时尚话语权的重要支撑。随着当下民族自信和文化自信的日渐升腾，以及我国社会大众对非遗保护传承意识的不断提高，越来越多的历史文化遗产已不再是沉睡的记忆，而是被赋予了鲜活的生命，焕

发出时代新活力。与此同时，众多非遗文化瑰宝也逐步登上时尚舞台，契合现代审美趣味和需求的汉服、新中式服装等更成为现在备受全民追捧的"新顶流"。

作为纺织新质生产力的独特内容，文化生产力也是产业文化与精神创造属性的核心所在。近年来，以广东时装周、湾区（广东）时尚文化周为重要展示平台的"非遗新造"项目，已成为备受瞩目的行业盛会。前四届广东纺织服装非遗推广大使自觉践行光荣使命，为纺织服装非遗融合创新作出了积极贡献，并带动了越来越多的设计师、品牌及企业不断在设计中运用传统非遗手工技艺，通过"服装"这个最直接、最明显、最易被大众触及的介质，以更具当代审美和使用价值的产品，让更多人感受到泱泱中华千年文脉的博大与璀璨。

为深入学习贯彻习近平总书记关于非遗保护工作的重要指示精神，推动"非遗"与"岭南衣"的融合发展，鼓励和支持更多设计师及相关从业人员加入非遗双创队列，广东省服装服饰行业协会、广东省服装设计师协会共同于2024年5月启动第五届广东纺织服装非遗推广大使申报工作。经过征集推选、严格审核和公示，最终确定了10位申报者入选"第五届广东纺织服装非遗推广大使"。

对于新一代的服装人、时尚设计师、纺织非遗文化传播者而言，源，既是灵魂、根源、基因所在，也是对历史源流、脉络的赓续传承；而源创，则意味着首先要更深入地挖掘、溯源，进而守正创新，再在传承非遗文化、技艺与面料等的同时，加入更多鲜明的时代潮流元素，并以现代的时尚手法重新演绎，既与传统共生，又与时代共鸣，让非遗瑰宝背后承载的人文精神感染与振奋更多的人。发布会现场，新一届广东纺织服装非遗推广大使以创新的设计和独特的视角，将时尚与中华优秀传统文化相融合，对粤绣（广绣）、粤绣（潮绣）、粤绣（珠绣）、香云纱染整技艺、香云纱（坯纱）织造技艺等非遗项目进行创新组合，用时尚赋能非遗，以非遗点亮时尚，向现场观众展示一批文化内涵与市场价值兼备的岭南新衣佳作（图2-54、图2-55）。

图2-54

图2-55

10. 响云丝·林俊亿香云纱发布会

2024年9月22日，林俊亿以香云纱为设计主轴，呈上响云丝品牌"英雄红棉飘两岸"主题发布，展现两岸文化交流的魅力与深度（图2-56）。

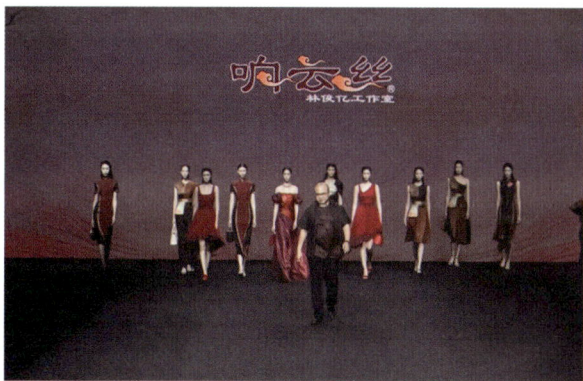

图2-56

香云纱，这一承载着历史与文化重量的面料，以独特的染整技艺和温润如玉的质感，成为中华民族智慧与美学的结晶。专注于非遗设计30年的林俊亿，致力于以现代设计语言重新诠释古老技艺。在他的引领下，响云丝品牌不仅保留了香云纱的传统韵味，更融入了时尚元素与现代审美。每一件作品都是对传统文化的深刻理解和创新表达，让古老技艺在现代社会绽放出新的光彩。

本次展示，林俊亿为观众带来了"响云丝"非遗时尚产品系列，以香云纱为画卷，以非遗为媒，千丝万线密密缝，绘就两岸同胞深情（图2-57）。

图2-57

香云纱的天然色泽与壮锦图案华丽映衬，既具传统韵味，又不失现代感；台湾太鲁阁织锦的独特色彩与香云纱的深沉底蕴呼应，打造出具有浓郁台湾风情的服饰系列；东乡绣娘的精湛绣艺结合敦煌研究院授权的九色鹿图腾，展现出香云纱细腻而独特的艺术魅力；而广绣的红橘相间与香云纱的沉稳古朴相映成趣，色彩的对比与融合，展现独特的艺术美感（图2-58）。

图2-58

作为新一届广东纺织服装非遗推广大使，林俊亿将继续通过设计创新、市场拓展和文化传播等多种方式，让更多人了解并爱上香云纱这一中华瑰宝。在这个快速变化的时代，响云丝品牌坚守匠心，织就非遗新风尚。让我们携手并进，在传承与创新中共同书写中华文化的辉煌篇章。

11. 萧娘"锦瑟年华"2024秋冬非遗香云纱发布会

2024年9月22日，萧娘惊艳登陆2024广东时装周一秋季，发布"锦瑟年华"2024秋冬非遗香云纱系列，将中式美学意境与西式时尚剪裁完美融合，在自然与工艺的形意之间，在秀场上呈现文化与时尚的交融，吸引诸多重磅嘉宾和热爱中式古典文化人士的参与（图2-59）。

图2-59

萧娘品牌深深植根于东方古老的民间手工艺之中，汲取其精华，将其作为设计灵感的源泉。萧娘的每一件作品，都是对传统工艺的致敬，对中国传统文化遗产的推广和传承。每一款服饰都传递出对古老技艺的尊重和对未来美好生活的期待。

本次"锦瑟华年"系列，是萧娘品牌对东方美学的一次深情致敬，也是对现代女性成长历程的一次深刻诠释。该系列以古代乐器"锦瑟"为名，寓意着女性在时间的长河中不断成熟、绽放，如同锦瑟般悠扬动听。每一件服装都精心设计，旨在满足现代女性对时尚与实用性的双重需求，让她们在忙碌的生活中也能轻松展现自己的东方韵味（图2-60）。

图2-60

12. 华韵唐缘香云纱发布会

2024年9月22日，王掌柜作为第五届广东纺织服装非遗推广大使，向观众展示了唐缘服饰香云纱系列产品，以东方美学重新定义"国潮"概念，让非遗绽放更加迷人风采（图2-61）。

图2-61

王掌柜是香云纱非物质文化遗产第四代传承人，师承大城工匠、纺织大工匠张绍景老师，潜心研习香云纱古法制造工艺，一手创立了"华韵唐缘"香云纱传统服饰品牌，专注香云纱传统服饰研发生产，传播香云纱传统服饰文化，唤醒香云纱时光沉淀之美，以现代时尚的方式重新演绎香云纱。

守正创新，古韵今风。秉承"唐缘服饰——让生活更精彩"的理念，王掌柜致力于为顾客打造高品质香云纱，传播东方美学，让中华传统服饰文化绽放时代迷人风采，让中华女子更加优雅自信、尽显芳华（图2-62）。

图2-62

未来，王掌柜将继续以传播香云纱传统服饰文化为己任，坚持新中式时尚产品理念，在设计中运用传统非遗手工艺，通过服饰这个更具当代审美和使用价值的产品，让更多人感受到中华千年文脉的传承和魅力。

13. 严芳妮·AMBRE DU SUD发布会

以古为徒，以美载道。2024年9月22日，AMBRE DU SUD首次登陆广东时装周，其将西式剪裁与中国传统长衫缝制工艺美妙融合，以细腻体贴的手工艺致敬温软时光，致力于让女性焕发出不可言传的东方光芒（图2-63）。

图2-63

AMBRE DU SUD由严芳妮女士创立于2013年，法语意为"南方的琥珀"，寓意凝结的琥珀如时间的礼物，历经岁月却日日为新。高级、轻盈、经典、出新是品牌的核心设计理念。源于自然和生活，在万物速朽的时代也意篇万物新生。

本季AMBRE DU SUD甄选香云纱、宋锦、罗等国粹非遗面料和重磅真丝、三菱醋酸、羊毛羊绒等进口高端面料，从传统美学中提炼和优化，借自然界的优美结构，必要时使用多元切割来塑造人体三维空间，重构衣服的柔和与张力、质朴与灵动、秩序与自由（图2-64、图2-65）。

图2-64

图2-65

14. 巨隆纺织"新非遗"发布秀

2024年9月22日，广州巨隆纺织品科技有限公司董事长汤世芳获"第五届广东纺织服装非遗推广大使"荣誉称号。广州巨隆纺织作为唯一一家入选的非遗服装面料供应商，其凭借在非遗纺织品推广领域的卓越贡献，荣膺"非遗国际推广奖"。巨隆纺织融合传统技艺与现代时尚设计理念的"新非遗"作品，在秀场上展现文化的生命力与时代的创新精神，以独特的中式美学为观众呈现传统与现代交融的魅力（图2-66）。

图2-66

（1）赋能非遗，重塑中式奢华之美

为深入贯彻落实习近平总书记关于非遗保护工作的重要精神，巨隆依托广州国际轻纺城这一具有独特优势的一站式集采平台，打造非遗品牌集合旗舰店，将世界级/国家级顶尖的非遗面料齐聚于巨隆。通过专业直播平台，迅速向全国及全球展示国家级和世界级的非物质文化遗产工艺。顾客在巨隆，既能一览世界顶级非遗产品，又能感受到非凡的文化价值。针对高净值客户提供定制化服务，让每个家庭都能拥有独具

匠心的中国奢侈品，传递新时代中式美学的尊贵与魅力（图2-67）。

图2-67

（2）推广非遗，从中国走向世界

在广东时装周主会场，巨隆董事长汤世芳分享了其对非遗发展的深刻见解，并表示会以实际行动践行他的愿景。以香云纱为例，巨隆通过展厅中的香云纱晒莨标本，直观展示其独特的纯手工工艺。巨隆与国际设计师合作，将香云纱与中东服饰相结合，拓展全球市场。同时，展厅采用中文、英文和阿拉伯语三语推广，深入展示香云纱的历史与制作过程。通过面料溯源扫码系统，消费者可以追踪每块香云纱的生产过程，确保正宗品质，提升全球信任度。

15. "繁花织爱 约会非遗" LAFAVEUR 芸想 SS25 高定时装发布

2024年9月22日，"繁花织爱 约会非遗" LAFAVEUR芸想2025春夏高定时装发布亮相2024广东时装周一秋季（图2-68）。

图2-68

作为广东纺织服装非遗推广大使、芸想品牌创始人、高定时装设计师，关淑敏用不凡匠心编织隽永，在针线之间以精工造梦，用现代高级时装致敬中国文化的传承与新生。在她看来，非遗是历史的瑰宝，是民族智慧的结晶。非遗不仅仅是古老的技艺和传统，更是连接过去与未来的桥梁。它承载着先辈们的创造力、审美观念和生活智慧，是我们文化传承的重要载体。每一项非遗技艺都蕴含独特的工艺和情感，通过世代相传，延续着民族的记忆（图2-69）。

图2-69

本季作品中，关淑敏运用潮绣、珠绣、苗绣等非遗技艺，演绎品牌独具一格的繁花美学，将传统与现代、非遗与时尚完美融合，高级又充满中式韵味的作品，是LAFAVEUR芸想近年持续深耕中国传统文化的最佳呈现（图2-70）。

图2-70

对于时尚领域而言，非遗是无尽的灵感源泉。传统的刺绣、印染、编织等技艺可以为高定礼服注入独特的魅力和灵魂。将非遗元素融入现代设计中，不仅能让古老的技艺焕发新的活力，也能让时尚更具文化底蕴和深度。作为广东纺织服装非遗推广大使，关淑敏将通过更多活动的推广，努力将非遗之美展现给更多的人，让更多的人了解和认识非遗的价值。只有让更多的人参与到非遗的保护与传承中来，才能让这些珍贵的文化遗产在新时代绽放出更加绚烂的光彩。

16.“山河秀色”云喜纱华·香云纱专场

2024年9月25日，“山河秀色”云喜纱华·香云纱专场在2024广东时装周一秋季秀场上演，本次专场由香云纱原产地顺德品牌“云喜纱华”呈现，汇聚原创品牌的精英力量，共同编织出一个关于非遗与创新的时尚之旅。

云喜纱华坚持制作传统工艺与现代设计相结合的香云纱面料及服饰产品，致力于传播国家非遗香云纱文化，秉承“文化铸魂，匠艺赋能，与时代同步”的设计理念，以“真、礼、智、慈、雅”的天然属性为美，以文创、服饰为媒，促进传统工艺在当代的传承与发展。

本次专场以“山河秀色”为主题，暗喻了香云纱面料从山（泥）与河（水）中反复淬炼而来的传统工艺特点，更表现了祖国大好河山的自然与人文色彩，大胆突破香云纱给人的暗沉、保守与古板的传统印象，以红黄蓝绿紫色系丰富色彩搭配，结合当时人们生活方式的结构造型，既展现了香云纱服饰的实穿性，友善亲肤，又不违和现代工作生活场景，又体现了香云纱面料华丽天然、阳光美好的一面，同时展示了品牌最新的季节趋势、色彩搭配、面料创新以及原创设计理念，为香云纱行业提供了丰富的视觉体验和灵感来源（图2-71、图2-72）。

云喜纱华希望通过本次发布，让更多国内外的朋友了解广东服装产业，认识广东非遗特色品牌，感受广东时尚文化的独特魅力（图2-73）。

图2-71

图2-72

图2-73

17.利工民×广绣非遗大师工作室战略合作签约仪式暨媒体见面会

2024年9月26日上午，百年中华老字号利工民与广绣非遗大师工作室在2024广东时装周—秋季举办战略合作签约仪式暨媒体见面会。活动由广东省服装服饰行业协会副会长兼秘书长陈韶通主持，邀请广东省服装服饰行业协会、广东省服装设计师协会、广州纺织工贸企业集团有限公司、服装行业企业代表和媒体代表等嘉宾出席共同见证本次活动。

鹏喜广绣工作室由陈少芳、谭展鹏、黄敏健三位

广绣传承人共同创建，工作室的主理人是广绣省级非遗代表性传承人谭展鹏。谭展鹏，自幼随母亲国家级非遗代表性传承人、广绣艺术大师陈少芳学习绘画与广绣技艺，迄今已有40余载的深厚底蕴。多年来，他创作出了《羊城荔香图》《荔香浓》《红荔鹦鹉》等众多的杰出作品，赢得业内和公众的高度评价。

活动中，利工民公司党支部书记、董事长刘妍与谭展鹏大师共同签署了战略合作协议，正式开启了双非遗企业文化传承的新篇章（图2-74）。

图2-74

利工民在坚持传统工艺和匠心制造的同时，也在积极探索与现代设计的融合之路。通过此次合作，利工民将推出更多具有岭南特色的文化产品，助力非遗可持续发展，全面提升非遗产品的知名度和影响力，共同推动非遗文化传承与发展，让更多的非遗文化特色产品走进千家万户（图2-75）。

此次活动的举办，不仅加深了利工民品牌与广绣非遗之间的联系，也为双方合作奠定了坚实的基础。未来，在双方的共同努力下，利工民与广绣的结合将绽放出更加绚烂的文化之花，为中华优秀传统文化的传承与发展贡献更大的力量（图2-76）。

18."希琳·万物生"发布会

2024年9月27日晚，"希琳·万物生"发布会于2024广东时装周—秋季秀场开幕，本次非遗国风专场发布会推出希琳品牌原创设计高端宋锦和香云纱系列，将至繁归于至简。致敬千年匠心工艺，光点聚焦，爱在岁月里（图2-77）。

希琳品牌致力于为女性打造高级质感穿搭，每件成衣采用上乘珍稀面料，取历史文化技艺特色，将"宋代风、雅、颂——宋锦与香云纱"融合现代极简化板型设计，不囿于方寸之境，无畏表达自我，向世界呈现富丽雅致的高端中式美学。坚定文化自信，坚持传承弘扬中华文化，让承载千年古韵的瑰丽织物成为经久不衰的新风尚。2024秋冬系列"万物生"源于老子《道德经》：万物之始，大道至简，衍化至繁，则万物归一。从原始的手工缫丝到商周的罗、绮、锦、绣，再到明清年间的平纹织物——绸，从古至今，从无到有，从零到一。由简到繁，由繁至简，万籁瞬息，创造新中式古典韵味，做内核坚定的闪耀女性。至臻呈献宋时风雅美学，细绘尽抒厚重明艳朗姿（图2-78）。

图2-75

图2-76

图2-77

图2-78

随着新中式热度持续升温，希琳品牌逐渐赢得了众多消费者的喜爱和认可。宋锦与香云纱的演绎发展，不仅展现了新中式的独特魅力，也向世界展示了中国美的无限可能。未来，希琳品牌将继续秉承传承与创新的理念，不断探索传统与现代、东方与西方的融合之道，为现代女性打造更多富有文化底蕴和时尚魅力的新中式穿搭。

19. 熊轩轩·佰年旗袍非遗专场发布会

2024年9月29日下午，2024广东时装周—秋季熊轩轩·佰年旗袍非遗专场发布会在广州番禺万博时尚广场拉开帷幕，以一场融合传统与现代、东方与西方的美学对话，向世界展示了非遗文化的独特魅力与时尚创新的力量（图2-79）。

图2-79

图2-80

图2-81

本次发布会不仅是对中国传统香云纱技艺的一次深情致敬，更是对新时代下非遗文化保护与传承的积极探索与实践，真正做到与自然和谐共生，享受健康舒适的生活体验，拉近传统文化与日常生活的距离。

本次发布会是一场精心策划的时尚盛宴，汇聚了顶尖专业模特，他们以无与伦比的姿态，完美演绎了高级成衣与高级时装的非凡魅力，让观众仿佛置身于时尚的最前沿，全方位地沉浸在这场关于美的深刻体验之中。设计师熊轩轩以其独特的视角和匠心独运的设计，将香云纱这一古老面料赋予了新的生命，其巧妙地将香云纱的质朴与高雅融入设计之中，通过现代设计理念与精湛工艺的结合，流畅的线条、简约的剪裁以及精致的细节处理，展现了女性独有的柔美与力量，也让传统美学在当代社会焕发出更加耀眼的光芒。

出生在旗袍世家的熊轩轩自幼年起，便对旗袍情有独钟，祖爷爷熊乾是当年京城享有盛名的裁缝巨匠，专为皇室贵族匠心独运；后面因战乱携艺南下，定居上海，继而以卓越技艺为胡蝶、阮玲玉、王丹凤等璀璨明星量身打造旗袍，续写了一段段风华传奇。当祖爷爷遗留下的珍贵旗袍，跨越时光的长河，传承至她手中时，那一刻，不仅是衣物的交接，更是家族使命与责任的托付。熊轩轩深刻意识到，自己肩负的不仅仅是延续家族企业的重任，更是传承与弘扬旗袍这一非物质文化遗产的神圣使命。她毅然决然地选择了旗袍事业作为自己人生的航道，誓要将金慧旗袍这一百年老字号的辉煌与故事，在新时代绽放更加璀璨的光芒（图2-80、图2-81）。

20."织爱行动"非遗公益探访走进贵州

2024年11月28~30日，纺织之光科技教育基金会联合中国妇女发展基金会发起"织爱行动"非遗公益探访行动走进贵州。活动由非遗手工艺调研、专题研讨会、公益关怀行动组成，力求深入挖掘非遗手工艺的深厚底蕴与独特魅力，探索古老手工艺与现代时尚的融合路径，并通过实际行动关注弱势群体，展现行业的社会责任感，最终实现文化价值与商业价值的精准对接，让非遗更好地融入现代生活。广东省服装服饰行业协会、广东省服装设计师协会组织企业、设计师深入参与了本次活动（图2-82）。

图2-82

纺织之光基金会、妇基会天才妈妈项目组等主办单位代表，真维斯、雅莹集团、安正时尚集团、宁波久耀、广州纺织工贸集团、赢家时尚集团、芳芳服饰、清远萃美、依趣服装、墨话通服饰、可然朴简服饰等单位及品牌企业的负责人、设计师、非遗推广大使，省妇女儿童发展基金会、当地妇联及梦想工坊带头人等参加了探访活动。

（1）探访考察：开启传统与现代交织的创意之门

蜡染、扎染、侗布、马尾绣、粘膏染……在贵州，富有深厚文化积淀的非物质文化遗产面临着传承困境。当地的传统手工艺者正积极寻找新的出路。本次"织爱行动"非遗公益探访行动，为非遗手工艺的传承及其与现代时尚的融合提供了新的思路与平台。

探访中，嘉宾们走进贵州省黔东南丹寨县，亲身感受了我国古代四大印花技艺之一——蜡染的魅力。当地梦想工坊的工作人员向嘉宾们介绍了蜡染的原理和魅力。用蜡刀蘸熔蜡绘花于布后以蓝靛浸染，在浸染中，防染剂的蜡自然龟裂，使布面呈现特殊的"冰纹"，极具魅力。青花白瓷中蓝与白的浸透、交融，仿佛在用自己的语言，讲述新时代美学与古老传承的故事。天才妈妈——蜡染梦想工坊陆续带动了近400户困难人家，愿望是把苗族的文化、服装，展览并传承（图2-83）。

图2-83

经过3天的考察交流，探访的企业家、设计师们深受启发，从企业角度出发，纷纷提出了多种非遗与企业合作的模式，强调非遗的传承需要从产品设计层面赋能，增强设计创新的力度和传统纹样的应用，以期让传统手工艺焕发新的活力。

（2）肩负使命：传递来自行业的爱心与温暖

活动期间还举行了"织爱行动"非遗公益探访贵州行捐赠仪式。探访嘉宾们走进困难妇女家庭，为她们送去关怀物资。这些物资承载着服装服饰企业的爱心与温暖，展现了行业的社会责任担当（图2-84）。

图2-84

捐赠仪式由纺织之光科技教育基金会、广东省服装服饰行业协会、广东省服装设计师协会组织，得到了行业企业的大力支持。广州纺织工贸企业集团有限公司、广州市利工民针织有限公司、广州纺织品进出口集团有限公司、广州市芳芳服饰设计有限公司、广州依趣服装有限公司、广州墨话通服饰有限公司共捐赠服装210件、被子55条，同时在探访过程中还发放了母亲邮包。

（3）座谈交流：一群人、一件事、一辈子

本次活动是守护和传承中华民族非遗文化的有力举措，构建了一个交流合作的优质平台，有利于服装企业、专家学者、设计师与当地手工艺者之间的交流切磋，发掘服装服饰行业与非遗结合的新商机。活动最后还举行了座谈会，与会嘉宾们就此行所感进行了交流。"一群人、一件事、一辈子"是本次活动中谈论最多的关键词（图2-85）。

图2-85

"非遗最有效的传播方式就是被需求。"广东省服装设计师协会会长、广州市芳芳服饰设计有限公司董事长李小燕如此说。将贵州丰富的蜡染、苗绣、土布织造等非遗技艺融入现代纺织设计，不仅展现了传统工艺的独特美感，更赋予了其实用价值。未来，协会将推动设计师与非遗传承人携手合作，以非遗技艺为核心、服装服饰为载体，为非遗技艺注入新的生命力。

21. "非遗底蕴·时尚新生"服装设计师非遗主题沙龙

2024年12月6日，作为2024广东服装大会的平行会议之一，服装设计师非遗主题沙龙在清远圆满举办（图2-86）。

图2-86

作为岭南文明的重要发祥地、中原文化向岭南传播的前沿阵地，清远拥有源远流长的文化资源和个性鲜明的非遗宝库。本次沙龙以"非遗底蕴·时尚新生"为主题，特别邀请到历届广东纺织服装非遗推广大使，集结政府、非遗传承人、金顶奖设计师、中国十佳时装设计师、广东十佳服装设计师、品牌代表及服装教育工作者等各方代表，在清远这个文化源地，共同探讨"如何挖掘非遗底蕴，活化赋能时尚产业发展"的时代话题，汇聚美好力量助力非遗创新性地走入当代时尚语境，为促进非遗与时尚的融合发展、促成非遗与日常生活的美好连接贡献一份力量。

历史发其源，文化铸其魂。非遗作为中华文明绵延传承的重要组成，是传达"文化自信"的重要载体，也是时尚产业的底色所在、价值体现和发展趋势。本场沙龙活动上，与会嘉宾分享了非遗时尚的实践经验和先进做法，围绕非遗的挖掘、保护、传承与创新进行深入交流，探讨非遗在时尚设计、品牌建设、市场推广等方面的应用策略，为非遗与时尚的融合发展提供更多思路和可行做法。

近年来，以广东时装周为重要展示平台的"非遗新造"项目已成为备受瞩目的行业盛会，由广东省服装服饰行业协会、广东省服装设计师协会共同推出的"广东纺织服装非遗推广大使"活动也成为挖掘非遗时尚人才的重要手段。在历届广东纺织服装非遗推广大使的带动下，越来越多的设计师、品牌及企业不断在设计中运用传统非遗手工技艺，通过"服装"这个最直接、最明显、最易被大众触及的介质，以更具当代审美和使用价值的产品，让更多人感受到泱泱中华千年文脉的博大与璀璨。

在本次沙龙的总结发言环节，广东省服装设计师协会会长李小燕表示，协会将持续推动非遗与时尚的融合，通过打造非遗时尚创新展示平台、组织开展丰富多彩的非遗时尚活动、在全行业推荐"广东纺织服装非遗推广大使"，发挥人才、场景和产业共通互融的力量，以服装为载体，多角度、全方位助力非遗在当代的传承创新与价值转化，让非遗真正成为人民幸福生活的美好元素（图2-87）。

图2-87

外贸升级

外贸向"新"求进　跨境出海步伐加快

2024年，在国际市场需求复苏动能偏弱、地缘政治冲突加剧、贸易保护主义盛行及汇率波动等风险挑战交织叠加的影响下，我国服装出口仍保持韧性，产业链竞争力持续释放。据中国海关数据，2024年，我国累计完成服装及衣着附件出口1591.4亿美元，同比增长0.3%，增速比2023年同期提升8.1个百分点。从量价关系来看，服装出口量升价跌，出口数量为341.9亿件，同比增长12.9%；出口平均单价3.8美元/件，同比下降11.2%。

广东省作为中国的经济大省和外贸强省，纺织服装产业一直是其传统优势产业之一，拥有涵盖面辅料、制衣、印染加工、集散市场在内的完善产业链。2024年，广东省服装及衣着附件出口225.6亿美元，同比下降4.3%。外贸形势依然严峻。面对复杂多变的外部环境，广东省纺织服装企业积极洞察市场需求，以变应变，通过创新驱动和转型升级，努力对冲外部不确定性带来的压力。

一、政策导向

2023年12月，广东省工业和信息化厅等部门印发《广东省发展现代轻工纺织战略性支柱产业集群行动计划（2023—2025年）》，提出扩大开放合作水平，依托产业梯度转移招商引资对接平台做好现代轻工纺织产业招商引资工作，借助"一带一路"倡议及粤港澳大湾区建设契机，积极引导优势企业整合各区域资源，加强国际先进技术、项目和人才引进力度。支持纺织、服装等行业提升现有专业贸易商圈，充分利用有基础的专业展会平台，打造行业的全球研发设计中心、供应链服务中心、展览中心和品牌营销中心。大力发展总部经济，鼓励骨干企业多元布局产业链，跨省联合建设棉花、羊毛、纸浆、制革、木材等境外原料基地，稳定原料供应。支持品牌优势企业通过并购和股权资本合作等方式，提高目标市场属地销售品牌和市场渠道开拓能力。支持轻工纺织外贸企业转型，积极开拓国内消费市场。

2024年3月，广东省工业和信息化厅印发《关于2024年开展"穿粤时尚潮服荟"打造纺织服装新质生产力行动方案》，提出到2024年底，全省纺织和服装产业营收达到5000亿元，各地因地制宜，从"新"出发、向"新"而行、凭"新"而变，推动生产要素创新性配置、产业深度转型升级，建成15家以上产业链协同的服装产业集聚区，培育8家以上国家纺织服装创意设计园区；推动新产业、新模式、新动能竞相进发，汇聚形成一批可借鉴的新模式新业态案例、可推广的新技术改造提升产业的总体解决方案；激发创新发展磅礴力量，力促产业高端化、智能化、绿色化发展，共培育发展100家以上广东省优势特色纺织服装品牌，展示推广500件以上设计创新特色服装精品，推动产业走创新为主导的新质发展之路。

2024年11月，商务部《关于印发促进外贸稳定增长若干政策措施的通知》提出，扩大出口信用保险承保规模和覆盖面，支持企业开拓多元化市场；加大对外贸企业的融资支持力度，鼓励金融机构按照市场化、法治化原则，对中小微外贸企业加大融资支持力度；优化跨境贸易结算，引导银行机构优化海外布局；促进跨境电商发展，持续推进海外智慧物流平台建设，支持有条件的地方探索建设跨境电商服务平台，为企业提供海外法务、税务资源等对接服务；吸引和便利商务人员跨境往来，完善贸促机构展览公共服务平台和服务企业数字化平台，加强展会信息服务和对外宣传推广；提升外贸海运保障能力，加强外贸企业用工服务，支持外贸企业与航运企业加强战略合作。切实做好促进外贸稳定增长工作，着眼长远积极培育新的外贸增长点，帮助外贸企业稳订单、拓市场，为经济持续回升向好提供有力支撑。

二、重点关注

1. 新增番禺区快时尚服装外贸转型升级基地

外贸转型升级基地（以下简称外贸基地）是中华人民共和国商务部围绕商务工作"三个重要"定位打造的外贸稳规模优结构重要平台之一，是产业优势明显、区域特色鲜明、创新驱动突出、公共服务体系完善的外向型产业集聚区，是贸易和产业有机结合的关键载体，是推动外贸转型升级、保障外贸产业链供应链稳定畅通的重要抓手，对促进国家外贸外资稳增长和带动地方经济社会发展作用明显。

2024年12月，广州市番禺区快时尚服装外贸基地获广东省商务厅认定为省级外贸转型升级基地。由此，广东省纺织服装类外贸转型升级基地总数增加为10个，包括广州市增城区新塘国家外贸转型升级基地（纺织服装）、深圳市龙华区大浪国家外贸转型升级基地（服装）、东莞市大朗国家外贸转型升级基地（服装）、揭阳市普宁国家外贸转型升级基地（内衣）、惠州市惠东县国家外贸转型升级基地（鞋类）等5个国家级外贸基地，以及中山市沙溪镇休闲服装基地、潮州市婚纱晚礼服基地、佛山市南海西樵纺织基地、汕头市纺织服装基地、广州市番禺区快时尚服装基地等5个省级外贸基地。

2. 外贸模式多元化，跨境出海步伐加快

2024年，广东服装外贸模式呈现出多元化、多层次的特点，涵盖了品牌、文化、设计和供应链等多个维度出海模式。例如，希音作为跨境电商平台的代表，通过独立站模式和敏捷供应链，迅速响应全球市场需求，带动中小企业的数字化转型；比音勒芬通过收购国际奢侈品牌，实现品牌全球化，提升了中国品牌的国际影响力；歌莉娅则通过文化出海，将中国时尚元素融入全球市场，开设国际旗舰店并亮相国际时装周；UR通过"直接面向消费者"（DTC）模式和多元化营销，成功打入多个海外市场。潮绣品牌简绎公司则通过设计出海，将传统非遗技艺与现代时尚结合，推动中国设计走向世界。此外，众多供应链企业通过跨境电商平台，为全球市场提供高效、灵活的供应链服务。多元化的出海模式，有力推动了广东服装产业的全球市场布局和竞争力提升。

3. 大朗、普宁、沙溪等积极参展广东时装周

广东时装周（已举办34届）作为广东服装外贸基地转型升级服务平台，多年来一直致力于推动外贸基地区域品牌宣传和企业产品展示推广。在全国稳经济的大背景下，根据《国务院办公厅关于推动外贸保稳提质的意见》，为落实广东省商务厅《广东省外贸转型升级基地高质量发展行动方案（2021—2025年）》文件精神，推进广东服装外贸高质量发展，广东省服装服饰行业协会积极履行联盟纺织服装专委会主任委员单位职责，继续优化创新广东时装周办展模式，进一步发挥平台效应，组织"外贸日"活动，推广区域品牌，增强国际对接合作，为外贸转型升级基地贸易高质量发展赋能。2024广东时装周平台效应逐渐扩大，展示形式多样、产业链精准对接、线上线下同步传播，为全省纺织服装外贸转型升级基地推介与优势产品展示搭建有效平台，吸引东莞市大朗国家外贸转型升级基地（服装）、普宁国家外贸转型升级基地（内衣）、中山市沙溪镇休闲服装基地等外贸基地踊跃组团参展，并取得显著成效。

外贸基地工作站动态 ▐▐

广州市增城区新塘国家外贸转型升级基地（纺织服装）

广州市增城区新塘牛仔服装创新服务中心自接任新塘国家外贸转型升级基地工作站工作后，积极推进工作站工作，做好基地工作站角色，为新塘外贸企业提供展示、推介服务，扩大新塘服装外贸产品的知名度和影响力，对接产业链上下游相关资源，促进新塘服装外贸转型升级基地转型升级。借此契机，新塘将迎来新的发展机遇，加速广州服装产业东进，助力广州东部服装服饰行业高质量发展。

图2-89

一、积极办展，组织新塘有影响力服装企业报团参展

2024年5月8~10日，中心为新塘基地纺织服装企业提供组织基地企业抱团参展服务，参加上海国际EFB服饰供应链博览会，举办新塘国家外贸转型升级基地（纺织服装）品牌联展"动态展"和"静态展"以及2024牛仔产业发展高峰论坛（图2-88~图2-90）。

通过活动开展，在基地区域品牌宣传、基地服装企业优势产品推介等方面为"新塘纺织服装"发声，为基地企业积极开展服务，提升新塘纺织服装外贸基地区域品牌影响力，同时针对参展商组织专业而精准的商贸对接洽谈合作，组织有采购需求的国内外牛仔

图2-88

图2-90

品类的各渠道贸易采购商、电商网红和跨境电商平台等，解决双方业务诉求，丰富和拓宽商务客源，促进牛仔产业健康可持续发展，为新塘牛仔产业提供全方位提质增效赋能，推动外贸高质量发展。对外展示推介及宣传新塘企业及优质产品，提升新塘服装品牌形象，打造新塘服装产业新名片，扩大新塘服装外贸产品的知名度和影响力，助力新塘纺织服装行业高质量发展。

二、积极引导设计师团队，打造新塘服装品牌

支持中国十佳设计师设立林进亮"中国门神"品牌展厅，打造新塘服装品牌，为新塘纺织服装行业赋能，把新塘牛仔通过产业升级、产品升级、品牌升级进行更新迭代，以全新面貌重回世界舞台，助力提升新塘企业竞争力和市场开拓力（图2-91）。

图2-91

三、积极扩大增城区服装设计师协会团队

引入更多优秀企业、优秀品牌、优秀设计师共同发展，2024年共引进设计师成员12人，不断发展壮大协会队伍。以设计为魂、时尚为骨、情怀为心的理念，通过设计师共享平台的平台优势，吸引知名时尚品牌的设计研发总部入驻新塘，达到聚集效应，从而带动中小型商户向研发设计、品牌运营、市场营销、渠道整合等高端方向转型，推动"新塘纺织服装""新塘牛仔"进一步向个性化、原创化、品牌化、高端化转型升级（图2-92）。

图2-92

四、积极开展推广运营及培训工作

充分结合增城纺织服装产业的优劣势，扬长避短，并积极寻找专业性机构为基地企业进行业务培训，举办四场专题培训活动，包括服装服饰类跨境电商、设计师专业培训等，基地企业之间的凝聚力和向心力得到增强。

供稿：新塘基地工作站——
广州市增城区新塘牛仔服装创新服务中心

东莞市大朗国家外贸转型升级基地（服装）

东莞市大朗国家外贸转型升级基地工作站（以下简称工作站），作为推动地方经济发展的重要引擎，始终紧密遵循镇委、镇政府的决策部署，致力于实现外贸产业的高质量发展。在当前全球经济格局深刻调整的背景下，工作站积极响应国家共建"一带一路"倡议，以及国内国际双循环相互促进的新发展格局，不断探索适合自身发展的新路径。

一、基本情况

工作站立足大朗毛织产业优势，强力推进毛织服装产业提质、产能增效、结构优化、品质提升，形成以毛织服装加工产业为龙头，原料辅料、洗水印花、机械设备等产业集聚、链条完善的产业生态体系，并建立8个大类、30多个与培育大朗毛织基地相关的公共服务平台。同时，大朗镇在50多个国家和地区注册了"大朗"和"大朗毛织"，作为大朗毛织区域品牌进行宣传推广，拥有广东省名牌名标产品20多个。同时，拥有超5万台先进电脑横机和10多万毛衫专业人才，具有全球最强大的毛衫生产能力。

2023年，大朗外贸总额突破250亿元，其中出口208亿元。全镇每年生产毛衫超过12亿件，其中55%出口美国、韩国、澳大利亚、俄罗斯等国家以及东盟、中东等地区，其中2024年毛织产业跨境电子商务交易额达5.73亿元。

二、基地成果

1. 向"新"求"质"助力企业转型走深走实

2024年工作站积极联合1688、阿里国际站、TEMU、抖音电商、TikTok Shop、小红书、美客多、希音等各大电商平台共同举办电商培训以及平台对接宣讲会，共举办平台培训宣讲会超25场，活动参与人数超2500人次，达成合作意向超200家企业。其中工作站共开展3场政策宣讲活动，帮助企业理解平台规则，用好政策红利，规范行业标准，提升法律意识，为企业的长远发展提供新动力（图2-93）。

图2-93

2. 多措并举助力企业拓展国际市场

2024年工作站累计参加展会9场，组织抱团参展企业超130家，展会包括第135届中国进出口商品交易会（以下简称广交会）、中国国际针织（春夏）博览会、中国（广州）跨境电商交易会（CCEF）以及2024广东时装周一秋季等电商新业态展和服装专业展，以基地集体商标特装集中展示大朗毛织发展成果，并通过打造举办"大朗毛织国家外贸转型升级基地展区""东莞大朗毛织新品发布会"以及"大朗毛织国家外贸转型基地联合发布秀"等特色活动，全方位宣传展示大朗毛织最新的产品和设计理念，提升大朗区域品牌的知名度和影响力，助力企业开拓多元化国际市场（图2-94~图2-97）。2024年工作站以高标准、高质量完成各项组展服务的同时，利用各种渠道为企业争取到更多的扶持资金，积极协助企业申请参展、工业升级改造等相关扶持资金申报，累计补贴超120万元，帮助企业减轻负担。

3. 打造外贸全链条服务发展新格局

工作站针对影响跨境外贸发展的营销、通关商检、物流、支付等环节的问题，通过整合多方资源提供一站式服务，完善产业链和生态系统的服务链。目前大朗镇周边外贸服务企业不断增加，相关配套企业数超过500家，涵盖跨境电商各个环节，形成由平台、物流、供应链、跨境电商、集群注册、金融服务、海外仓、代运营等组成的完善的跨境电商生态圈。此外，

图2-94

图2-96

图2-95

图2-97

跨境电商的集群效应亦日益显著。

4．充分发挥外贸公共服务平台优势

协助参与搭建POP设界创新服务平台、大朗毛织检测中心、大朗优选展厅（本土两家、清远、濮院各一家）、大朗优选小程序等公共服务平台的建设运营，为企业提供展示展销、研发检测、市场开拓、宣传推广等公共服务。通过专业平台的打造，专业机构的运营，强化大朗毛织的质量监督，补齐人才和设计短板，推动大朗毛织持续高质量发展。工作站与大朗电子商务协会共同成立四个专业委员会，分别涵盖电商达人、跨境电商、电商供应链以及电商人才相关领域，并定期开展政策宣讲、技术研讨和对外合作，引导企业"抱团"出海发展，深化供应链、产业链国际合作（图2-98）。

图2-98

三、2025年工作计划

1．创新活动多元化，打造交流新模式

在数字化背景下，工作站与各大电商平台、行业机构、市场园区紧密合作，帮助企业精准对接实现双赢。2025年将在2024年平台宣讲会、运营培训会以及政策宣讲活动的基础上增加活动场次，每月举办2场以上平台对接会以及培训会。其中合作的电商平台将涵盖TEMU、天猫淘宝海外、Ozon、希音、1688、阿里国际站、抖音、小红书、得物、美客多、TikTok Shop以及Coupang等国内外知名平台，进一步帮助企业拓展货架电商、内容电商、跨境电商以及直播电商渠道。与此同时，基地创新线上线下活动类型，组织开展"直播电商达人分享沙龙""大朗电商名企

行""大朗电商艺术游学考察之旅""大朗外贸转型升级基地联合发布秀"以及"大朗毛织新品发布会"等新业态特色活动，更加精准、多元化地助力企业开拓新兴市场。

2．抱团参展拓市场，重塑产业竞争力

2025年，工作站将持续以大朗毛织作为行业名片，以企业需求为导向，甄选契合企业需求且有助于扩大产品销售的境内外国际性展会，制订全年基地抱团参展计划，积极组织大朗企业抱团参展境内外展会。目前已计划参展的展会有中国国际服装服饰博览会（上海）、上海（国际）服装供应链展、广东时装周一秋季、中国（大朗）国际毛织产品交易会等服装专业展以及电商新业态展，帮助企业加快步伐出海、拓宽对外渠道、抢抓国际市场，扩大外贸转型升级基地的品牌影响力。

3．优化公共服务平台，助力产业稳步发展

工作站将与专业机构持续优化完善POP设界创新服务平台、大朗毛织检测中心、大朗优选展厅、大朗优选小程序等公共服务平台，并引入市场分析、产品设计、需求对接、AI绘图等创新服务，为毛织产业集群发展提供多元化服务，以满足企业不断变化的市场需求。此外，2025年工作站计划认证3家大朗毛织企业展厅作为基地常年展示大朗毛织基地产品的静态展，此举旨在提升大朗区域品牌形象及产品展示，进而增强大朗毛织产品的市场竞争力。与此同时，工作站将定期与公共服务平台举办电商培训和研讨会，提升企业运营能力，促进传统企业转型升级。通过这些措施，进一步加强大朗毛织在国内外市场的主导地位，为产业可持续创新发展提供动力。

在数字化浪潮下，传统产业正经历着前所未有的变革。产业转型升级与电商之间相互促进、协同发展。电商不仅是产业升级的催化剂，更是构建现代化经济体系不可或缺的一环。未来，随着5G、AI等技术的不断成熟，电商将在促进产业深度融合、激发创新活力、推动经济结构优化升级方面发挥更加重要的作用。

供稿：大朗基地工作站——东莞市大朗电子商务协会

揭阳市普宁国家外贸转型升级基地（内衣）

揭阳市普宁国家外贸转型升级基地（内衣）主导产业为内裤、文胸、家居服、保暖内衣、衬衣、T恤等。拥有占陇镇（纺织服装）、流沙东街道（内衣）、军埠镇（服装）3个省级技术创新专业镇和池尾街道（衬衣）1个揭阳市级技术创新专业镇。

近年来，普宁坚持实体经济为本、制造业当家，狠抓项目招引落地，聚焦内衣产业链的"强链、补链、延链"目标，强化科技创新，落实高新技术企业"双倍增"计划。持续优化营商环境，推动普宁国际服装城等平台转型升级，纺织服装产业全面换新升级（图2-99）。

图2-99

一、基地纺织服装产业生产、出口、贸易等情况

1．构建现代产业体系，打造千亿级产业集群

2024年普宁市纺织服装产业总产值达1325.45亿元，同比增长6.7%，规上工业总产值162.68亿元，同比增长21.2%，纺织服装企业近7000家，拥有规上纺织服装企业235家，占全市规上工业企业家数（429家）的54.8%，其中属纺织业的98家，属纺织服装、服饰业的137家。纺织服装类高新技术企业34家，"专精特新"中小企业7家，创新型中小企业11家，6家纺织服装企业入选"揭阳工业企业100强"，显示出产业的强大生产能力和对地方经济的显著贡献。

2．全产业链模式，助力出口稳步增长

经过多年发展，普宁已形成纺纱、织布、印染、辅料、配件、设计、生产、销售环环相扣的全产业链，产品远销美国、欧洲、阿联酋、巴西、印度尼西亚、巴拿马、希腊、乌兹别克斯坦、马来西亚、伊拉克等国家和地区。2023年全市出口纺织服装29.2亿元，占出口总值69.6%，其中，出口服装及衣着附件27.3亿元。2024年全市出口纺织服装27.94亿元，其中，内衣出口约20.3亿元。企业进出口稳步增长，如普宁市成发制衣有限公司2024年1~11月进出口1.74亿元人民币，进出口额同比增长33.72%；广东瑞源科技股份有限公司1~11月出口2.06亿元人民币，出口额同比增长4.63%。

3．拓市场、建平台，助力纺织服装"出海"

基地支持企业参加各类展博会，如进博会、海丝博览会等优质展览会；支持企业申请广交会展位，2024年共有9家企业参加广交会，其中7家为纺织服装企业。动员企业加入揭阳市级重点展会平台，积极开拓国际市场。同时，紧抓揭阳市建设跨境电商综合试验区机遇，聚焦电商出海，全力以赴建平台、育主体、拓市场，推动跨境电商提质增效。2023年，春兴康、新彩泰、嘉利盛3家跨境电商企业贸易出口额均超1亿元，2024年成功引导广东瑞源科技股份有限公司、普宁市玉章服饰有限公司等传统外贸企业向跨境电商转型。

二、基地发展战略与政策支持情况

1．优化营商环境，推动产业高质量发展

普宁积极推动制造业企业向高端化、智能化、绿色化发展，如加速服装产业优构（行业专仓+加工中心促进数字化转型）、纺织印染环保综合处理中心等项目建设；积极发展"跨境电商+产业带"模式，提升纺织服装产品的出口竞争力；持续优化营商环境，鼓励企业采用先进的智能制造技术和设备，提高生产效率和产品质量，进一步降本提质增效（图2-100）。

图2-100

2．强化政策赋能，助力产业优化升级

普宁出台一系列政策扶持纺织服装产业的发展，包括《普宁市纺织服装业"四名工程"实施方案》《普宁市关于加快促进电子商务高质量发展的若干措施》《普宁市促进企业高质量发展的若干措施》《普宁市规模以上工业企业"绿卡"服务制度实施办法（试行）》《关于加快集聚产业高层次人才的意见（试行）》等，大力扶持企业做大做强做优，力促产业实现高质量发展。对于在数字化转型、品牌建设、市场拓展等方面取得显著成效的企业，政府将给予一定的资金奖励和政策支持。

三、基地产业创新做法

1．强化科技创新，促进产业提质增效

近年来，普宁积极推动服装业品牌化发展，提升产品附加值，做强纺织服装支柱产业，推动产业结构优化升级。积极落实高新技术企业"双倍增"计划，建立高新技术企业管理台账93家和培育台账62家，举办2024年普宁市研发经费（R&D）归集统计专题培训班，强化企业研发经费归集。2024年申报省级工程技术研究中心认定2家，累计设立省级工程技术研究中心18家，其中属纺织服装的5家；认定揭阳市工程技术研究中心3家，累计设立揭阳市工程技术研究中心74家，其中属纺织服装的30家；组织高新技术企业认定33家，其中属纺织服装的14家；全市现有93家高新技术企业中，属纺织服装的34家，2023年工业总产值27.26亿元，其中高新技术产品产值18.93亿元；投入研发费用1.13亿元；拥有有效专利数222件，其中发明专利55件。

2．加强技术改造，引领产业数智化发展

普宁积极指导帮助企业加大技术改造力度，重点支持鼓励企业淘汰老旧设备，引进和购置先进设备、智能化制造设备，提升装备水平，加快产业整体转型升级。2024年新增纺织服装类技改备案项目共6个，总投资约5873万元，共有2个纺织服装项目获得2024年广东省先进制造业发展专项资金（企业技术改造）1059.3万元。大力推进"普宁服装产业优构：行业专仓+加工中心促进数字化转型"项目建设，该项目已成功入选省级产业集群数字化转型试点项目培育库。在培育期间，先后打造纺织服装5G全连接工厂2个，并推动20家纺织服装企业实现数字化转型。

3．拓展国内外市场，提升品牌知名度

普宁加快推动普宁国际服装城等平台转型升级，积极拓展国际市场。通过跨境电商平台，推动纺织服装产品出口，实现跨境电商的突破和发展。组织企业参加国内外优质展博会，如广交会、高交会等重大展会和"粤贸全球"系列展会，提升普宁纺织服装产业的国际知名度。

2024年普宁组织15家优质企业参与广东时装周基地品牌联展。还举办纺织服装展销会，组织企业参加各类经贸活动；开展外事服务政策宣讲会、跨境电商海关政策宣讲会等技术培训活动，帮助企业开拓海外市场（图2-101）。

图2-101

四、工作计划

接下来，基地将继续加大技术创新力度，鼓励企业采用新技术、新工艺、新设备、新材料，提升内衣产品的附加值和市场竞争力，推动纺织服装企业数字化转型升级。积极拓展线上销售渠道，参与各类线下展会，提升品牌知名度和国际竞争力；加强公共服务平台建设，提升基地的综合服务水平；完善物流配送、质量检测、信息咨询等公共服务体系，为服装企业提供更加便捷、高效的服务。

供稿：普宁基地工作站——普宁市服装商会

惠州市惠东县国家外贸转型升级基地（鞋类）

一、2024年惠东鞋产业总体情况

惠东鞋业经过43年的发展，目前已形成了原材料供应、模具加工、成型组装、包装装潢、产品销售一条龙的鞋业集群发展格局，成为惠东县的支柱产业。2006年，中国轻工业联合会和中国皮革协会联合授予惠东县"中国女鞋生产基地"荣誉称号。目前全县鞋业及配套产业经营单位共6143个（制鞋4170个，鞋材鞋机、纸品包装等配套2073个），2024年产量约为9.4亿双，其中出口约7亿双，产值达400多亿元，全县鞋业从业人员约16万人。

二、惠东鞋业外贸发展情况

惠东鞋业外贸订单以欧美为主，约占整个外贸市场的40%左右。2024年1~11月，据海关统计，惠东县鞋出口约达55.49亿元，同比增长14.68%（因大部分企业出口为贸易商在外地报关，此数据只能反映鞋业订单情况，仅供参考）。

三、当前鞋业存在的主要问题

1. 订单来源单一、工厂自主业务能力较弱

除少数工贸一体的企业外，惠东制鞋企业的生产订单大多来源于贸易公司派单，企业自主接触客户的业务能力较弱。

2. 企业规模较小、管理不规范

惠东规上制鞋企业186家，仅占鞋厂总数的3.5%。除了规上企业外，其余鞋厂普遍规模较小，管理水平较低，在厂区管理、生产管理、质量管理等方面仍有不足。随着国家相关财税政策的不断完善，企业的财税风险不断加大，大部分企业仍使用私人账户收发货款、无法开具相应的成品发票等问题在一定程度上影响了企业的接单。

3. 缺乏自主品牌、自主开发能力

惠东大多数鞋企采取代工生产、贴牌加工的模式，缺乏自主品牌意识。企业缺乏自主开发设计产品的能力，从而丧失一定的议价权，工厂的毛利润仅有10%~12%。

4. 用人成本上涨、工人易流失

因企业规模普遍较小，工人流动性较大。企业之间在用工上相互竞争，用人成本不断上涨，导致企业生产不稳定、质量不稳定、管理不稳定，极大范围地限制了企业的健康发展。

四、工作站在引领带动鞋业发展工作方面的积极作用

惠东县国家外贸转型升级基地（鞋类）于2021年6月获得中华人民共和国商务部认定。并于同年8月，由惠东县商务局授权惠州爱创产业服务有限公司为惠东县国家外贸转型升级基地（鞋类）承接单位，并持续三年服务于惠东鞋业集群。

基地工作站自成立以来，在县政府及相关职能部门的指导下，为促进惠东鞋业发展起到了积极的作用。2022年，成功承办了"中国·惠东第十一届鞋文化节"，并评选出20家优质供应商，50名"惠东鞋业工匠精神人物"，大力弘扬制鞋文化，推动技术传承与创新；举办了《区域全面经济伙伴关系协定》（RCEP）国家自由贸易协议宣讲活动；联合各商协会起草制订了《惠东县鞋业行业团体标准》。

2024年，在上级部门以及省、市、县政府的支持和帮助下，基地工作站针对2024年惠东整体行业订单形势，重点围绕稳外贸促发展等系列工作，致力帮助企业抓订单，拓展国际市场。主要开展以下工作。

一是积极配合惠东县委、县政府及县商务局、中小企业局等有关部门开展围绕"高质量发展""制造业当家""惠东县百千万工程"调研、座谈等相关工作及活动，大力宣传惠东县委、县政府关于惠东鞋业发展战略决策精神，深入企业，宣传介绍惠东外贸相关政策，为助力政府引导和扶持鞋业发展起到桥梁纽带作用。

二是为促进外贸高质量发展，响应省委、省政府"制造业当家"的号召，推动惠东鞋业重返一流进程，丰富惠东鞋业制造企业订单来源渠道，惠东县国家外贸转型升级基地（鞋类）工作站在惠州市商务局、惠

东县商务局的指导下，于2024年5月2日，组织并承办了"促进外贸高质量发展，'鞋'手产业转型升级——第135届广交会惠州分团贸易对接会"活动，促进惠东县广交会企业与贸易商的内外销供需合作，助力企业增订单，保生产稳定，并以此获得丰富的订单资源和贸易交流经验。

三是为推动惠东鞋业企业抢抓订单，开拓境外市场，在上级商务部门及惠东县商务局的大力支持下，惠州爱创产业服务有限公司通过各届广交会的展会平台，积极主动地组织惠东鞋业基地企业抱团参展，联营展销展示惠东特色时尚鞋品。从组展到布展，从参展到撤展，工作站派驻工作人员每天参与服务企业的展销和洽谈活动，累计招引上百位来自欧美、东南亚和俄罗斯等国家和地区的采购商代表到展位看板询价，并主动与参展企业互留通信方式、互加微信好友。根据不完全统计，近期广交会新兴市场客商成交积极，"一带一路"、RCEP成员国前来洽谈的客商络绎不绝，达成订单交易额占总订单交易额的30%左右；北美、

欧盟国家持续来访，保持了60%以上的贸易订单额。同时，通过线上平台洽谈的贸易额也日渐增长，成交率比上届增长了33%。

四是在惠东县商务局的指导下，由惠东县中小企业局牵头，惠州爱创产业服务有限公司积极参与并全力配合鞋业商协会通过了惠州市地方标准《"惠东女鞋"供应商能力评价规范》，通过通标标准技术服务有限公司（SGS）对优质企业进行星级评定，推荐优选了一批"四星级"以上的供应商，以鼓励和引导企业采用地方标准加强自身管理能力，大幅提高企业在国际市场上的竞争优势，同时提升国际市场占有率和品牌影响力，促进企业转型升级，从而实现国内外"三同"（同线同标同质）标准，推动鞋产业内外双循环发展。

五是基地工作站积极主动协助市、县有关部门，在惠东县商务局和中小企业局的指导下，开展了一系列惠东县女鞋产业调研活动、展销展示活动、交流对接活动等，助力"中国·惠东第十二届鞋文化节"活动圆满举办，并取得丰厚成果（表2-1）。

表2-1 惠东县国家外贸转型升级基地（鞋类）工作站2025年工作计划

序号	项目	项目内容	预计实施时间	主要工作
1	惠东鞋业考察探索行	浙江温州鞋都交流考察	2025年4月	在县商务局的指导下，组织相关企业前往温州考察，向优秀鞋制造商、品牌商学习先进的生产、设计、营销等经验，开启取经之路，为惠东鞋业领航
2	政策宣导活动	与相关部门联合针对相关政策进行宣导讲解	2025年	根据政府部门需求，配合相关部门开展政策宣导活动
3	产业供销平台对接会	希音平台对接会	2025年5月	扩大惠东县女鞋企业的销售端和销售模式
4		产业供应链平台对接会	2025年6月	促进整个惠东县鞋类产业链从原材料购买、设计开发、测试、产品运输到销售端的闭环发展，助力惠东县女鞋高质量发展
5	设计大赛	"鞋"艺匠心，创意突围——惠东鞋款3D设计挑战赛	2025年7月	促进惠东女鞋品牌发展，提高惠东女鞋的创新力，聚焦于挖掘鞋厂技术师傅以及相关设计爱好者的匠心独运，举办鞋款3D设计挑战赛，用创意让惠东女鞋款在市场中突围，吸引品牌客户、跨境电商、贸易商的目光
6	CHWE出海网全球跨境电商展	2025年第五届CHWE出海网全球跨境电商展	2025年9月6—8日	与主办方沟通协商提供相关展位给基地内企业宣讲展会相关情况，并组织有意愿的企业前往参展，为参展企业提供专业的展会服务及后续政策奖补申报工作
7	惠东女鞋展销会	架起贸易商与惠东女鞋企业的沟通洽谈桥梁，促进成交	2025年10月	在县政府相关部门的支持下，与商协会合作，启动惠东女鞋展销会，促进惠东县鞋类外贸市场的发展
8	数据填报	日常数据填报、统计、分析等	2025年	协助政府完成基地服务工作日常数据填报、统计、分析及工作总结

供稿：惠东基地工作站——惠州爱创产业服务有限公司

中山市沙溪镇休闲服装基地

2024年，沙溪镇休闲服装基地以擦亮"中国休闲服装名镇"的金字招牌为目标，努力营造优质的营商环境，促进服装产业提质增效，推动沙溪服装产业向智能化、高端化、品牌化发展。沙溪纺织服装产业再次走向舞台中央。

一、2024年基本情况

1. 繁花盛景，实力斐然

沙溪镇休闲服装基地，作为全省7大纺织服装外贸转型升级基地之一，宛如一颗璀璨明珠，镶嵌在广东这片充满活力的土地上。基地拥有深厚的服装设计底蕴与精湛的制造技艺，是海澜之家、优衣库、安踏等60多个国内外知名品牌的摇篮。基地内1.4万余家服装市场主体，近600家上下游企业紧密相连，有全市最大的专业服饰批发市场——龙瑞国际服装城及7000多家实体店，共同构建起庞大而有序的产业链。

2024年，基地有规上服装企业74家，产值高达52.5亿元，进出口总额16.8亿元，其中服装进出口总额约为13.5亿元，同比增长11.3%，势如破竹。全镇纺织服装产业从业人数超10万人，为基地的发展注入源源不断的动力。2024年，沙溪镇生产总值（GDP）实现111.47亿元，同比增长6.0%，基地更是成功入围"2024全国镇域经济500强"和"2024镇域投资竞争力500强"，犹如凤凰涅槃，彰显出非凡的实力与魅力。

2. 高瞻远瞩，政策护航

基地高位谋划"三区协调、南山北水"高质量发展新格局：东部专业市场兴旺的商贸聚集区，中部综合发展的城市中心区，西部"工改"（低效工业园改造升级）新机的产业更新区，南部以凤凰山为中心的高端智造产业园，北部以狮滘河为中轴线的万亩农文旅示范带已成形成势。基地紧抓"百千万工程""工改"等政策机遇，在区域协调发展、产业空间开拓、营商环境优化等方面取得了令人瞩目的成绩。年内完成拆除整备土地512亩，新增高标准厂房面积逾113

万平方米，伟承国际科技园、劲达智创产业园、水溪"朗肚"工业厂房、涌边工业园已基本建成，为企业增资扩产和招商引资提供了坚实的保障。招商引资"蹄疾步稳"，2024年签约项目18个，总投资额22.9亿元。政策扶持为企业插上腾飞的翅膀，出台《沙溪镇助企腾飞政策大礼包》，成立新质生产力促进中心，为纺织服装产业提供竞争力支撑；成立中山市沙溪镇股权投资基金联盟，扶持服装企业发展壮大，第一期已募集资金超1亿元；推出《走进中国休闲服装名镇》系列报道30篇，全面展现沙溪服装名人、名企、名品、名牌、名店风采，坚定企业发展信心（图2-102）。

图2-102

3. 数智引领，创新驱动

基地坚持以智转数改为引擎，驱动产业转型升级。近年来，一批服装龙头企业率先完成智能化、数字化转型升级，高端服装制造矩阵蔚然成形。截至目前，基地拥有高新技术企业20家、省创新型中小企业18家、省专精特新中小企业5家、数字化示范工厂1家、智能化示范车间2家，规上服装企业数字化转型全面完成。其中，中山市锐城制衣纺织有限公司和广东金鼎智造服装科技有限公司通过2024年百企攻坚企业国家自评系统评测，分别处于数字化水平三级、四级阶段，引领基地服装企业向数字化、智能化方向砥砺前行（图2-103、图2-104）。

图2-103

图2-104

4.扬帆出海，逐梦前行

基地大力支持企业"走出去"，积极参与"粤贸全球"和"粤贸全国"活动目录内的展会，与京东、速卖通、希音、TIKTOK、TEMU等主流电商平台携手共进，拓宽内外贸发展空间。年内成功举办"潮起湾区·沙溪风尚"沙溪休闲服装外贸基地品牌展，在全亚洲最长室外秀道——龙瑞大宗祠213米的青石板街上，15家优质服装品牌企业携最新产品亮相，古韵新潮交融，展现出沙溪时尚的独特魅力（图2-105）。省内知名服装品牌企业和服装制造企业、院校专家、学者、设计师、电商企业和平台代表、网红及20多家媒体代表近300人出席活动，近距离感受沙溪企业从服装制造向服装品牌升级发展的成果。

作为2024年杭州GESC国际服装电商供应链博览会唯一受邀的产业集群，沙溪服装展团C位亮相博览会，与业内众多知名服装品牌开展一对一精准对接，全方位展示沙溪服装优质供应链基地强大的研发制造能力和数字化转型成果（图2-106）。

图2-105

图2-106

5．直播电商发展：乘风破浪，引领潮流

近年来，基地通过一系列政策推动和资源导入，助力服装制造企业触网转型。2020年，基地率先成立全市首个镇一级直播电商协会，并高规格举办一系列直播电商活动，全镇上下掀起了直播带货的热潮（图2-107）。自2022年起，基地连续三年携手抖音直播官方合作举办抖音电商·中山休闲服装节，线上线下掀起"中山沙溪T恤"热潮，带动沙溪服装产业迈上销售新赛道。其中，2024年活动期间，百家休闲服装企业同时在线直播，短短6天时间，沙溪地区男女装销售达248万单，销售额达2.2亿元。如今，沙溪在建和已建成直播基地10余个，企业直播间1180多家，全镇直播销售额超百亿元，在抖音平台的女装和男装出货量分别占中山市份额的70%和65%，直播产业链相关从业人员约6000人。霞湖世家、问道等直播品牌增长亮眼，问鼎"中山市抖音商城网络零售额TOP10店铺"，2024年沙溪镇成功荣获首批"中山市电子商务集聚区"称号。

图2-107

二、2025年计划：砥砺前行，再谱华章

2025年，"十四五"规划收官之际，也是"十五五"谋篇布局之时。沙溪镇休闲服装基地将肩负使命，砥砺前行，全力以赴推动沙溪休闲服装重回舞台中央。

1．全力支持企业拓市场做品牌

在"走出去"与"引进来"中提高"休闲服装名镇"曝光度，携手服装企业参加广交会等国内外重要展会，助力企业抢滩头、抢市场；充分利用千年隆都文化优势，延续在古村古祠举办服装走秀活动的优秀做法，举办创意性强、市场吸引力大、人气值高的大型展销活动，为服装企业出圈引流打造更多亮相舞台。鼓励有条件的服装企业向品牌化、高端化华丽转身，逐步推动企业从单纯质量竞争转向品牌竞争，努力向"成行成市、成链成群、成名成品发展"要求奋进，擦亮"休闲服装名镇"区域性服装品牌。

2．扎实推进低效工业园改造升级

以土地增量开辟高质量发展新局面，全力推动超百亩级产业园区从蓝图变为实景，聚力打造沙溪镇凤凰产业园、新濠环保共性产业园、板尾园智能云仓及供应链产业园等特色园区，推动制造业产业集群发展，为沙溪弯道超车建新平台、谋新增长。持续强化大项目招引与连片土地开发相衔接，探索"政府引导、企业自改"连片改造、土地权利人联合改造等新模式。

3．大力推动企业数字化转型

以智转数改为引擎，驱动产业转型加速度。锚定时尚产业主攻方向，打造时尚化、品牌化、智能化的现代服装产业体系，引导传统服装企业加快智改数转，向高攀升、向智转型、向绿升级、向新发力，推动时尚产业从百亿级向千亿级大步迈进。

4．高规格建设沙溪镇电子商务集聚区

打造沙溪时尚电商选品中心，举办集聚区发布会，广邀全国直播网红、达人来沙溪"一键带货"；携手抖音等电商平台举办沙溪休闲服装节，进一步扩大直播电商助推产业转型优势；着力构建"一轴引领、多园支撑"电子商务新格局，努力形成龙头企业顶天立地、中小企业铺天盖地、微型企业枝繁叶茂的蓬勃态势。

5．用心用情打造优质营商环境

围绕企业全生命周期竭尽所能构建高效完备的服务体系，统筹存量政策优化和增量政策推出，优化《沙溪镇助企腾飞政策大礼包》《沙溪镇促电商直播高质量发展工作方案》等，始终与企业想在一起、干在一起，用心用情服务企业，与企业携手共进，共谱服装产业高质量发展新篇章。

供稿：中山市沙溪镇工业信息和科技商务局

潮州市婚纱晚礼服基地

一、2024年基地纺织服装产业生产、出口、贸易等情况

2024年，潮州市婚纱晚礼服基地继续在全球纺织服装产业中占据重要地位，以下是对本年度生产、出口及贸易情况的详细总结。

1. 生产情况

基地内现有婚纱晚礼服及相关产业链企业共计810家，较往年保持稳定增长。这些企业涵盖了从上游丝线、布料、装饰品生产，到设计及板型开发、刺绣装饰、缝制合成等全产业链环节。

在高强度的投资推动下，基地内企业的生产能力和产品质量均得到显著提升。据统计，2024年婚纱晚礼服年产量达到2000万件以上，继续巩固了潮州作为全球最大婚纱礼服生产出口基地之一的地位。

在市场竞争日益激烈的情况下，基地企业更加注重产品创新和差异化发展。通过设计新颖独特的款式、采用高品质的面料和装饰品，以及精湛的缝制工艺，潮州的婚纱晚礼服在国内外市场上赢得了良好的口碑。

2. 出口情况

基地产品出口占比达到90%以上，实现高度国际化。尽管面临全球贸易形势复杂多变的挑战，潮州纺织服装产业仍展现出强大的出口实力及韧性。根据最新数据，潮州的纺织原料及纺织制品全年出口总额为17186.7万美元，其中婚纱晚礼服产品作为重要支柱，每年平均出口额占全市出口额20%以上，对地方经济的贡献显著。

具体出口企业表现方面，如广东国色婚纱礼服有限公司、伟标（潮州）工艺服装有限公司等，均保持了稳定的出口增长。这些企业通过优化产品结构、提升产品质量，成功开拓了更广阔的国际市场。

3. 贸易情况

基地在国际贸易中表现出色，不仅保持了与欧美等传统市场的稳定贸易关系，还积极开拓了东南亚、中东等新兴市场。贸易环境的优化也是基地成功的重要因素之一。潮州市政府通过加强政策供给、完善服务体系等措施，为基地企业营造了良好的贸易环境。

为应对消费者需求变化，基地企业加强了市场调研和产品开发工作，根据市场需求调整产品结构，提高了产品的市场竞争力。同时，企业还加强了与国内外贸易伙伴的合作，共同开拓国际市场，实现互利共赢。

二、2024年基地发展战略与政策支持情况

1. 发展战略

基地继续坚持创新驱动发展战略，鼓励企业加大研发投入，引进先进生产设备和技术，提升产品竞争力。同时，基地还注重优化产业结构，推动产业链向上下游延伸，形成更加完整的产业链条。

2. 政策支持

潮州市政府高度重视婚纱晚礼服基地的发展，出台了一系列扶持政策，为基地的发展提供了有力的政策保障。

政府还通过资金扶持、税收优惠等措施，鼓励企业扩大生产规模、提升产品质量和市场竞争力。潮州市婚纱晚礼服基地作为国家重点外贸转型升级基地，获得了中央外经贸发展专项资金的支持。这些资金主要用于促进外贸转型升级事项，包括产业链完善、外向程度提升、发展态势优化以及产业集聚能力增强等方面。

3. 政府引导

潮州市政府通过规划建设创意产业园、特色产业小镇等载体，引导婚纱礼服产业集聚发展，如潮州湘桥万洋众创城项目落地，该项目是以婚纱晚礼服为主，集设计、生产、展示于一体的新型时尚产业园，是"产业集聚、产城融合、资源共享、产融互动"的新模式，将补齐潮州区域企业"小散化"、产业"小弱化"、园区"碎片化"等短板，构建规模化、集约化、高新化、特色化的制造业集聚平台，助力潮州传统产业升级（图2-108）。

图2-108

同时，政府还积极推动婚纱晚礼服企业"小升规"，挖掘一批创新能力强、质量效益优的"专精特新"中小企业，逐步构建起"龙头企业带动、中小微企业多点发力"的优势产业集群。

三、2024年基地产业创新做法

1．产业数智化发展

在2024年，潮州市婚纱晚礼服基地积极响应数字化转型的浪潮，多家代表性企业如广东名瑞（集团）股份有限公司、伟标（潮州）工艺服装有限公司、潮州市靓丽礼服有限公司等，已率先实施了电子数据化管理工作方案，实现了从设计、生产到销售的全链条数字化管理，取得了显著的成效。此外，基地还鼓励企业加强与高校、科研机构的合作，共同研发智能化生产设备和管理系统，推动产业数智化水平持续提升。

2．国内外市场拓展

基地企业积极参加国内外知名展会，如中国国际进口博览会等，展示潮州婚纱晚礼服的独特魅力和品质优势。基地企业在巩固欧美等传统市场的基础上，积极开拓新兴市场，如东南亚、中东等地区。通过参加国内外知名展会、建立海外营销网络、开展跨境电商业务等方式，基地企业成功开拓了更多国内外市场，提升了品牌知名度和影响力。

3．提质增效

基地注重提升企业的管理水平和运营效率，通过优化生产流程、加强质量管理等措施，实现了提质增效的目标。同时，基地还鼓励企业加强品牌建设，提升产品附加值和市场竞争力。

4．开展各类活动情况

基地内举办了多场技术交流、培训讲座等活动，为企业提供了学习和交流的平台。潮州市服装行业协会等组织也积极发挥作用，组织企业参加各类展会、论坛等活动，推动基地的持续发展，如广济桥婚纱礼服走秀、婚纱礼服设计大赛等，不仅展示了潮州婚纱礼服的独特魅力和品质优势，还提高了品牌知名度和影响力。

广济桥婚纱礼服走秀作为基地的标志性活动之一，通过国潮文化宣传与文旅文创产业的深度融合，吸引了众多国内外游客和时尚界的关注。这一活动不仅展示了潮州婚纱礼服的创新设计和精湛工艺，还促进了潮州文化旅游产业的发展（图2-109）。

图2-109

四、2025年基地主要工作计划

1．继续优化产业结构

加强对产业链上下游的整合和优化，推动产业向更高层次发展。鼓励企业加大研发投入，提升产品技术含量和附加值。

2. 加强市场开拓

积极参加国内外知名展会和贸易活动，拓展更广阔的市场空间。加强与国内外行业协会和企业的交流合作，推动贸易合作向更深层次发展。

3. 推动数智化转型

鼓励企业采用智能化生产设备和管理系统，提高生产效率和产品质量。加强与高校、科研机构的合作，推动产学研深度融合，开发AI技术，发展生成式设计，结合大数据分析消费者偏好，实现了个性化定制服务的快速响应，不仅能够大幅提升设计效率，还使设计作品更加新颖独特，有效提升了产品的市场竞争力和品牌附加值。

4. 提升服务水平

加强行业协会等组织的服务功能，为企业提供更加全面、专业的服务。完善公共服务平台建设，为企业提供更加便捷、高效的服务。

综上所述，潮州市婚纱晚礼服基地在2024年取得了显著的成绩，展望2025年，基地将继续保持稳健发展的态势，为推动潮州纺织服装产业的转型升级和高质量发展做出更大的贡献。

供稿：潮州基地工作站——潮州市服装行业协会

佛山市南海西樵纺织基地

进入产业经济新时代，西樵镇践行"空间再造，产业重塑，缔造美好生活在西樵"的工作主线，培育"3+3"产业发展体系，构建拉动经济可持续高质量发展的现代化经济体系。纵深推进西樵镇纺织行业"八新工程"，全力推动西樵纺织产业高质量转型升级。

一、基地基本情况

西樵纺织以休闲面料、特色牛仔以及家纺布艺为主，其中牛仔布、西装面料、休闲面料占80%以上，是多家知名品牌服装企业采购的对象，并且远销欧美韩日及东南亚，拥有从原材料到纺丝、织造、印染、后整理和服装的完整和全面的产业链条。

二、主要工作情况

近年来，西樵坚持高质量发展理念推动纺织产业提质焕"新"，围绕"产业链条、创新驱动、区域品牌、服务赋能、产业基地、平台体系"六方面聚力推动西樵纺织产业高质量发展。

1. 产业链集聚成型

产业集聚优势突出，内提外引成效显著。目前，全镇共有生产性纺织企业840多家，其中针织、捻丝、织造和印染类企业超560家，规模以上工业企业170家，从业人员约4万人，纺织生产设备3万多台套，形成了集织造、印染后整理、服装、销售、物流为一体的系统产业集群，拥有年产各类纺织面料40亿米的生产能力，是国内十大纺织产业集群之一，被授予"中国面料名镇"称号。

2. 创新引领高质量发展

一是技改升级活跃。2024年1~12月，成功推动西樵镇30家纺织企业合共完成33个技改项目备案，计划投资金额5.29亿元。二是强化数转智改。南海纺织产业集群数字化转型试点在中小企业抱团集群数字化转型试点成为入库项目，根据会员企业数字化现状，进行调研分析，为企业提供专业的改造提升意见。

3. 服务赋能提速新质生产力

一是联合西樵纺织办走访珠三角周边布匹市场，开展产业对接交流活动，一同探讨纺织行业转型升级和产业链共建之路。二是成立南海区纺织行业协会后整分会，开展关于后整行业领域的交流、培训等活动，搭建沟通平台，推动后整企业加工技术、仓储管理水平提高，促进纺织后整产业平稳、健康发展。三是组织30多家会员企业参加2024中国棉织产业高质量发展大会暨全国牛仔布行业年会，了解最新牛仔资讯。四是强化政策宣讲，开展外贸进出口及技术改造政策宣讲会，为企业提供最新外贸、技改政策资讯。同时，与广东职业技术学院开展校外实践教学基地揭牌仪式，携手深化校地合作，持续探索产学研合作新模式；发布《非物质文化遗产香云纱（坯纱）织造技艺》团体标准，让香云纱产业得到更好的保护、传承，利于宣传香云纱独特的技艺与价值。五是关爱基地企业职工生活，连续11次组织纺织企业员工活动，开展西樵镇第十四届纺织职工体艺活动，活跃工作氛围，凝聚企业合力。

4. 品牌美誉度高

西樵是中国面料名镇、中国纺织之乡，是我国重要的中、高档纺织面料生产基地之一。一是2014年，"西樵面料"集体商标在国家工商行政管理总局商标局成功注册，带动西樵纺织迈向区域品牌时代，推动全镇获中国流行面料吊牌认证企业30多家次，累计入围中国流行面料的新产品200多个，占全国总数的10%，一定程度上代表着国内面料新产品发展的风向标，获评"2017—2018年度纺织行业创新示范集群"。二是积极实施"走出去"战略，每年近100家纺织企业抱团参加我国上海、深圳、香港，以及美国、法国、孟加拉国等国内外纺织展贸会，展示近万件纺织新品。三是"西樵纺织产业外贸转型升级示范培育基地"组织15家企业抱团参展第135届中国进出口商品交易会，彰显"西樵面料"的区域品牌；连续22年组织纺织企业抱团参展上海"2024中国国际纺织面料及辅料（秋冬）博览会"，组织30多家企业参观，了解最新市场动向，激活发展新思维；组织40家纺织企业参观2024年第27届深圳国际服装供应链博览会。

5．基地集聚力强

佛山市南海西樵纺织基地实现绿色可持续发展和循环经济，实施全覆盖的"三统一"工程（统一工业用水、统一供应蒸汽、统一污水处理），镇内纺织企业100%接入污水处理、100%达标排放、100%企业纳入日常严格环保监管，被认定为"广东省绿色升级示范工业园区""广东省循环化改造试点园区"，并获得由联合国工业发展组织等单位颁发的"工业绿色低碳发展国际合作成果示范区"牌匾，成为广东省唯一获奖单位。

6．平台体系成熟

一是联合中国纺织工业联合会建成西樵纺织产业检测服务平台，通过了中国实验室国家认可委员会（CNACL）、中国合格评定国家认可委员会（CNAS）和广东省质量技术监督局认可，促进纺织产业技术创新、应对贸易壁垒和节能减排等方面得到有效提升。同时，平台依托检测基础优势，进一步扩建了医卫用纺织品检测中心，具备医卫用纺织品检测、研发、技术咨询、技术指导、技术培训等功能，成为西樵纺织产业创新发展的科技航母。二是西樵创新大厦打造企业总部经济，大力引入生产性服务产业，将其铸造成集创客、设计、检测、电商集聚、产业孵化于一体的行业科技前沿地标，进一步加大传统纺织产业的科技支撑力度。

三、行业发展面临主要问题

1．企业核心竞争力有待提升

西樵纺织企业以传统加工为主，存在缺乏自主品牌、高端科技含量相对较低、数字化管理水平普遍偏低等问题。

2．产业结构有待优化提升

西樵纺织产业结构较为单一，产业链前后端有待延伸。产业规模化、集约化水平依然落后，缺乏一定数量的上规模、上档次的大中型行业骨干龙头企业作支撑。

四、发展方向

1．加强关键共性技术突破

加快标准体系建设，集聚行业资源培育科技创新平台，推动智能检测、人因工程学等科研技术的应用，强化产业全链条服务，培育壮大新质生产力。

2．夯实绿色发展基础

完善"三统一"工程，搭建信息化平台，采用节能降耗等循环经济模式，推广应用印染先进工艺、靛蓝回收技术等。

3．聚焦智造出"新"

深化南海纺织产业集群数字化转型试点项目，建设广东西樵纺织产业人工智能数字园区。强化"智造"赋能，推广AI技术、节能降耗智造系统应用，促进产业提质增效。

4．创新"西樵面料"区域品牌

深化时尚升级，创建粤港澳大湾区牛仔设计师孵化基地，拓展香云纱非遗生产性保护，推动产业深度融合。组织企业抱团参展，加强品牌建设，提升产业核心价值。

供稿：西樵基地工作站——佛山市南海区纺织行业协会

广州市番禺区快时尚服装基地

纺织服装产业是番禺区传统优势产业，是番禺区重点打造的13条现代产业链之一，也是广州市21条重点产业链中时尚产业的重要内容。近年来，为推动传统服装产业"老树发新芽"，打造时尚产业新高地，筑牢制造业强区根基，番禺区正全力将时尚产业打造成为第二个千亿级产业集群。2024年12月，番禺区快时尚服装基地被广东省商务厅认定为2024年度"省级外贸转型升级基地"。

一、基地总体情况

番禺区拥有完整的服装产业链，在国内外市场具有极强的竞争力。基地形成了从上游纤维加工到研发设计、成衣制造、营销渠道、品牌管理等一系列完善的服装产业体系，共有经营范围与服装相关的市场主体超3.4万家，其中服装制造类市场主体超7200家，服装销售类市场主体超2.7万家，主要集中在南村镇、大龙街、大石街、洛浦街、石碁镇等镇街。基地内纺织服装企业年工业总产值151亿元，中小企业产值占比为85.40%，中小企业研发强度达到3.74%；纺织服装进出口额约50亿元。

番禺区服装企业数量约占广州市的1/3，是广州市服装产业链完整的重要基石。基地已形成大型企业顶天立地、中型企业承天启地、小型企业铺天盖地的良好生态。

1．服装跨境电商发展名列前茅

番禺区吸引聚集了希音、TEMU（拼多多海外版）、细刻等具有国际影响力、具备全产业链辐射带动作用的跨境电商创新型企业。希音用独立站的方式出海，销售覆盖全球200多个国家和地区，日发货量最高超过300万件。希音App连续多年蝉联全球购物类App下载量冠军，2023年在美国快时尚市场份额高达40%。目前，希音在2023年胡润全球独角兽榜中排名第3位，市场估值500亿英镑。

2．数字化快时尚产业异军突起

番禺区拥有强大的服装供应链生态系统，以完整的服装产业链和较低的生活成本集聚了大批优质服装生产工人，保证了服装设计、打样、加工、销售等程序最多需2周，最快只需7天完成，是希音等国际服装巨头赖以成功的"小单快返"模式得以顺畅运行的重要保障。在希音"小批量、多品种"模式的驱动下，为其提供产品生产的小微企业开始进行智能化的自我升级，以产业基础高级化催生更多"专精特新"企业集聚，有力推动了服装产业供应链的全球竞争力提升。联动珠三角，辐射泛珠三角，形成了全球范围内独一无二的产业生态，对全国服装产业布局和发展方向影响深远。

3．时尚设计创新力量集聚

番禺区还吸引了大批优秀服装设计师的入驻，包括中国服装设计最高级"金顶奖"获得者刘洋，以及中国十佳服装设计师、广东十佳服装设计师数十名，极大提升了区内服装产业的设计创新研发能力。

二、区域品牌培育推广情况

番禺区大力打造服装区域品牌。一是着力把长隆万博商圈打造成为服装创新策源地、名牌服装集聚地、时尚潮流引领地，通过引入"广东时装周"、创办"品牌服装直播大赛"和打造服装品牌一条街、产品展示馆、全球卖家综合服务平台等，提升番禺服装的影响力和美誉度，集中展现番禺服装创新力量、设计力量、品牌力量，擦亮番禺服装产业城市新名片。二是支持外贸新业态对接传统产业链，加快推进服装产业转型升级，大力吸引阿里巴巴、字节跳动等直播和跨境电商平台，在拓展国外市场的基础上，构建多元化市场渠道，创建个性化服装品牌，助力打造定制之都，开发适合市场需求的产品，着力开拓国内市场，构建国内国际双循环相互促进的纺织服装新发展格局。三是积极开展区域品牌宣传推广工作。2024年番禺区引入广东时装周在番禺万博时尚广场举办，并组团成功开展了"来番禺·正当时"推介招商活动，粤港澳大湾区时尚智造中心等5个投资项目签约落户，发布了《广州市番禺区推动时尚产业高质量发展行动方案》，有力推广了番禺服装产业区域品牌，全面营造了时尚氛围，点燃了番禺时尚产业发展新引擎。接下来番禺区将组织注册基地服装产业集体商标，进一步推广区域品牌。

三、龙头企业发展情况

服装龙头企业和知名品牌是番禺区服装产业体系建设的关键一环，对基地产业发展的带动作用日趋明显。如中国高尔夫领军品牌、服装上市企业——比音勒芬；集商品设计、仓储供应链、互联网研发及线上运营于一体的服装出口跨境电商互联网公司——希音、细刻网络；淘宝童装第一品牌——辰辰妈；集设计、生产、营销为一体的国内知名的女装品牌——诺曼琦、达衣岩以及谜底；致力于为用户提供在线预约、免费上门量体、全品类服装个性化定制生产的商务男装定制品牌——领英科技。唐骥干家族创立的联亚集团在番禺区投资成立高端成衣工厂——环亚制衣。斯凯奇中国母公司联泰集团将斯凯奇生产线设于番禺区——捷进制衣。美国财富500强企业艾利丹尼森设立大型成衣配件（挂牌、吊牌、腰卡、鞋卡、丝带、贴纸、衣架挂钩、贴纸、织唛、织带、刺绣等）项目——柏盛包装。

1. 服装产业龙头企业带动力强

比音勒芬通过赛道精耕、特色创新、科技赋能等方式实现了近10年业绩的持续高增长，成为高尔夫运动服饰细分领域的领军企业。希音公司通过"自营品牌+平台"双引擎发展模式，入选胡润研究院《2024全球独角兽榜》，以4600亿元市值位居广州"独角兽"企业首位。

2. 知名品牌率先开启全球化征程

比音勒芬斥资上亿元收购两大国际奢侈品牌，锚定了"国际奢侈品牌集团"的战略方向，这意味着比音勒芬正式迈向国际舞台，不断增强向世界展示中国品牌的强大实力；希音、TEMU分别推出"希有引力"百万卖家和番禺商家扶持计划，引领中小企业抱团出海；领英科技旗下欧定品牌畅销全球56个国家，高端高弹衬衫在全网销量第一。基地内服装及相关企业在中国内地以外设立了18个分支机构，包括希音在全球

15个国家设立办公室，广州昆德日用品有限公司、广东领英科技有限公司、广州九恒条码股份有限公司等分别在柬埔寨、中国香港等地设立分支机构。

四、基地创新发展情况

1. 数字化转型成效显著

近年来，番禺区积极推进基地服装企业在生产制造、市场营销、口岸通关、仓储物流、售后服务、金融服务等环节开展贸易数字化转型，取得了显著成效。一是夯实企业数字化转型基础设施。依托全市领先的5G网络，支持企业开展"5G+智能制造"集成创新与应用。组织开展四化平台赋能企业、两化融合贯标推广等培育和推广活动。打造国家超级计算广州中心夯实企业数字化转型算力底座。二是依托希音带动供应链企业数字化转型。希音打造6万余平方米"服装制造创新研究院"，自研制造执行系统（MES）及服装制造精益生产解决方案，提供给制造供应商应用。三是集聚纺织服装垂直产业数字化转型服务商。集聚了春晓信息科技、尚捷云、众创衣联、丽晶软件等一批专注于纺织服装产业的数字化转型服务平台。四是集聚探迹科技、恒康科技等智能销售服务商。其中探迹科技用大数据和人工智能技术为企业提供全流程智能化销售服务，帮助企业提升销售效率。

目前，番禺区集聚了广州市唯一入选时尚产业"四化"赋能重点平台——丽晶软件，为服装企业提供IE软件及精益标准化管理体系建设整体解决方案的省级专精特新中小企业——春晓科技，服装数字化龙头服务机构——众创衣联等一批专注于纺织服装产业的数字化转型服务平台，引入"广东省纺织服装产业数字化协同创新中心"，推动建设番禺区服装数字化产业大脑实验室，建立产业数字化公共服务平台。截至2023年底，基地企业上云比例达35.55%、基地中小企业工业互联网平台应用普及率达37.04%。

2. 引进专业展会，拓展中间品贸易

番禺区常年举办各类专业展会和活动，为企业提供了展示、贸易、交流和合作的平台，促进了产业的协同发展。2023年底番禺区政府邀请广州市时尚产业集群服装产业链"链主"——广东省服装服饰行业协

会入驻番禺，并引进其主办的广东时装周。广东时装周创办于2002年，是广州时尚发布平台的重要组成部分，是全国最具影响力的时装周之一。2024年4月广东时装周首次落户番禺，吸引了服装产业关注番禺、集聚番禺，更促进了服装产业与消费市场紧密连接，拓展中间品贸易，为番禺打造千亿级数字快时尚产业储备了更多新动能。

3．积极推进绿色低碳转型

2022年番禺区将双碳指标纳入区经济社会发展综合评价体系。基地服装企业积极构建绿色制造体系，如高勋绿色智能装备（佛山）有限公司研发设计超低浴比节能环保染色机，比音勒芬服饰股份有限公司开发再生锦纶系列绿色产品，衣速云达科技（广州）有限公司建立服装智能共享工厂，希音设立数码印花研究院，有效解决了传统印染的水污染、水浪费等问题，并实现了印花面料按需生产的大规模应用。

供稿：番禺基地工作站——广东省时尚服饰产业经济研究院

集群创新

番禺区数字化赋能时尚产业打造湾区"智造"高地

番禺区深入贯彻习近平总书记对广东、广州重要讲话和重要指示精神，坚持创新引领，以战略性思维构建"2104"区域性现代化产业体系，依托既有纺织服装，数字化赋能时尚产业打造湾区"智造"高地，为广州经济社会高质量发展注入新动能、新活力。

一、高水平谋划，抢抓时尚产业千亿赛道

印发《广州市番禺区推动时尚产业高质量发展行动方案》，围绕服装尚品、珠宝精品、化妆美品、声光潮品、定制佳品、皮具优品"时尚六品"延链补链强链，推动传统产业新型化、支柱产业多元化、新兴产业特色化。锚定"五个再造"千亿矩阵，明确时尚产业发展的时间表、任务书和路线图，为时尚产业的发展指明了前进方向。力争到2026年，形成产业特色鲜明、创新要素集聚、网络化协作紧密、生态体系完整、区域根植性强、开放包容、具有全球影响力和竞争力的时尚产业集群。组建时尚产业高质量发展工作专班，从企业数字化改造，园区运营、要素保障等方面给予大力支持，完善产融对接机制，吸引行业骨干、专精特新、高成长企业"拎包入住"，成功培育出希音、拼多多、谢瑞麟、APM、保伦电子等一批时尚类龙头企业。以龙头企业平台化、生态化发展打造"头雁"，做强"链主"带动、"专精特新"协同、中小创新创业主体共生的乔灌草共生热带雨林式产业生态和国际跨境电商大型企业集聚发展首选地。目前，番禺区已聚集时尚产业相关的市场主体超5万家。

二、专业化建设，打造时尚产业澎湃引擎

发挥"智核"优势，强化时尚产业人才建设。番禺区时尚产业签约设计师共计2万多名，其中广州美术学院等9家院系，每年设计专业毕业生近1000名，番禺区已吸引了中国服装设计最高荣誉"金顶奖"获得者刘洋，以及中国十佳服装设计师、广东十佳服装设计师数十名，极大提升了区内时尚产业的设计创新研发能力。举办2024广东时装周春秋两季，举办"绿色时尚·智创未来""智能工厂规划师"数字化活动。通过秀、展、演、贸以及论坛沙龙等多种形式，持续亮相100余场主题活动，集中展现美服、美饰、美车、美食、美景，央广视讯、"花城+""南方+"等超200家中外媒体、数十家直播团队及网络达人参与云直播宣传，进一步扩大番禺时尚产业知名度和影响力。

三、数字化引领，赋能时尚产业蝶变升级

聚力打造国际跨境电商大型企业集聚发展首选地，集聚以希音、TEMU、速卖通等为代表的跨境电商龙头企业，推动时尚产业转型升级，着力构建"五外联动"（外贸、外资、外经、外包、外智）新格局，以电商带厂商，商（协）会加展会，加速打造千亿级时尚产业。集中打造广州巨大创意产业园、钻汇·服装服饰产业园、红八方商业中心、创富时尚产业园、天安节能科技园等重点时尚产业区块或园区。广州巨大创意产业园集聚广东省服装服饰行业协会、吉胜纺织、众投科技等时尚服装企业。钻汇·服装服饰产业园正大力引入数字化技术运用的平台和企业，打造快时尚服装柔性供应链生产基地。持续深化"时尚六品"战略，以全球快时尚龙头品牌为牵引，举办番禺制造出海供需对接会、TEMU专场对接会、希音全国500城产业带出海计划（自营服装）广州站招商会等系列时尚产业跨境电商招商系列对接活动，吸引全区近1000家服装服饰行业企业、贸易商和卖家参加，引导企业利用跨境电商平台打破地域、物流限制，实现全链路场景营销。

四、智能化转型，打造时尚产业新质生产力

启动"惠企政策进企业"行动，围绕大规模设备更新、数字化智能化升级改造、中小企业数字化转型城市试点、加工贸易数字化扶持等领域专题宣讲，精准提供政策供给。开展"四化"赋能改造专项行动，梳理重点项目清单，开展企业综合性评估诊断，"一企一策"推动企业集成应用创新，以点带链、以链带面推动产业升级发展。番禺区企业希音打造了6万余平方米的"服装制造创新研究中心"，以"数字化+工具"推进数智化改造，做全产业链的赋能者。集聚了丽晶软件、春晓信息科技、众创衣联、尚捷云等一批专注于纺织服装产业的数字化转型服务平台，形成了智衣链云工厂、依布云云工厂、织衣科技云工厂、易改衣云剪裁、数字衣物智能化童装搭配等一批纺织服装产业与大数据、云计算、人工智能技术等融合发展的新模式新业态应用。

清远专篇 ▎▎

战略引领，创新驱动，全力打造万亩千亿级
"中国快时尚智造基地"

2022年，广东省委、省政府作出推动产业有序转移、促进区域协调发展的重大战略部署。清远市委、市政府高度重视，牢牢把握难得的发展机遇，围绕打造承接粤港澳大湾区产业有序转移主战场、首选地的目标定位，深入推进广清一体化，全面优化营商环境，不断完善园区配套设施，稳步推进承接广州中大纺织服装商圈产业有序转移工作，高标准规划建设广清纺织服装产业有序转移园（以下简称"广清纺织园"），全力打造万亩千亿级"中国快时尚智造基地"。

一、战略定位：融入大湾区，打造时尚产业新引擎

清远市地处粤港澳大湾区北缘，拥有优越的区位优势、深厚的文化底蕴和丰富的自然资源。近年来，清远市坚持完整、准确、全面贯彻新发展理念，充分发挥距离大湾区最近、发展空间最大、生态条件最好的比较优势，主动融入粤港澳大湾区，将时尚产业作为推动经济转型升级的重要突破口，以战略眼光谋划清远时尚产业发展蓝图，举全市之力加快推进广清纺织园建设，致力于将园区打造为"中国快时尚智造基地"，突出"快时尚"和"智能制造"两个关键点，奋力开创清远时尚产业高质量发展新局面。经过两年多的不懈努力，广清纺织园各项工作取得明显成效。园区产业空间达1.2万亩，目前已落户企业超500家，建成标准厂房120多万平方米，具备供地条件的产业用地超3000亩，广清产业大道、羊城大道等24条道路建设有序铺开，产业落地性价比突出，用"清远成本"可享"湾区服务"。

二、产业布局：聚焦四大领域，构建时尚产业新生态

广清纺织园地处清远最南端，距离白云机场仅30分钟车程，乘坐高铁到深圳只需要1小时。1小时交通圈内齐聚中大布匹市场、三水大塘印染、佛山针织、广州服装批发、白云美妆、花都皮具等时尚产业集群。优越的区位条件使清远有基础成为珠三角产业外溢的第一圈层和外地企业进入珠三角的"桥头堡"，在清远布局可以服务大湾区、辐射东南亚、放眼全球。依托大湾区庞大的消费市场和产业资源，通过与大湾区中心城市的高效联动，形成"湾区总部+清远基地""湾区研发+清远制造""湾区商贸+清远供应链"等产业格局，构建以服饰尚品、鞋帽优品、化妆美品为主导产业和以珠宝臻品为重点培育产业的"3+1"时尚产业生态体系，吸引了众多大湾区产业资源汇聚。天思服饰、戴世拉链、丽彦妆、绿芳洲等时尚头部企业已落户园区发展，聚集效应日渐显现。

三、创新驱动：数字化赋能，推动时尚产业新发展

广清纺织园将科技创新作为时尚产业发展的核心动力，加快推动5G、AI、大数据等新技术在时尚产业中的应用，积极推广标准车间、智能设计、供应链协同等数字化整体解决方案，鼓励企业打造数智转型新标杆。高规格建设清远时尚新品智衣场，构建"快设计、快打样、快协同、快成长"赋能体系，"一站式"提供趋势选款、AI算款、板圈保护款、面辅料供应、3D打板等全链条服务，推动更多设计作品就地转化。鼓励落户企业使用新技术、新设备，推动全链条产业数字化改造，先后支持天思服饰等服装企业建成全空调无尘标准生产车

间、智能仓储体系、智能吊挂体系、智能排产体系等，实现"一件定制"成衣生产，大大提高成衣智造水平。

四、文化赋能：挖掘本土特色，打造清远时尚新IP

清远是广东世居少数民族人口最多的地市，拥有丰富的民族文化资源和生态资源。广清纺织园深入挖掘瑶族、壮族等少数民族文化元素，组织来自珠三角地区的服装服饰企业以及专家赴清远民族地区调研，依托瑶绣、壮绣等非遗工艺，结合数字化设计等科技手段，着力推动刺绣文化与纺织服装等时尚产业深度融合，打造具有清远特色的时尚IP，让传统文化焕发新生机。同时，依托清远的自然风光和丰富的旅游资源，举办2024广东服装大会、2024广东（清远）时尚产业大会以及"时尚清远·设界之夜"时装秀等多场大型活动，打造"时尚+文旅"新业态，推动时尚产业与文旅产业融合发展，进一步彰显清远时尚产业的独特魅力。

五、政策支持：优化营商环境，激发市场新活力

广清纺织园坚持主动作为、靠前服务，全力打造营商环境新高地。组建产业升级母基金、产业转移基金、清投壹号创新创业基金、园区种子基金等产业基金超50亿元规模，推动银行机构制定金融产品18个，向园区中小企业授信超10亿元，支持转移落户企业技术迭代、设备更新，重点支持园区重要设施建设和产业项目投资，做强做优时尚产业链规模和生态圈。进一步完善工作制度机制，建立"夜班车""现场会"工作推进机制、设立企业服务中心、推行企业服务专员

制度，为企业提供全流程、"保姆式"服务，简化审批流程，降低企业运营成本，让企业实实在在感受到园区"留商"力度、"助商"速度、"暖商"温度。

六、优化配套：赋能全链产业生态，智造启航新未来

广清纺织园致力于建设集生产、生活、生态于一体的产业共同体，不断完善产业配套、公共服务配套和人才配套。两年来，园区打造了直播电商基地、POP设界·清远时尚新品智衣场、数码印花产业园、时尚秀场、面辅料馆、国家级检验检测中心、纺织设备服务基地等产业配套，实现设计、生产、销售全链条的数字化管理，产业效率和竞争力进一步提升；已建成公寓宿舍、智慧食堂、轻食街区、半月湾时尚荟、国投·天安PARK生活区、公交物流专线等生活服务配套，周边高端酒店、商业综合体、生活休闲区等配套持续增加，生活娱乐日益便利；利用省职教城重大平台，加强政企校三方合作，建立快时尚"智造"产业学院，构建省职教城学生到园区实习的通道，源源不断为园区输送纺织服装、美妆、电商直播等高素质人才，推动实现教育、科技、人才的良性循环。

清远时尚产业发展蓝图已经绘就，未来可期。接下来，广清纺织园将紧扣"两手抓、全链条、重升级、大战略"工作思路，聚焦"一年开局、三年成型、五年见效"工作目标，锚定传统产业"新业态、新平台、新企业、新产品、新技术、新设备"发展任务，真抓实干、担当作为，全力打造粤港澳大湾区时尚产业新高地，书写新时代清远发展辉煌篇章！

供稿：广清纺织服装产业有序转移园管理委员会

广清纺织服装产业有序转移园产业概况

一、园区概况

为贯彻广东省委、省政府区域协调发展战略部署，推动传统纺织服装产业转型升级，2022年底，广清（广州、清远）两地合力谋划推动建设广清纺织服装产业有序转移园（以下简称"广清纺织园"），是广东省5个承接产业有序转移重点主平台园区之一。

园区位于清远最南端广清经济特别合作区，总规划面积约15平方千米，定位打造"中国快时尚智造基地"。历时2年多，广清纺织园已实现纺织服装产业从无到有的蝶变，现正积极构建以纺织服装制造、鞋材生产、化妆品为主导产业，以珠宝加工为重点发展产业的"3+1"产业体系（图2-110）。

图2-110

二、园区时尚产业及其产业链配套的整体发展情况

1．时尚产业生态矩阵实现战略性升级

立足"3+1"产业定位，以纺织服装产业为核心引擎协同构建美妆、鞋帽箱包、珠宝三大重要发展板块。通过实施产业链精准招商，成功引进戴世拉链、天思服饰等标杆项目，促成绿芳洲、丽彦妆、以晨、君研等企业签约落户。汇诚、新普瑞、艾儿等重点项目实现破土动工，普洛斯集团打造的智慧物流标杆项目——清远时尚科技创新谷建成开业。在时尚生态构建方面，与广东省服装服饰行业协会、清远市刺绣文化协会、法国ESMOD广州国际时尚学院等建立产学研深度融合机制。携手设界、致景科技、梧桐台、粤建产发等战略合作伙伴，共同搭建覆盖研发设计、智能制造、智慧商贸、文化赋能的产业赋能体系。通过构建"政产学研用"五位一体发展格局，时尚产业生态正加速形成全要素集聚、全链条贯通、全周期服务的创新引擎，以智慧赋能推动传统制造向时尚智造跨越式升级，打造时尚产业新高地（图2-111）。

图2-111

2．"产业链配套+生活配套"双轮驱动构建发展新格局

通过整合共享板房、共享车间、智能打板系统、面辅料馆、电商基地及纺织设备服务基地夯实制造基础；依托POP设界·清远时尚新品智衣场、数码印花产业园强化设计创新能力；国家服装产品质量检验检测中心与广清中大检测研究院为产品质量提供权威保障；时尚秀场、国际标准双T台、时尚广场为企业提供新品发布、品牌推广、行业交流的舞台；省职教城基地和全市15个"一针一线"纺织服装技能人才培训基地为园区源源不断地输送人才。在生活配套方面，人才公寓与智慧餐厅构建基础生活圈，7条公交线路与物流专线织就高效交通网，国投·天安PARK商业综合体与半月湾时尚荟形成多元休闲空间，打造宜居宜业的产城融合生态。

三、政府培育产业集群的主要做法

自2022年底广东省委、省政府部署建设广清纺织园以来，清远市以"领导小组+管委会+平台公司"

管理架构统筹推进，锚定"一年开局、三年成型、五年见效"目标，高标准打造"中国快时尚智造基地"。2024年，园区实现固定资产投资39.33亿元，同比增长49%，规上工业产值491.77亿元，同比增长19.1%，规上工业增加值44.52亿元，同比增长20%，交出一份高质量发展答卷。

1. 管理体制扁平化

清远成立承接产业有序转移主平台工作领导小组，授权园区管委会行使市一级行政审批权限，落实基础设施、产业项目落户、招商引资等管理职能，对园区进行统一规划、统一建设、统一管理。管委会下属设置综合办公、规划建设、经济发展和社会事务等4个内设机构，减少管理层级，推动园区管理责、权、利一致，规划开发、投资建设、运营管理一体，更好地承接产业有序转移任务。成立由国有企业组建的平台公司，主要负责在广清纺织园管委会的管理下，具体实施园区投融资和开发建设、产业导入和运营管理、基础设施投资建设、公共服务提供等工作。

2. 招商引资模块化

园区管委会聚焦土地、金融、科技、人才等方面，持续优化招商引资政策，为企业提供"保姆式""一站式"服务，包含时尚鞋服、大美妆、珠宝饰品以及皮具箱包等产业，集聚效应显现。平台公司推动组建产业基金以投促引，深化与跨境电商平台的合作，整合多方资源为园区企业争取订单（图2-112）。

图2-112

3. 园区建设高效化

园区管委会成立基础设施项目建设指挥部，负责统筹管理园区项目建设，及时协调处置问题，高效制定园区建设决策，确保项目建设有序开展和快速推进。园区开发公司充分发挥国有资本"开路先锋"作用，积极申报建设园区基础配套设施项目，涉及标准厂房工程、配套供水管线、水质净化配套设施、中水回用管网配套设施、停车配套设施、垃圾处理配套设施、排水管网、道路等工程建设内容。截至目前，首期2000亩产业用地已建成标准厂房120多万平方米；二期2800多亩产业用地正推进"四通一平"。

四、招商政策

根据《广东省促进产业有序转移财政支持方案（试行）》（粤财工〔2023〕13号），广清纺织服装产业有序转移园作为清远市承接产业有序转移主平台园区之一，可享受主平台融资奖励、标准厂房建设奖励、产业项目投产奖补等专项政策支持。

为加快集聚纺织服装产业技术技能人才，助力纺织服装产业有序转移，清远市清城区出台了《清城区关于纺织服装技术技能人才招引稳岗的若干政策（试行）》，通过"财政补贴+技能认证+职业培训"三维政策体系，构建"引才—育才—留才"全链条服务机制。

广清纺织服装产业有序转移园组建产业升级母基金、产业转移基金、清投壹号创新创业基金、园区种子基金等产业基金，超50亿元规模，推动银行机构制定金融产品18个，向园区中小企业授信超10亿元，支持转移落户企业技术迭代、设备更新。

广州北·中大时尚科技城：构建产业大生态，打造现代新型产业城

广州北·中大时尚科技城，作为广清接合片区的重要项目，正以其独特的产业布局和创新的发展模式，成为时尚产业高质量发展的新引擎（图2-113）。

图2-113

一、项目概况：大湾区产业转移首选地

广州北·中大时尚科技城位于清远市清城区石角镇，由广东云尚智城集团有限公司倾力打造。项目占地约2000亩，其中一期占地约600亩，建筑面积100万平方米；二期占地约1400亩，建筑面积约260万平方米。作为"万亩千亿"大平台广清纺织服装产业有序转移园（以下简称"广清纺织园"）的核心区和启动区，这里不仅是全省纺织服装产业转移的重要落子，更是"中国快时尚智造基地"，致力于打造以纺织服装、大美妆、鞋帽箱包、珠宝饰品等产业为主导的千亿级时尚产业集群（图2-114）。

图2-114

二、政府牵引与企业主导：双引擎推动产业腾飞

广清纺织园用地规划超10000亩，广州北·中大时尚科技城作为其中的核心区，承载着广东省委、省政府的殷切期望。项目由广东省委、省政府高位部署、顶层设计，清远市委、市政府谋划推动，旨在打造面向世界的现代纺织服装产业集群，成为广东省产业有序转移的新样板。

2022年12月20日，广东省委、省人大常委会、省政府主要领导到广州北·中大时尚科技城调研，强调要坚持高水平规划，细致做好对接，主动靠前服务，强化要素保障，完善配套设施，加快推动优质企业落地投产、扎根发展，全力打造产业有序转移示范项目。

三、全产业链闭环：破解产业困局，赋能企业升级

广州北·中大时尚科技城围绕产业转型升级面临的痛点，借鉴成熟经验，创新升级打造全产业链智能制造平台。项目致力于构建研发检测、生产制造、展贸展销等全产业链牛态，通过数字化赋能加快传统产业转型升级。

在纺织服装方面，在省委、省政府的高位谋划下，项目着力构建纺纱、织布、制衣、数码印花、展销等全产业链一体化、数字化智能制造平台，通过数字化赋能加快传统产业转型升级。项目全力打造的"一馆一中心四平台"已逐步落地，实现产业链、供应链数据闭环。

在美妆方面，项目已构建起涵盖研发检测、原材料、美妆制造、包材印刷等成熟的美妆产业链生态，成长为行业高度认可的美妆全产业链平台，与周边5千米范围内近百家美妆企业，形成千亿级美妆产业集

群。2025年全联美容化妆品业商会第一季度会长办公会首次选择在产业园区召开，来自全国150多家美妆制造及上下游企业与广清纺织园园区企业进行对接交流。

项目二期定位为"中国快时尚智造基地"，规划有棉花、棉纱、棉布大卖场，面辅料展示区，服装产业园，美妆产业园，智能制造、家具、珠宝饰品、箱包皮具云仓中心，跨境仓储中心，城市物流配送区等。其中，一楼规划为东方国际面料馆，引进越南、印度、巴基斯坦等国家的进口面料，对接山东、河南等地的棉花、棉纱、棉布及面料，一站式为园区企业提供接轨国际的面辅料；二楼以上规划为5~8层的高标准厂房，满足纺织服装等时尚产业的生产制造、行政办公、商务接待、时尚设计、直播展销等功能需求，开启工业上楼新模式，突破产业发展的空间局限。

四、独树一帜：打造花园式时尚产业园

区别于传统产业园，广州北·中大时尚科技城拒绝单调的钢筋水泥建筑，以媲美高端住宅的园景标准打造园区环境。一期项目已建成最美4千米景观带、时光水镜广场、时尚广场等近30处网红打卡点，不仅提升了入园企业的品牌形象，还为产业工人提供了休闲的好去处（图2-115）。

图2-115

项目二期将打造时尚中国展示中心，依托现有水库的生态环境，以全新模式打造人与自然和谐共融的时尚典范。景观节点涵盖时尚中轴景观带、半月湾时尚荟体育公园、文化公园、时尚T台公园、时尚商业广场、时尚音乐喷泉等时尚配套。特别绕湖边打造长达2千米的环湖碧道，并以纺织服装为核心元素，设置特色小品雕塑、场景化景观等，打造纺织服装迭代成长的时光历史长廊，建设别具一格、独树一帜的时尚产业园。

五、数字化赋能：构建产业高效协同服务生态体系

目前，项目一期已有近100家企业投产。为了把企业引进来、留得住、发展好，园区全力构建产业高效协同合作的大时尚产业生态体系。项目拟打造多功能云尚数智中心、企业总部基地中心、品牌发布中心、产业金融中心、互联网运营中心、创客创业中心、时尚智能制造中心、青创服务中心、时尚产业数智化协同创新中心。

同时，园区大力发展创意设计、检验检测、时尚传播、时尚科技、现代物流、现代金融及时尚展贸等六大时尚生产性服务业，为入园企业高质量赋能。通过数字化赋能，园区不仅提升了企业的运营效率，还促进了产业链上下游的协同发展，形成了一个高效、协同、创新的产业生态体系。

六、展望未来：打造时尚产业新高地

广州北·中大时尚科技城的崛起，不仅是清远市的一张新名片，更是粤港澳大湾区产业转移和升级的重要标志。通过政府牵引与企业主导的双引擎推动，项目正逐步构建起一个完整的时尚产业大生态，为入驻企业提供全方位的支持和服务。

未来，这里将成为时尚产业的创新高地，吸引更多的企业、人才和资本汇聚。广州北·中大时尚科技城将以其独特的产业布局、创新的发展模式和优越的营商环境，引领时尚产业迈向高质量发展的新征程，为粤港澳大湾区乃至全国的时尚产业贡献新的力量。

国投·天安进兴产业园：国企协同打造纺织服装产业转移载体新标杆

创新广清纺织园园区管理模式，按照"政府授权、管委会承接、平台公司运营、市场化运作"的原则，建立"领导小组+管委会+平台公司"管理架构，构建扁平、规范、高效的管理机制，统筹推进园区规划开发、产业导入及资源整合，全力打造"万亩千亿级"制造业大平台（图2-116）。

图2-116

一、聚集资源助力企业发展

经清远市国资委、广清纺织园、清远市国有资产投资集团有限公司（以下简称"清远国投集团"）联手探索和谋划，成功创新园区平台公司监管体制机制，将清远市国投集团下属清远市国园产业园开发有限公司（以下简称"清远市国园公司"）作为广清纺织园平台公司，具体实施园区投融资、开发建设，产业导入和运营管理。清远市国园公司以国投·天安进兴产业园为载体，发挥省市政府政策优势，联动市属国企集团及天安智谷产业资源，提供全链条产业服务，重点布局柔性生产、检验检测、电商展贸三大功能板块，依托清远土地、用电等生产要素成本优势，精准承接广州中大纺织商圈产业外溢，构建"广州研发+清远智造"的跨区域协同格局。

二、机制突破释放乘数效应

国企主导的"资本+政策+服务"模式，通过市级政策支持、纺织服装奖励等创新机制，实现"企业降本—政府增益"良性循环，突破传统园区重资产开发瓶颈。

三、资源整合加速开发效率

依托国企资源整合能力与民企市场化效率，完成首期5万平方米标准厂房建设，同步推进二期120亩土地开发，实现园区同步招商、同步建设，目前已吸引著名品牌代工企业入驻。

四、精准招商激活产业动能

突破传统粗放招商模式，聚焦产业链上下游头部企业与专精特新企业，配套建设国家纺织面料馆清远分馆、广清中大检测研究院等专业服务平台，形成"龙头企业引领+配套服务支撑"的产业生态圈。

1．空间重构赋能时尚升级

对标广州时尚消费区功能，投资建设设计师共享空间、数字化展厅等载体，推动生产车间向创意工坊转型；依托广清空港物流城和普洛斯物流园，打造"30分钟通达白云机场+60分钟串联广州核心商圈"的快速响应体系，实现"上午打板、下午出货"的快反能力（图2-117、图2-118）。

图2-117

图2-118

2．数字生态重塑制造模式

强化与广州中大布匹市场、狮岭皮革城联动，构建"一小时供应链圈"；搭建电商平台、直播基地及订单中心，推动传统制造向"小单快反"模式升级。

下一步，将严格落实省委"1310"部署，紧密围绕"六新"发展任务目标，以培育新质生产力为核心，以市属国企为主体担当加速推进二期智慧园区建设，以园区新标杆为引领，不断提升"中国快时尚智造基地"影响力。

POP设界·清远时尚新品智衣场

2024年10月27日，POP设界·清远时尚新品智衣场正式开业。作为广清纺织园公共服务配套的重要组成部分，POP设界·清远时尚新品智衣场立足服务园区入驻企业，通过构建智算融合·快设计、云端互联·快打样、链动全因·快协同、产教融合·快成长赋能体系，"一站式"提供趋势选款、AI算款、板图保护款、面辅料供应、3D打板、产业协同、板师教培等全链条服务，推动更多设计作品就地转化，发挥粤港澳大湾区快时尚产业承载地核心引擎作用，致力打造清远（中国）原创智板创新中心（图2-119、图2-120）。

图2-119

图2-120

一、公共服务配套赋能园区高质量发展 | 清远（中国）原创智版创新中心

POP设界·清远时尚新品智衣场配备POP趋势网站（设计师大数据库）、AI智绘设计系统（AI赋能设计效率工具）、POP 版圈（版权保护）、优料宝平台（面辅料线上交易平台）、POP云图（线上设界改款工具）、POP新品制造局（线上订单平台）等一系列智能化系统，打造时尚设计师灵感创作共享空间。

空间配套的共享板房区域已全面投入使用，目前配备专业板师和样衣工团队及完善的样衣制板设备如平车和双针车缝纫机、烫珠压花机、钉纽机、撞钉机、烫台等专业设备30台，同时配备安装了专业设计打板软件的计算机，供设计师在打板过程中实现现场改板改款；经验丰富的板师样衣工团队服务各类型的样衣打板需求，通过线上线下多种形式与服装设计师进行精准对接，定制化提供样衣打板全流程服务。

二、产业资源链动全国 | "时尚清远"区域品牌招商全国行

2024年，广清纺织园与POP设界携手来到全国7个城市，在各类活动中共展出本地企业样衣超过400件，走访考察27个产业地管理机构、商协会、品牌企业，共面向574家企业作广清纺织园相关招商推介，向全国时尚行业发出来自"时尚清远"的邀请。

三、一场城市名片级别的时尚产业盛会 | 2024广东（清远）时尚产业大会

2024年10月27日，2024广东（清远）时尚产业大会在广清纺织园顺利举行，全面展示清远快时尚建设新成效，吸引来自政府部门、行业协会、时尚品牌商、供应链等近600人共商发展大计，为快时尚高质量发展增添新活力、新动力、新合力。活动旨在大力发展清远"快时尚智造基地"的建设目标，促进以珠三角为核心，辐射全国纺织服饰、箱包皮具、美妆时尚等产业的有序转移并集聚清远，实现粤港澳大湾区快时尚产业聚集效应，形成一个长远的时尚产业特别是"快时尚"智造产业领域IP，逐步打造清远城市产业集群名片，实现清远纺织服装产业的常态化商贸交流（图2-121）。

图2-121

赛美（广东）科技创新产业园：湾区时尚产业升级新标杆

一、项目概况：湾区产业协同发展全新平台

赛美（广东）科技创新产业园是清远市重点项目，位于广清纺织服装产业有序转移园内，地处广佛清三地黄金交会点，依托"万亩千亿级"时尚产业集群战略布局，成为广清一体化发展的核心载体之一。项目总占地面积150亩，总建筑面积25万平方米，分三期开发，规划建设12栋高标准厂房、2栋研发办公楼及5栋员工宿舍和生活配套楼，总投资约6亿元。目前，首期6万平方米厂房交付使用，二期已经取得3万平方米厂房建设规划许可证，入驻企业将涵盖时尚美妆、纺织服装、医疗器械、包装包材等领域，形成产业协同发展新格局（图2-122、图2-123）。

图2-122

图2-123

二、产业生态：创新驱动的全链条闭环

通过"政府+市场"双轮驱动，聚焦"时尚美妆+纺织服装"双主业，联动医疗器械、包装包材、生物

医药、智能制造等辅助产业打造集生产制造、研发创新、智慧服务于一体的现代化产业升级发展示范园区。

园区以"时尚智造"为核心，重点打造两大主导产业。一是时尚美妆产业。依托赛美研究院2000平方米研发中心，与暨南大学、中国科学院华南植物园研究所建立长期深度合作伙伴关系，同时构建"原料应用、生产制造、技术研发、产业基金、运营基地、品牌渠道建设"等全链条一站式综合服务，全面赋能入园美妆企业高质量发展。二是纺织服装产业。依托广清纺织园已构建完善的纺纱、织布、制衣、数码印花、展销等全产业链一体化、数字化智能制造平台，通过数字化赋能加快传统产业转型升级。同时，园区配套医疗器械、包装包材、生物医药、智能制造等辅助产业，形成"双主业引领、多产业协同"的"2+N"产业发展格局（图2-124、图2-125）。

图2-124

图2-125

三、配套服务：智慧园区的品质标杆

园区秉持"产城融合"理念，构建"生产+生活+生态"一体化配套体系。在生活配套方面，除员工宿舍、高管公寓、智慧饭堂等基本配套外，园区内还建有商务中心、会议室、生活超市、娱乐房、健身房、茶空间、台球娱乐区、商务餐厅等多功能商务、娱乐配套，一站式满足企业生产、研发、办公、员工生活、商务接待等需要。在生产配套方面，省标高标准6层钢筋混凝土框架结构厂房，完全满足企业智能制造需求；可个性化定制厂房，根据企业需要合理规划，灵活调整面积、层高、承重等交付标准。

作为"时尚智造精品园中园"，通过数字化赋能、产业链协同及生态化运营，赛美（广东）科技创新产业园必将成为粤港澳大湾区时尚产业升级新标杆，为区域经济高质量发展注入全新动能。

重大活动

2024广东时装周—春季（第33届）

2024年4月16~22日，由广东省服装服饰行业协会、广东省服装设计师协会和广州番禺区政府等单位共同主办的2024广东时装周—春季（第33届）在广州番禺顺利举办（图2-126）。

作为广东省工业和信息化厅"穿粤时尚潮服荟"重点活动、广东省商务厅"粤贸全国"重点展会和广州市"时尚发布平台"重点活动，2024广东时装周—春季在7天的日程中，通过新品发布、品牌订货、时尚展览、经贸交流、会议论坛和展贸展销等62场官方主题活动的持续亮相，以及联动希音、TEMU、亚马逊、速卖通等跨境平台助力出海，以"首发、首秀、首展"之姿促进构建产业互联、要素融通、区域协同的现代产业新生态。

图2-126

番禺，作为广东服装产业的重要基地，拥有深厚的产业积淀和强大的创新能力，是全国乃至全球服装产业发展的重要引擎。在番禺区锚定智造创新城战略新定位，以"万亩千亿"拓展产业发展空间，以"五个再造"壮大千亿产业矩阵，以"企业友好型城区"建设助力粤港澳大湾区深度融合的当下，广东时装周落户番禺，如同锦上添花，势必使镌刻在番禺产业脉络的时尚基因底色更浓、特色更亮、成色更足，为番禺时尚产业凝聚新质生产力，打造世界级数字快时尚千亿产业集群，构筑高质量发展"强磁场"注入强劲动力。

据不完全统计，2024广东时装周—春季共吸引了超过300家企业、上千个时尚品牌、500余名设计师和来自全国各地20个产业集群共同参与，合计发布上万件时尚新品，超31000名专业观众亲临主会场观摩。期间，在"时尚之都 广州发布"赋能下，更以全媒体矩阵纵贯央、省、自治区、市各级主流媒介，辐射中国港澳地区及海外媒体，串联社交媒体与行业媒体、自媒体等，联合超过20余家官方直播平台进行了同步转播，累计观看量达1.82亿人次，全网触达人次超5亿，成就了一场双向奔赴的时尚盛宴。

一、2024广东时装周—春季开幕式

2024年4月16日，2024广东时装周—春季（第33届）在广州番禺·万博时尚广场盛大启幕。开幕式现场进行了"来番禺 正当时"主题战略合作签约仪式，包括"粤港澳大湾区时尚智造中心"项目、汇美时尚集团总部项目、朗蔻品牌落户、易改衣落户，以及中国农业银行广州华南支行向广东省服装服饰行业协会会员单位授信50亿元等一批项目完成意向合作签约。活动上，广州市番禺区科技工业商务和信息化局还发布了《广州市番禺区推动时尚产业高质量发展行动方案》，聚焦服饰尚品等"时尚六品"，面向新需求推动产业品种、品质、品牌升级（图2-127、图2-128）。

图2-127

图2-128

二、比音勒芬·行无止境

2024年4月16日，比音勒芬以"行无止境"为主题，通过国潮联名系列，以及T恤系列向观众展示了品牌永无止境的自我挑战精神和追求极致匠心、探索前沿科技的品牌理念。大秀现场，比音勒芬国潮联名系列以其独具匠心的设计和浓厚文化氛围惊艳登场，将故宫博物院九龙壁的别样设计和非遗苏绣技艺结合，古典美学与现代时尚完美碰撞，既彰显个性又不失传统韵味。而T恤系列展示了更多元的精英风尚和穿着文化，带来了令消费者耳目一新的穿搭风潮。大秀以比音勒芬为中国国家高尔夫球队巴黎奥运之队倾力打造的"五星战袍Ⅲ"作为落幕，既表达了比音勒芬行无止境、勇往直前的品牌精神，也展示了比音勒芬集团与中国高尔夫共成长的决心和毅力，进一步升华了大秀主题（图2-129）。

图2-129

三、"粤港澳大湾区时尚汇演2024"广州站

2024年4月16日，由香港特别行政区政府"创意香港"赞助，Fashion Farm Foundation（FFF）主办的"粤港澳大湾区时尚汇演2024"惊艳亮相，SZMAN、涂月（TUYUE）、香港理工大学时装及纺织学院、澳门生产力暨科技转移中心4个来自粤港澳大湾区的时装设计单位以时装秀汇演的形式展现了大湾区内的多元化时尚和国际化特色，向大众展现湾区时装设计的创意活力（图2-130）。

图2-130

四、2024时尚产业集群区域协同发展创新交流会

2024年4月16日，由POP设界、POP趋势、希音、广东省服装服饰行业协会、广东省服装设计师协会主办的2024时尚产业集群区域协同发展创新交流会成功举办，来自广州番禺、广州新塘、东莞大朗、中山沙溪、绍兴柯桥、嘉善西塘、苏州盛泽、桐乡濮院、大连普兰店、晋江英林、晋江陈埭11个中国代表性的产业集群，各自拥有独特的产业优势和发展特点，是中国时尚产业发展的基石，引领着中国时尚产业行业的"风向标"，存储与释放经济肌体能量的重要内核，在本届广东时装周上共同探讨产业集群创新协同高质量发展之路，共创新质生产力，发展区域品牌力（图2-131）。

图2-131

五、襦一坊·汉服与时尚展秀

2024年4月16日，襦一坊主理人陈一然以《汉服与时尚》为背景，在四海城未未宇宙艺术中心举办动态展秀，模特们身着各朝代的非遗复原汉服，开启了一场彰显从容典雅的浪漫叙述。静态展览以传世名画为依托，展出4套直接表现古代服饰形制的实物，主要面料为非物质文化遗产香云纱，辅以身后的参考文物，不仅生动描绘中国古代服饰审美风格和穿着场景，还阐释了服饰所承载的社会文化内涵（图2-132）。

图2-132

六、"时尚与可持续：共创绿色未来"圆桌会议

2024年4月17日，作为2024广东时装周—春季的重磅活动，"时尚与可持续：共创绿色未来"圆桌会议在广州番禺召开。政府领导、领军品牌、优质供应链企业、行业专家共聚一堂，深入探讨了时尚产业的可持续未来，为绿色时尚建言献策，共同发布了《可持续时尚·番禺共识》（图2-133）。

图2-133

七、广东省服装服饰行业协会青年企业家分会成立暨就职仪式

2024年4月17日，广东省服装服饰行业协会青年企业家分会成立暨就职仪式在广州番禺顺利举行。在成立仪式上，广东佛伦斯集团有限公司总裁吴逸然作为首任会长，正式接受青年企业家分会牌匾。蔡中涵、谢邕、俞周杰、陈穗铭、蔡振威、冯逸敏、胡浩然、陈哲宇、侯雨含、李欣等青年企业家接受分会副会长就职授牌，同时聘任刘树森为青年企业家分会秘书长，文丹枫博士担任青年企业家导师（图2-134）。

图2-134

八、"织爱行动"公益项目宣讲会&约会天才妈妈非遗时尚秀

2024年4月17日，"织爱行动"走进广东时装周系列活动正式启动，"织爱行动"公益项目宣讲会&约会天才妈妈非遗时尚秀在2024广东时装周—春季主会场成功举办。项目在活动现场向广东服装行业发起支持织爱行动的倡议，得到众多发起单位、企业家和设计师代表的响应，大家共同举牌，向行业发出公益呼吁，鼓舞更多力量的加入。活动上，来自湖北恩施，以及贵州赤水、丹寨、凯里的"天才妈妈"绣娘身着盛装与模特们共同登上"致敬梦想"的T台，向大家展示了恩施土家族西兰卡普、赤水竹艺、凯里苗族苗绣、丹寨苗族蜡染等非遗服饰作品，显示了古老手工艺与现代时尚的激情碰撞，展现了非遗传统手工艺与现代时尚融合的美（图2-135）。

图2-135

九、小茹裙褂·钉金绣作品发布会

2024年4月17日，2024非遗时尚融合创新作品发布会在2024广东时装周—春季盛美上演，广东十佳服装设计师、钉金绣裙褂制作技艺非遗代表性传承人、广东纺织服装非遗推广大使、新华小茹裙褂设计室设计师唐志茹携品牌"小茹裙褂"带来了钉金绣时尚大秀，展示了"凤兮"系列作品共15套，特别邀请国际亚太小姐邱国晴共同演绎，加上和狮岭打铜技艺非遗传承人宋敏权跨界创作的手袋配饰，凸显了品牌的国际化视野和优势资源，展现了"非遗+时尚"的创新活力（图2-136）。

图2-136

十、云纱星韵×邵诗茹·新中式服装作品发布会

2024年4月17日，2024非遗时尚融合创新作品发布会在广州番禺举办，云纱星韵香云纱（非遗）文化园携手广东十佳服装设计师邵诗茹，为观众呈现了一场香云纱"新中式"时尚作品的惊喜发布。怀着推动非遗时尚融合、打造更受人喜爱的香云纱时尚产品的心愿，云纱星韵充分发挥产业园区作用，携手广东十佳设计力量，希望通过广东时装周的平台作用，改写外界对香云纱的刻板印象，推动香云纱年轻化、时尚化。本次发布，设计师邵诗茹将非遗香云纱与法式刺绣、立体剪裁等现代元素相结合，运用数码喷绘印花工艺丰富了香云纱的色彩，创造出既富有传统韵味又不失时尚感的"新中式"香云纱设计（图2-137）。

图2-137

十一、广东省服装服饰行业协会定制分会换届就职典礼

2024年4月17日，作为2024广东时装周-春季的重要活动，广东省服装服饰行业协会定制分会换届就职典礼暨2024年度优质定制品牌联合发布会在广州番禺万博时尚广场成功举办，广东服装定制力量齐聚，展现广东服装定制新面貌、新风采。本次定制分会换届，广东领英科技有限公司董事长朱家勇当选新任会长，王珈、邓文远、杨伟群、陈红玲、高小茜、骆怡、王晨、余韶中当选常务副会长，李涌、曾富浩、徐茵、林姿含、董怀光、赵亚坤、高强、郑力强、章正当选副会长；聘任郑凤妮为定制分会秘书长，杨家鑫为定制分会常务副秘书长。同时，聘请江少容、熊晓燕、王家馨、黄谷穗、石春鸿、金愢、孙恩乐、杨焕红等服装高校专家教授出任分会顾问（图2-138）。

图2-138

十二、2024年度优质定制品牌联合发布会：欧定（OWN DREAM）

2024年4月17日，欧定以"遇风前行"为主题，作品风格延续了"优雅舒适"的产品理念，在4月万物复苏时节里，拾取自然向上的力量，将产品体验带来的松弛与释放演绎成向上的韧劲，极富生命力，以自然、科技为灵感来源，织就衣物产品刚柔并济的弹性"升"机，希望每一位消费者都能"借力好风，直上青云"（图2-139）。

图2-139

十三、2024年度优质定制品牌联合发布会：群豪（QUNHAO）

2024年4月17日，以"智·越"为主题的群豪定制亮相广东时装周。群豪定制致力于打造全面的制服定制服务，主要业务板块有：行政制服、工装、校服、客运及安保制服。本次时装周主要展出行政系列板块，包括经典红黑色、科技蓝白色、时尚卡其色三个系列。本次活动，广东群豪服饰有限公司执行董事兼总经理杨伟群当选广东省服装服饰行业协会定制分会常务副会长，广东时装周组委

会授予群豪"优质定制品牌奖"（图2-140）。

图2-140

十四、2024年度优质定制品牌联合发布会：比翼一生（BI-EASON）

2024年4月17日，铭月服饰旗下品牌比翼一生（BI-EASON）亮相2024广东时装周—春季。本次发布，坚守"美的传播"的品牌宗旨，铭月校服比翼一生植根于优秀的校园文化，以"内敛、优雅、洗练"的设计风格，通过合理、舒适的廓型剪裁和讲究的面料及做工，体现出人体自身的真实率性，配合简洁的廓型调整人体体型的缺陷，彰显校园之美、教育之美（图2-141）。

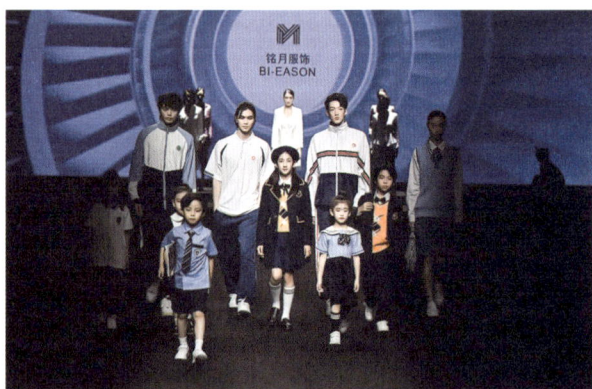

图2-141

十五、"织爱行动"×SANI绣艺设计与流行趋势创谈会

2024年4月18日，"织爱行动"×撒尼（SANI）绣艺设计与流行趋势创谈会顺利召开，创谈会围绕"织爱"行动项目、非遗设计合作等话题展开深入交流。本次创谈会搭建起手工艺者与市场的桥梁，进一步推动广

东服装行业了解和加入"织爱行动",帮助非遗工坊和手工艺者了解企业的生产流程、市场需求和发展趋势,探讨传统手工艺与现代品牌的结合(图2-142)。

图2-142

十六、2024普宁国家外贸转型升级基地(内衣)品牌联展活动

2024年4月18日,作为2024广东时装周—春季重要的外贸基地推介活动,2024普宁国家外贸转型升级基地(内衣)品牌联展在广州番禺成功举办,普宁市潮合服饰有限公司、广东金狮服装有限公司、广东鹏源盛纺织科技有限公司、普宁市弘达内衣有限公司、广东普利诗内衣实业有限公司、广东群狼服饰有限公司、普宁市松意服装有限公司、普宁市雅士凯服装有限公司、广东康鲨实业有限公司、广东名鼠股份有限公司、普宁市美丽秘密服饰有限公司、普宁市中宏织造有限公司、广东省奇欣针织有限公司、普宁市九点色彩电子商务有限公司、普宁市文盛达织造有限公司、广东妮可儿服饰有限公司等16家优质企业联袂发布,向观众展示了一批工艺创新、品质优良、时尚创新的内衣产品,全面展示出普宁内衣的时尚风采(图2-143)。

图2-143

十七、智能引领·协同共进——时尚行业新质生产力

2024年4月18日,上海百胜软件股份有限公司联合广东省服装服饰行业协会,以及四维软件、广州品客软件有限公司、光云科技(深绘智能)等多家前沿科技公司共同举办了"智能引领 协同共进——时尚行业新质生产力"研讨会,旨在联合各方科技力量帮助时尚行业在数智化创新上提升生产力、降本增效,提升企业竞争力,实现企业持续发展。研讨会现场,嘉宾们在"时尚行业新质生产力"这一议题下展开了诸多务实的交流和思想碰撞,并在交流环节展开深入讨论,会场气氛热烈(图2-144)。

图2-144

十八、2024广东服装跨境电商大会

2024年4月18日,作为2024广东时装周—春季的重磅活动,2024广东服装跨境电商大会在巨大国际产业园成功召开。大会以"平台赋能·时尚出海"为主题,在广东省服装服饰行业协会的支持下,由广东省服装服饰行业协会电商分会主办,得到了希音、TEMU、亚马逊、速卖通、美客多的支持,巨大国际产业园、普宁岭南跨境电商产业园联合主办,中国农业银行股份有限公司华南支行、拉美会参与协办。多个领先跨境平台首次集结,深度分享跨境电商新机遇,探讨全球趋势、技术创新、商家运营等话题,为参会人员奉献了一场内容丰富、观点深刻、主题前沿的跨境电商行业交流盛宴(图2-145)。

图2-145

十九、"织爱行动"妈妈的手工课非遗体验活动

2024年4月18日，作为2024广东时装周—春季的特别活动，"织爱行动"妈妈的手工课非遗体验活动在四海城末末宇宙艺术中心开展。作为"织爱行动·约会天才妈妈"走进广东时装周的系列活动之一，本次"织爱行动"妈妈的手工课携手"天才妈妈"丹寨蜡染梦想工坊手艺人张晓丹，带领大家深入了解蜡染的起源、发展和技艺要点，并进行蜡染技艺的制作演示，让参与者体验非遗技艺，增加对传统手工艺的了解和认识，进一步感受到蜡染工艺的内容鲜活、形式多样、内涵丰富（图2-146）。

图2-146

二十、"时尚万博与设计产业融合发展"主题沙龙

2024年4月18日，四海域末末宇宙艺术中心作为主会场之一，本着深耕万博四海城，联合时装周举办"时尚展演+创意沙龙"，胡巍、谭韵怡、刘岳屏、文丹枫、彭文斌、陆锡文、刘洋、李小燕、易永强等嘉宾共同参与。基于"时尚万博·创新万店"的愿景，末末宇宙艺术中心推出"IP化空间创新建设与运营"孵化计划，开启主题产城融合发展规划，逐步打造中国版本的曼哈顿下城的纽约"东村"（east village）时尚高地和广州时尚潮流打卡地另类东山口（图2-147）。

图2-147

二十一、2024广东服装设计师嘉年华："1001"设计师星河之夜

2024年4月18日，广东服装设计师嘉年华在番禺万博时尚广场圆满举办。代表广东服装设计中坚力量的设计大咖通过红毯亮相"1001"设计师星河之夜，享誉全球的殿堂级大师、在设计领域取得卓越成就的佼佼者齐聚一堂，分享着自己的设计理念与灵感来源，展现广东时尚界的创意与活力（图2-148）。

图2-148

二十二、2024广东服装设计师嘉年华:"光年计划"青年设计师孵化行动联合发布

2024年4月18日,在广东服装设计师嘉年华上,由广东省服装设计师协会和广东省服装服饰行业协会发起的"光年计划"青年设计师孵化行动正式启动,西由定制品牌设计师章正、SHEFEELING品牌设计师陈兰、中雍文化香云纱品牌创始人金泳萱等首批孵化行动的青年设计师通过联合大秀展现当代青年的设计理念(图2-149)。

图2-149

二十三、熙然(XIRAN)相约——夏季新品品鉴会

2024年4月19日,熙然品牌总部广州依趣服装有限公司作为2024广东时装周—春季(第33届)的分会场之一,特别举办了新品鉴赏会,邀请了服装行业同人共品时尚、共赏美服。同行相关人员在总部现场对熙然品牌的创立理念及风格作了深入的了解,听取了熙然作为现代都市浪漫文艺女装的发展史,肯定了熙然在广东品牌女装中所作的努力和贡献(图2-150)。

图2-150

二十四、POP2025春夏主题趋势发布会—广州站

2024年4月19日下午,POP服装趋势发布以"视野"为主题的2025春夏服装趋势发布会在广州番禺区万博时尚广场举办。POP趋势创意总监廖小蕾结合当地服装市场流行趋势进行了详细的解读;旨在为时尚专业人士提供灵感。本届广东时装周期间,POP设界产业集群区域品牌工程建设及运营成果集中呈现,柯桥优选、盛泽织造、大朗优选、晋江鞋服(英林尚品/晋江陈埭)、濮院运动针织、西塘纽扣、普兰店智造、广州皮革几大区域品牌参展,百家代表企业实力亮相,共同展现中国时尚产业集群的创新实力(图2-151)。

图2-151

二十五、"聚焦商品数智化,走出增长焦虑"恒康科技主题沙龙

2024年4月19日,恒康科技携手广东省服装服饰行业协会在四海城未未宇宙艺术中心开展了一场主题沙龙,以"聚焦商品数智化,走出增长焦虑"为主题,分享了商品运营管理的实践案例,并结合数智化运营系统打造智能商品管理场景,为与会嘉宾呈上了实用数智干货,以应对增长焦虑,拓展商业机会。本次沙龙活动还促进了各时尚产业企业间的交流与合作,共同探索时尚产业品牌数智化发展(图2-152)。

图2-152

二十六、花生情报局"潮流大爆炸之夜": Lookun物空×GGAHOLIDAY

2024年4月19日，由广东时装周特别策划的花生情报局"潮流大爆炸之夜"在广州番禺开启狂欢，Lookun×GGAHOLIDAY等潮流势力集结，华语电音鬼才唱作人CORSAK胡梦周热唱助阵，潮牌荟萃，潮人云集，共同发出潮爆信号（图2-153）。

图2-153

Lookun作为一家街头潮流的服装品牌。志在向新消费人群提供潮流、有态度的服装，品牌主理人宋松认为，风格不被定义，好穿的单品才能搭出独特的自己。Lookun本次主题是粉色系，用莫兰迪粉来突出品牌的形象色，希望证明颜色没有刻板印象，不是谁的专属色，"不看"外界，勇敢做自己（图2-154）。

图2-154

诞生于2005年的中国原创设计师品牌GGA-HOLIDAY，一直追寻着凸显独特个性，打破传统的结构主义设计理念，在服装界作为独树一帜的存在，引

领中国原创时尚产业的发展。本季GGAHOLIDAY结合AI未来概念，特别发布GG潮牌Silver Planet—24AWCOLLECTION（图2-155）。

图2-155

二十七、春雨流萤|张颖莹×亿美Imate

2024年4月20日，由2024广东时装周—春季指定童模机构——"幸福童行"策划开展的童装品牌主题日系列活动在广州番禺举办。作为活动之一，非遗纸艺艺术工匠张颖莹及其团队以非遗剪纸为主题，创作了《春雨流萤》系列，将非遗剪纸与现代潮流相结合，通过蓬勃的创造力让非遗剪纸"潮"起来，推动传统融入现代、非遗进入生活，剪出千年技艺之美（图2-156）。

图2-156

二十八、渊源（YUANYUAN）

2024年4月20日，在"幸福童行"的策划下，童装品牌渊源登上广东时装周，带来了新品发布。渊源探索远古文化，追求现代时尚，挖掘远古时尚美学，

融合现代时尚和古老的精神智慧，编织出美的呈现。本季，渊源探索民族纹样图腾，创造性地将民族工艺、民族特色元素与现代服装结合，用一针一线勾勒出民族瑰宝，让更多人了解民族文创不一样的美，传承和弘扬民族传统文化（图2-157）。

图2-157

二十九、吉兔仙（JITOO FAIRY）

2024年4月20日，在幸福童行的策划下，吉兔仙在广州番禺举办发布会。古语有云，吉兔呈祥。在中华传统文化中，兔子被称为吉兔、瑞兔、玉兔，是寓意吉祥的动物，代表着机智敏捷、纯洁善良、安宁祥和。而"仙"喻指美妙仙境，表达了人们美好的心愿。吉兔仙作为发布品牌之一，此次发布的国潮礼服系列，致力于弘扬中国传统文化，打造国潮华服，传播东方儿童之美（图2-158）。

图2-158

三十、港岛七公主（Lucky Seven）

2024年4月20日，由2024广东时装周—春季指定

童模机构——"幸福童行"策划开展的童装品牌主题日系列活动在广州番禺举办。发布品牌港岛七公主，是一个充满梦想与爱的高级儿童礼服品牌，致力于为全球儿童打造一个华丽的童话世界。品牌服装的制作细节独具匠心、美不胜收。光彩夺目的华丽礼服足够美好，女孩穿上它，宛如童话中的公主，绽放光彩。欢迎来到港岛七公主的童话世界，圆你一个唯美绮丽的公主王子梦（图2-159）。

图2-159

三十一、巽彩·梦境霓裳时尚秀

巽彩原创女装的设计与众不同，是传统中式和时尚因素搭配，风格仙气空灵，又带着现代女性喜爱的柔美小性感。2024年4月20日，在2024广东时装周—春季期间，巽彩主理人莲落和来自全国各地的一些粉丝，携手走上末末宇宙艺术中心的秀场，和以往模特走秀不同的是，这是属于巽彩的粉丝们的高光时刻，充满了该品牌的柔情和温度，难能可贵（图2-160）。

图2-160

三十二、Moses Phasé 财富之夜 · After party

2024年4月20日，财富之夜·Moses Phasé·After party在末未宇宙艺术中心举办。这是一种以音乐为载体，推广关联的派对文化、舞池文化、街头文化、潮流文化，以及酒会交流，试图在不被局限的全息投影空间内为观众带来跳出寻常的音乐体验。在这场属于音乐与时尚的狂欢里，末未宇宙艺术中心打破音乐与日常生活的壁垒，带领大家领略不一样的音乐现场（图2-161）。

图2-161

三十三、墨话（MOHUA）时装光影秀

2024年4月21日，MOHUA墨话主理人候晓琳在末未宇宙艺术中心展示的非遗服装秀中，传统刺绣工艺被巧妙地运用在服装设计中，使每一件作品都成了传统与现代完美结合的艺术品。刺绣的精美图案和细腻工艺，为服装增添了独特的韵味和价值。同时，通过模特的展示，观众可以更加直观地感受到传统刺绣工艺的精湛技艺和独特魅力。在刺绣收藏展览中，大家可以近距离地欣赏到各种精美的刺绣作品，深入了解刺绣的历史、工艺和文化内涵，通过这种创新的展示方式，传统刺绣工艺得以在现代社会焕发新的生机（图2-162）。

图2-162

三十四、广州国际轻纺城"时尚源创平台"独家特约2024设计师品牌新品联合发布会

2024年4月22日，由广州国际轻纺城"时尚源创平台"独家特约的2024设计师品牌新品联合发布会在2024广东时装周一春季主会场璀璨上演。本次发布汇集了可然朴简、DMDT、翡娜娜（PYNANA）＆婳池（VOGVACHI）、蛛蛛包铺、柏艺服饰（BAIYI-BRIDAL）等一众原创设计师品牌的前沿新作，多元共生、跨界融合的系列新品鲜活地展现了当下广东时尚产业的勃勃生机与无限潜能（图2-163）。

图2-163

三十五、可然朴简

2024年4月22日，设计师品牌可然朴简首次登陆广东时装周，用回归原生的自然系棉麻作品全情演绎与自然相融的理念。本次发布，设计师可然呈上了"时光旅者"系列作品，灵感来源于大自然植物生命的轮回，从一颗小小的种子生根发芽，到长出枝叶，再到落叶归尘，然后又新一轮、可持续地滋养这世间的万物，我们始终在探寻与自然的对话之道（图2-164）。

图2-164

三十六、DMDT

2024年4月22日，知名女装品牌DMDT以"无界心光"为主题，举办新品发布会，设计师多米女士巧妙地融合了当下的流行元素与品牌独特的设计理念，强调了女性的内心世界不受时间、空间、物质等外在因素的限制，让女性发现自己的本质和内在的美好，展现了品牌不被定义的独特魅力（图2-165）。

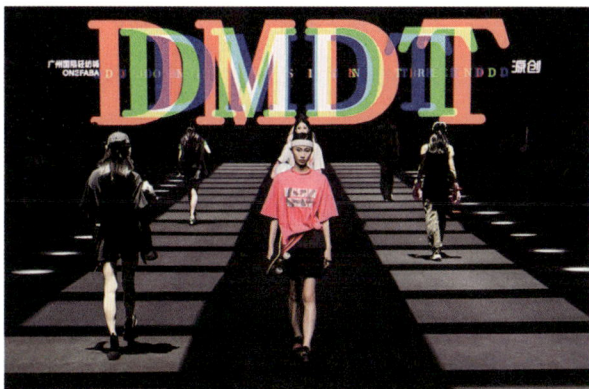

图2-165

三十七、PYNANA & VOGVACHI

2024年4月22日，PYNANA登上2024广东时装周一春季（第33届），带来了多款具有穿搭基因元素设计的系列产品，包括珠宝配饰手机壳、DIY穿搭手机链，通过与VOGVACHI春新品系列进行浪漫搭配，为整体造型增添了一抹亮色。本次VOGVACHI以"心上花"为灵感，以高级感白色为主色调，以柔美灵动的感觉贯穿整个系列，呼应春夏季节的万物生长，以及明媚清新的气息，将大自然的美丽与时尚元素相结合（图2-166）。

图2-166

三十八、岭南·江南——朗蔻×上久楷

2024年4月22日，由高端时装品牌朗蔻携手上久楷带来的传承创新大秀拉开闭幕仪式的序幕。这场大秀以苏州宋锦和岭南香云纱面料为主要载体，用细腻的纹理、丰富的色彩和复杂的图案，将两地独树一帜的传统工艺与现代生活方式完美结合，展现了独特的东方美学，创造出既有古典韵味又不失时尚感的服装风格（图2-167）。

图2-167

三十九、李小燕高级定制发布"春天来啦"

2024年4月22日晚，由金顶奖设计师李小燕带来的"春天来啦"高级定制发布大秀为本届广东时装周画上了圆满的句号。设计师用一双巧手，为我们描绘了一个春意盎然的世界，有春阳和煦、万木竞秀、百花齐放，也有春雨如丝。服饰上的每一个图案、每一抹色彩都仿佛在歌唱春天，随模特走动而摆动的裙摆，正如微风中摇曳的花瓣，将春天的美好和诗意传递给了每一位观众（图2-168）。

图2-168

四十、广州广播电视台《时装荟萃》·4K超高清时尚盛典

2024年4月22日，由广州广播电视台打造的全国首档4K超高清时尚栏目《时装荟萃》在2024广东时装周一春季闭幕颁奖晚会上正式发布。《时装荟萃》节目将坚定携手广东时装周，共同为广大时尚爱好者呈现最前沿、最精致的时尚盛宴，期待成为广东时尚界有权威、有高度的发声平台。现场还举办了广州广播电视台《时装荟萃》超高清时尚盛典，李小燕高级定制、朗蔻、云纱星韵和代柏林、可然、宋松、朱珍斐、胡巍、侯雨含分别获得超高清时尚品牌卓越奖、广视时尚先锋奖（图2-169）。

图2-169

四十一、2024广东时装周一春季闭幕颁奖晚会

2024年4月22日晚，2024广东时装周一春季时尚大奖颁奖典礼在广州番禺举办，一系列备受瞩目的奖项被颁发给杰出的设计师和品牌。官方指定合作伙伴、青年设计引领奖、时尚品牌大奖、产业推动大奖等殊荣逐一揭晓和颁发，不仅是对获奖者过去努力的认可，更激励他们在未来继续推动时尚产业的创新与发展，持续为中国时尚界注入新动力（图2-170）。

四十二、2024广东时装周一春季新质生产力主题展

2024年4月16～22日，首度推出的2024广东时装周一春季新质生产力主题展，在7天的时尚日程中承载AI、元宇宙、智能制造、数字化服务、检验检测、现代物流等秀场以外的多元"新"内容，以更专业的视角满足了大众对时尚和科技的深层想象（图2-171）。

其中，纺织之光科技教育基金与中国妇女发展基金会联合项目"织爱行动"与番禺非遗手工艺体验展区，特别展示了广绣、广彩和珠宝等番禺地区的非遗项目，让观众领略到传统工艺的精湛和深厚的文化底蕴；时尚产业集群区域品牌联展则汇聚了来自广东、浙江、江苏、辽宁、福建等地的相关品牌，展现了各地时尚产业的特色和优势；在智能制造设备展区和数智化解决方案展区，匡博智造、汉羽科技等企业展示了他们在智能制造业和数字化转型方面的最新进展；此外，AI科技体验区、TIT集团展区、可持续时尚解决方案展区、智慧物流解决方案展区、跨境电商展区等也各具特色，分别呈现了科技在时尚界的应用、老字号品牌的新品首发、可持续时尚的发展趋势、智慧物流的最新解决方案，以及跨境电商的蓬勃发展。通过这些展区及活动的展示，观众得以全面了解时尚产业的多样性和创新力，让新质生产力真正细化落实为新技术的应用、新价值的创造、新产业的兴起及新动能的形成。

图2-170

图2-171

2024广东时装周—秋季（第34届）

2024年9月20~29日，2024广东时装周—秋季在广州番禺盛大举办，始终坚持立足粤港澳大湾区、放眼全球，聚合各方力量构建时尚产业"首发首秀"第一平台，共举行新品发布、品牌订货、时尚展览、经贸交流、会议论坛、展贸展销和颁奖盛典等81项时尚活动，不仅展示了最新的时尚趋势和非遗新造、潮流跨界、绿色可持续、数字化变革等创新理念，也将深度连接产业集群、线上平台和线下商圈，引领行业新质生产力的发展和产业升级，在活力多元的商圈发出时尚产业的强音（图2-172）。

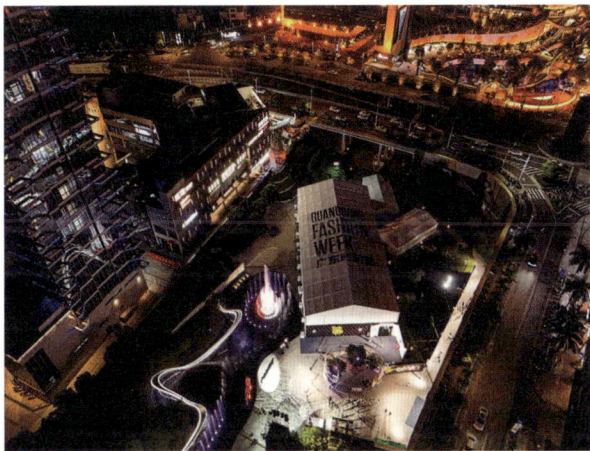

图2-172

在为期10天的时尚盛宴中，前卫创意、精湛技艺、先锋理念、科技创新在此交融。经贸交流活跃，合作机会频现，超过500多家企业、100多个时尚品牌、200多名设计师，以及来自全国各地20多个产业集群参与其中，吸引超过40500名专业观众亲临时装周现场，线上在央视频、华数TV、YY直播、广州广播电视台南国都市频道等19个平台有累计超过1.26亿人次收看直播，为连接时尚消费与本土文化搭建了创新与传承的桥梁。

广东时装周与番禺时尚的携手，正是平台助力产业、产业支持平台的有益实践。在这场互相成就中，番禺充分展现了其作为广东省时尚强区和国家级产业集群的强劲实力，"时尚六品"集中亮相吸引目光，比

音勒芬、广汽传祺、欧定等龙头企业秀出本领、展现格局，名牌名企树立标杆引领发展，借助广东时装周向世界展示番禺时尚的雄伟决心，为广东时装周打造具有国际影响力的发布平台增添助力、活力。在实现再造一个千亿级产业集群的重要征程中，番禺区人民政府与广东时装周以开放和包容的姿态，积极跨界整合资源，共同构建番禺区的时尚生态系统，对促进番禺时尚产业转型升级、提升城市文化软实力、推动区域经济发展有着积极的影响。

作为中国三大时装周之一，广东时装周以其深厚的产业根基、文化底蕴和平台运营经验，在融入全球时尚产业的进程中发挥着举足轻重的作用，为打造中国时尚新高地、推动中国时尚产业的国际化突围提供了"广东样本"。

一、2024广东时装周—秋季开幕式

2024年9月20日，2024广东时装周—秋季在广州番禺盛大开幕，包括番禺区人民政府在内，佛伦斯集团、北欧时刻、凤凰惠康、辰辰妈、一享服装、金通服装、七匹狼、红蜻蜓、法派、衬衫老罗、COCO ZONE和欧定等共同参与签署了"来番禺 正当时"项目投资合作协议，各方将在多个领域展开深度合作，旨在推动番禺区的经济发展和社会进步（图2-173）。

图2-173

二、不一样的北欧丨北欧时刻Ögonblick 2024秋冬发布会

2024年9月20日，北欧时刻Ögonblick携全新品牌形象，以率性自在与多巴胺情绪氛围，重塑视觉感官。2024秋冬系列，北欧时刻将灵感目光投向"多巴胺快乐因子"，调动更多缤纷的色彩搭配，调动积极情绪，让人从穿搭中产生愉悦感。超越人们印象中的"极简北欧风"界限，本季设计师以全新视角绘就女性态度，利用明亮的色彩、多元层次搭配，重塑不一样的"新北欧风"穿搭，美好、欢愉近在咫尺（图2-174）。

图2-174

三、总裁驾到丨衬衫老罗2024秋冬新品大秀

2024年9月20日，中国新一代高端衬衫专家品牌衬衫老罗携"总裁驾到"主题，精彩呈现2024秋冬新品发布会的五大主题系列新品，包括"总裁出行""总裁休闲""总裁办公""总裁约会""商务行政"。其中出行系列融合商务与户外风，注重功能性、舒适性和实用性；办公系列专为高净值人群打造，强调品质、专业与形象；行政系列针对公职人员，注重条理性、规范性和便捷性；休闲系列注重舒适度与松弛感；约会系列注重氛围感与亲密感。每个系列定位明确、各具特色，将为不同场合的男士提供全方位的着装选择，无论是商务、休闲还是特殊场合，都能找到适合自己的款式（图2-175）。

图2-175

四、彝山之灵丨云思木想2024冬季新品时装秀

2024年9月20日晚，作为2024广东时装周一秋季的开幕首秀，原创摩登东方品牌云思木想以"彝山之灵"为主题，以独特的视角重新诠释中华民族文化的深厚底蕴，探索古典与现代的交融的可能性，用新潮的设计打破大众的审美疲劳，巧妙地将彝族传统图案，如苍劲雄鹰、索玛花、日月星辰、彝族少女，以及中国经典的凤凰、龙图腾等元素融入服装设计之中，它承载着彝族人民对美好生活的向往和对自然的敬仰，每一件作品都充满了艺术感与实用性，让东方传统之美栩栩如生（图2-176）。

图2-176

五、喀什地区纺织服装产业（广州）推介会

2024年9月20日，喀什地区纺织服装产业推介会在广州番禺召开，吸引了广东200多名商协会、企业和高校等机构代表参会。推介会以"聚力产业新能量 擘画兴疆新蓝图"为主题，全方位呈现了喀什地区服装纺织领域的发展动态、产业状况、政策利好、企业投资情

况、市场增长潜力以及合作机遇，为与会者提供了一个深入了解喀什地区服装纺织产业的窗口。此外，推介会还安排了广东名企经验分享、纺织业最新智能化技术介绍、重点项目签约仪式等环节，旨在通过高层次的交流与合作，充分发挥广东产业优势和喀什区位优势，加强两地产业合作，吸引更多广东企业投资新疆，促进粤喀两地优势互补和产业深度融合（图2-177）。

图2-177

六、赴山海｜红鼓小爱

2024年9月21日，在2024广东时装周—秋季指定童模机构幸福童行策划下，儿童礼服品牌红鼓小爱首次亮相广东时装周，以"赴山海"为主题，发布了2025春夏新品系列。本季灵感来源于《我的阿勒泰》，自由、理想、浪漫与热爱是这一季以服装为载体想要表达的核心理念。保持热爱，奔赴山海，既是一种生活态度，亦是一种追求自由和美好的精神（图2-178）。

图2-178

七、"我是新生代"｜2024潮秀杯超模盛典决赛

2024年9月21日，"我是新生代"2024潮秀杯超

模盛典在广州番禺举办。本次潮秀杯大赛进入第四届，自启动以来受到了广泛关注，各赛区共有近400名选手报名，经过激烈的初赛角逐，最终有100位未来之星登上了广东时装周的梦想舞台。他们用精心准备的各式服装来诠释对"我是新生代"的理解，以自信、流畅的步伐，用炙热、勇敢的眼神，展现了新生代的无限可能，征服了在场的所有观众与评委，成为最闪亮的舞台之星（图2-179）。

图2-179

八、"瑜"你一起，智造未来｜聚衣堂

"瑜"你一起，智造未来。2024年9月22日，全球规模领先的瑜伽服供应链品牌聚衣堂登陆2024广东时装周—秋季，于一呼一吸之间感知自由瑜悦，展示了一场意趣多元的视觉盛宴。本季，聚衣堂从色彩搭配、面料洞察、适用场景、功能性、设计性等多个角度入手，60多套瑰丽绝伦、利落灵动的瑜伽服轮番登台，在专业模特儿的演绎下，不断解锁瑜伽服品类不一样的时尚风采（图2-180）。

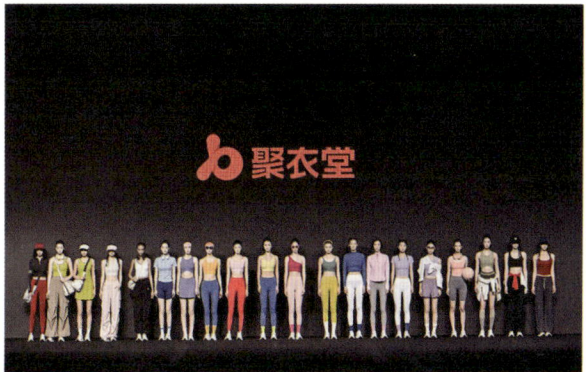

图2-180

九、广州国际轻纺城"时尚源创平台"独家特约支持的第五届广东纺织服装非遗推广大使联合发布会

2024年9月22日，由广州国际轻纺城"时尚源创平台"独家特约支持的第五届广东纺织服装非遗推广大使联合发布会在2024广东时装周—秋季主会场盛大启幕。熊轩轩、刘春芝、希琳（邓小燕）、林俊亿、汤世芳、楠秋（徐华银）、严芳妮、王掌柜（王琼芳）、丁伟、关淑敏等10位荣获"第五届广东纺织服装非遗推广大使"荣誉称号。活动上，组委会特向广州国际轻纺城颁发"非遗新造时尚推动奖"，以表彰与肯定其"时尚源创平台"在溯源创新与推动非遗时尚融合发展等方面所作出的卓越贡献（图2-181）。

图2-181

十、响云丝·林俊亿

2024年9月22日，在第五届广东纺织服装非遗推广大使联合发布会上，林俊亿呈上响云丝品牌"英雄红棉飘两岸"主题发布，以香云纱为画卷，以非遗为媒，千丝万线密密缝，绘就两岸同胞深深情。作品中，香云纱的天然色泽与壮锦图案华丽映衬，既具传统韵味，又不失现代感；台湾太鲁阁锦的独特色彩与香云纱的深沉底蕴相呼应，打造出具有浓郁台湾风情的服饰系列；东乡绣娘的精湛绣艺结合敦煌研究院授权九色鹿图腾，展现出香云纱细腻而独特的艺术魅力；而广绣的红橘相间与香云纱的沉稳古朴相映成趣，色彩的对比与融合，展现出独特的艺术美感（图2-182）。

图2-182

十一、巨隆×翎悟×霆禧·汤世芳

2024年9月22日，巨隆纺织融合传统技艺与现代时尚设计理念的"新非遗"作品，在秀场上展现了文化的生命力与时代的创新精神，以独特的中式美学呈现了传统与现代交融的魅力。发布会上，广州巨隆纺织品科技有限公司董事长汤世芳荣获"第五届广东纺织服装非遗推广大使"荣誉称号（图2-183）。

图2-183

十二、萧娘·楠秋（徐华银）

2024年9月22日，"萧娘"惊艳登陆2024广东时装周—秋季，发布了"萧娘·锦瑟年华"2024秋冬非遗香云纱系列，将中式美学意境与西式时尚剪裁完美融合，在自然与工艺的形意之间，在秀场上呈现文化与时尚的交融。本季系列以古代乐器"锦瑟"为名，寓意着女性在时间的长河中不断成熟、绽放，如同锦瑟般悠扬动听。每一件服装都精心设计，旨在满足现代女性对时尚与实用性的双重需求，让她们在忙碌的生活中也能轻松展现自己的东方韵味（图2-184）。

图2-184

十三、南方琥珀·严芳妮

2024年9月22日，南方琥珀（AMBRE DU SUD）首次登陆广东时装周，甄选香云纱、宋锦、罗等国粹非遗面料和重磅真丝、三菱醋酸、羊毛羊绒等进口高端面料，以人为本，从传统美学中提炼和优化，借自然界的优美结构，必要时使用多元切割来塑造人体三维空间，重构衣服的柔和与张力、质朴与灵动、秩序与自由，以细腻体贴的手工艺致敬温软时光，旨在让女性焕发出不可言传的东方光芒（图2-185）。

图2-185

十四、华韵唐缘·王掌柜（王琼芳）

2024年9月22日，2024广东时装周—秋季期间，王掌柜作为第五届广东纺织服装非遗推广大使，向观众展示了唐缘服饰香云纱系列产品，以东方美学重新定义潮概念，让非遗绽放更加迷人的风采。守正创新，古韵今风。秉承"唐缘服饰——让生活更精彩"的理念，王掌柜致力于为顾客打造高品质香云纱，传播东方美学，让中华传统服饰文化绽放时代迷人风采，让

中华女子更加优雅自信，尽显芳华（图2-186）。

图2-186

十五、芸想·关淑敏

2024年9月22日，"繁花织爱 约会非遗"芸想2025春夏高定时装发布亮相2024广东时装周一秋季。本季，广东纺织服装非遗推广大使、芸想品牌创始人、高定时装设计师关淑敏运用潮绣、珠绣、苗绣等非遗技艺，演绎了品牌独具一格的繁花美学，将传统与现代、非遗与时尚完美融合，一件件高级又充满中式韵味的作品，是芸想近年来持续深耕中国传统文化的最佳呈现（图2-187）。

图2-187

十六、"聚合·链通"2024广东童装产业创新峰会暨落地母婴设计师/买手供应链对接会

2024年9月23日下午，"聚合·链通 2024 广东童装产业创新峰会暨落地母婴设计师、买手供应链对接会"在广东时装周主会场——番禺万博时尚广场举行。本次活动由广东省服装服饰行业协会、广东省服装服

饰行业协会童装专业委员会、落地母婴俱乐部共同主办。大会上，广东省服装服饰行业协会童装专业委员会正式换届，广东省服装服饰行业协会童装专业委员会第二届成员正式产生，薛峰当选新一届童装专业委员会执行会长，杜结珍担任秘书长（图2-188）。

图2-188

十七、沙溪服装企业参观交流活动

2024年9月23日，沙溪休闲服装外贸基地品牌展暨2024广东时装周—秋季沙溪分会场系列活动在沙溪正式启动。作为沙溪分会场的重磅活动之一，为推动沙溪服装产业提质增效与高质量发展，广东省服装服饰行业协会专家委员会专家团队和广东知名服装品牌企业共同走进沙溪，参观元一智造、金鼎智造等沙溪代表性服装企业，开展对接交流，共融共创，以新观点、新启发推动沙溪时尚产业向价值链高端跃升（图2-189）。

图2-189

十八、2024年沙溪休闲服装外贸基地品牌展

2024年9月23日，作为2024广东时装周—秋季分会场系列活动，沙溪休闲服装外贸基地品牌展在中山沙溪文化地标——龙瑞村盛大举办，数百位嘉宾一同于古韵

中共赏时尚沙溪的潮流新风，于新潮中回望百年隆都的非凡气韵。发布现场，霞湖世家、金鼎智造、ANIFA、元一智造、问道、潮主张、绅维纪、锐城服装、渡渡鸟、ETU.奕图、MeMe Marie、TD（TOM DONG）、创古、华人礼服、女神战袍等联袂发布了最新服装产品，集中展示了沙溪服装品牌新形象和高端智能制造实力，展现出新时代沙溪的时尚新风貌（图2-190）。

图2-190

十九、花生情报局｜SEE ALSO 秋冬时装发布会

2024年9月23日，中国设计师品牌SEE ALSO在广东时装周首次亮相，众多时尚媒体、时尚买手、KOL现场打卡和体验。SEE ALSO将时装与CleanFit等风格解构，再加以重筑，同时兼容时尚文化，以简约时尚的态度呈现服装文化精髓。将国际化的时尚灵感与时尚穿搭相结合，设计出SEE ALSO品牌极具破圈度的时尚产品，为潮流服饰穿搭赛道打开了新窗口（图2-191）。

图2-191

二十、广东时装周POP设界·智衣场童装品牌新品全国巡演发布

2024年9月24日，由广东省清远市委常委、秘书长、统战部部长林科聪带领广清纺织园一行，通过广东时装周，以清远时尚新品智衣场平台联合百壹童模经纪平台，举办广东时装周清远时尚产业发布——POP趋势童装流行趋势主题发布暨童装品牌发布秀，并携手各品牌服装，在广东时装周启动，以清远为首发站，向全国举办清远时尚新品智衣场发布-POP设界·智衣场童装品牌新品全国巡演发布（清远站、东莞站、广州站、盛泽站、大连站、濮院站、柯桥站、晋江站），发出清远时尚产业最强潮流声音（图2-192）。

图2-192

二十一、广东时装周POP趋势·童装流行趋势主题发布

2024年9月24日，POP设界科技集团华南总经理、清远时尚新品智衣场负责人冯永强揭开了2024童装流行趋势主题，通过深入探讨童装市场的发展趋势与创新策略，为行业从业者提供宝贵的见解与灵感，共同应对下行经济带来的挑战，并寻找新的市场机遇。目前，市场洞察到消费者对童装的需求正从单纯的功能性转向更注重品质、安全、舒适度、时尚度和场合适宜性。当日，POP设界·清远时尚新品智衣场&POP趋势·服装携手百壹童模经纪平台、小蜜糖、QTSD、沛沛感觉共同打造了一场童装品牌秀演盛宴（图2-193）。

图2-193

二十二、2024广东时装周-秋季时尚主理人选品对接会

2024年9月24日，精心策划的时尚主理人选品对接会首度亮相，精选广东优质服装产品和设计师最新作品进行展示和售卖，吸引博萨、曼加洛（MANGANO）、西由定制（SUITGAME）、几合、轻慕（QINGMU）、南方琥珀、其用（TopDonna）、阅前、棱边（LENGBIAN）、机甲麒麟、笔划、中山丽嘉鑫服饰有限公司、艾帕拉（AIPALA）、阿奇米朵、凡简一品、众衣联等主流品牌及实力供应企业共同参与，为广东设计与买手搭建起深度交流场域，促成优质产品与专业买手的配对合作，帮助广东服装加速融入小红书营销新场域，丰富小红书平台的潮流好货度，共同实现生意新增量（图2-194）。

图2-194

二十三、广东时装周小红书官方闭门分享会

2024年9月24日，广东时装周组委会特别邀请到

小红书官方代表进行平台赋能广东设计的主题推介，针对小红书平台价值和全链路经营展开阐述，分享品牌在小红书与买手互利共赢的相关案例，发布小红书趋势报告，解析广东服装产业带相关扶持策略，现场邀请目标对象成为小红书主理人，推动优质供应链与小红书买手进行深度合作，实现广东服装产业带与小红书的互惠共赢（图2-195）。

图2-195

二十四、广东服装设计师嘉年华

2024年9月24日，作为2024广东时装周—秋季的重要组成部分，由广东省服装设计师协会主办的广东服装设计师嘉年华系列活动在广州番禺盛大举办，由广东服装设计师张泽星作词作曲的《广东服装设计师》主题曲正式首发，池芳婷、刘平、胡浩然、邱焕山、郭思羽、李小裁、杨家鑫等青年设计师及协会代表倾情献唱，点燃了现场的热烈氛围。本次"光年计划"邀请到付丽菲、煜月、侯雨含、江喜、黄智群等代表，为广东设计师呈上了极具内涵的"对话"（图2-196）。

图2-196

二十五、2024年番禺时尚产业高质量发展大会

2024年9月25日，2024年番禺时尚产业高质量发展大会在2024广东时装周—秋季主会场盛大举办。本次大会在番禺区纺织服装产业链工作专班、番禺区科工商信局、番禺区市场监管局的指导下，由番禺区质量强区发展委员会办公室和广州市番禺区知识产权维权中心共同主办，广东省服装服饰行业协会、广州市番禺区知识产权保护协会联合承办，旨在宣贯2024"中国质量月"政策精神，探讨时尚产业质量管理、知识产权等方面的问题与趋势，推广番禺区知识产权维权中心相关业务职能，发布全省首个《产业园区质量基础设施"一站式"服务工作站建设及服务规范》团体标准，为10个产业园区成立质量基础设施"一站式"服务工作站颁牌，并对2024年番禺区服装名牌名企进行表彰，树标杆、聚思路，集结各方共同推动番禺区时尚产业高质量发展（图2-197）。

图2-197

二十六、山河秀色｜云喜纱华·香云纱专场

2024年9月25日，"山河秀色｜云喜纱华·香云纱专场"在2024广东时装周—秋季秀场举办。本次专场发布会由香云纱原产地顺德品牌"云喜纱华"主办，以"山河秀色"为主题，暗喻了香云纱面料在山（泥）与河（水）中反复淬炼而来的传统工艺特点，更表现了祖国大好河山的自然与人文色彩。此次专场大胆突破了香云纱给人的暗沉、保守与古板的传统印象，以红、黄、蓝、绿、紫色系丰富色彩搭配，结合当代人们的生活方式进行造型，既展现了香云纱服饰亲肤、

适配现代工作生活场景的实穿性，又体现了香云纱面料华丽天然、阳光美好的一面，同时展示了品牌最新的季节趋势、色彩搭配、面料创新以及原创设计理念，为香云纱行业提供了丰富的视觉体验和灵感来源（图2-198）。

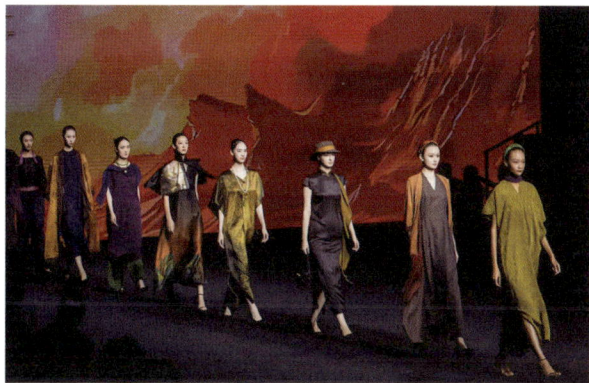

图2-198

二十七、利工民×广绣非遗大师工作室战略合作暨媒体见面会

2024年9月26日上午，百年中华老字号利工民与广绣非遗大师工作室在2024广东时装周—秋季举办战略合作签约仪式暨媒体见面会。在嘉宾与媒体的共同见证下，利工民公司党支部书记、董事长刘妍与谭展鹏大师共同签署了战略合作协议，正式开启了双非遗企业文化传承的新篇章。通过此次合作，利工民公司将推出更多具有岭南特色的文化产品，助力非遗可持续发展，全面提升非遗产品的知名度和影响力，共同推动非遗文化的传承与发展，让更多的非遗文化特色产品走进千家万户（图2-199）。

图2-199

二十八、"中国欧定 畅销全球"欧定头等舱高弹衬衫2024战略发布会

2024年9月26日，"中国欧定 畅销全球"在广东时装周专场正式发布全球化战略——"畅销全球56国 高端男士都在穿"，欧定以卓越的品质成为今日业界焦点。本次发布会不仅是对欧定品牌过往成就的回顾，更是对未来全球化布局的展望。作为重磅环节，欧定以"无界"为主题进行了新品发布，无界既是畅销全球的国之无界战略表达，也是对欧定头等舱高弹衬衫舒适、高弹无束缚的深刻演绎（图2-200）。

图2-200

二十九、"绿色时尚·智创未来"粤服协专家委员会主题沙龙

2024年9月26日，广东省服装服饰行业协会专家委员会一行走进2024广东时装周—秋季，开展系列活动，聚焦"绿色时尚·智创未来"主题，为服装行业发展出谋划策、添砖加瓦。协会专家委员会一行共同参与了欧定头等舱高弹衬衫2024战略发布会，见证了中国品牌布局全球的重要时刻，并走进了番禺代表性服装企业鹿颜国际（广州）服饰有限公司，深入了解服装企业的发展情况。交流会上，针对当前服装产业变革与数智化转型趋势，各位专家从数产融合、可持续发展、融合创新、人才培育等方面进行交流探讨，提出了诸多前瞻性观点（图2-201）。

图2-201

三十、ESMOD广州法国高等服装设计学院2024优秀作品发布会

2024年9月26日晚，ESMOD广州法国高等服装设计学院（以下称ESMOD广州）2024毕业设计及优秀作品发布会作为2024广东时装周-秋季的重要活动亮相舞台。今年是ESMOD广州成立十周年，发布会以"10 Years"为主题，象征着ESMOD广州十年的奋斗成长，也象征着2010届毕业生从时尚新人，一步一脚印登上时装周舞台，成为星光熠熠的专业服装设计师。下一个十年，ESMOD广州将继续在国际时尚教育领域深耕，传承并创新，激励和鼓舞更多想要追求梦想的年轻人，勇往直前（图2-202）。

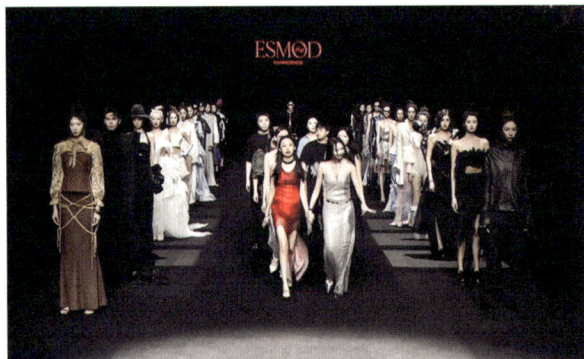

图2-202

三十一、"产学融合·共创共享"广州时尚艺术职业教育集团年会暨广州市纺织服装职业学校2024优秀作品展演

2024年9月27日，广州时尚艺术设计职业教育集团年会暨广州市纺织服装职业学校优秀作品展演活动在广州番禺万博时尚广场成功举行。围绕"产学融

合·共创共享"主题，学校服装设计与工艺专业、形象设计专业、模特表演专业师生密切协作，以T台走秀的形式完成了50套优秀服装设计作品的展演，为嘉宾们带来了一场关于时尚与梦想的生动演绎，展示了学校在时尚艺术设计领域的优秀教学成果（图2-203）。

图2-203

三十二、JOOOYS×广东白云学院"云程万里"成人礼·礼服文化发布会

2024年9月27日，JOOOYS品牌携手广东白云学院，共同打造了一场以"云程万里"为主题的视觉与文化双重盛宴。广东简绎服装有限公司总经理赵亚坤与广东白云学院国际时尚设计学院院长王家馨教授签署了产业融合合作协议，携手推广成人礼礼服文化，标志着双方在时尚教育与产业实践方面将展开更深入的合作，共同推动时尚行业的发展。T台上，学生们身着一件件集精湛工艺与深厚文化底蕴于一身的礼服惊艳亮相，在聚光灯下自信展现时尚与艺术的完美融合，展现对传统文化精髓的致敬与创新（图2-204）。

图2-204

三十三、希琳Celine D·万物生·非遗国风专场

2024年9月27日晚，"希琳·万物生"发布会于2024广东时装周—秋季秀场开幕，本次非遗国风专场发布会推出希琳品牌原创设计高端宋锦和香云纱系列，将至繁归于至简。2024秋冬系列"万物生"采用上乘珍稀面料，取历史文化技艺特色，将"宋代风、雅、颂、宋锦与香云纱"融入现代的极简化板型设计，不囿于方寸之境，无畏表达自我，向世界呈现富丽雅致的高端中式美学（图2-205）。

图2-205

三十四、"针织力量·精英荟萃"2024大朗毛织国家外贸转型基地联合发布秀

2024年9月28日下午，在大朗镇人民政府的指导下，由东莞市大朗电子商务协会、东莞市毛织服装设计协会以及针织力量毛织设计创新教育平台联合主办的"针织力量·精英荟萃"2024大朗毛织国家外贸转型基地联合发布秀闪亮登场。伟杰纺织、天汇服饰、金紫服饰、朗天服饰、叁洋纺织科技、洁傲服饰、芙发服饰、臻致服饰、奕尚服饰、洲宏服饰10家企业联袂发布，对大朗毛织国家外贸转型基地成果进行集中展示，展现精湛工艺与创新设计，彰显"针织力量"的无限魅力（图2-206）。

图2-206

三十五、先锋启幕 | ARGUECULTURE

2024年9月28日，新锐潮牌ARGUECULTURE首次登陆广东时装周，以"先锋启幕——挣脱枷锁，先锋未来"为主题进行新品发布，巧妙地将虚拟与现实的边界模糊，将现场打造成为一场科幻与梦幻交织的盛宴。废土、华丽、先锋三大系列服装轮番登场，每一款设计都凝聚着对潮流的深刻洞察与无畏探索。废土系列的粗犷与坚韧、华丽系列的奢华与幻想、先锋系列的极致与无畏，共同绘制了一幅ARGUE独有的时尚蓝图（图2-207）。

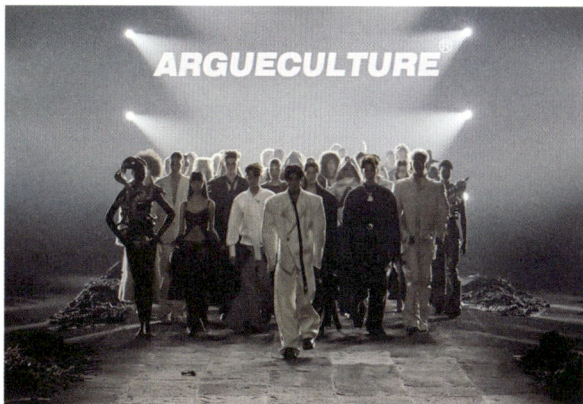
图2-207

三十六、熊轩轩·佰年旗袍非遗专场发布会

2024年9月29日，"熊轩轩·佰年旗袍非遗专场发布会"在广州番禺万博时尚广场拉开帷幕，以一场融合传统与现代、东方与西方的美学对话，向世界展示了非遗文化的独特魅力与时尚创新的力量。本次发布会不仅是对中国传统香云纱技艺的一次深情致敬，更

是对新时代下非遗文化保护与传承的积极探索与实践。设计师熊轩轩以其独特的视角和匠心独运的设计，将香云纱这一古老面料赋予了新的生命，巧妙地将香云纱的质朴与高雅融入设计，通过现代设计理念与精湛工艺的结合，通过流畅的线条、简约的剪裁以及精致的细节处理，展现了女性独有的柔美与力量，让传统美学在当代社会焕发出更加耀眼的光芒（图2-208）。

图2-208

三十七、柏艺婚纱 BAIYI-BRIDAL·代柏林

2024年9月29日，柏艺婚纱礼服携最新一季作品登陆广东时装周惊艳首发。本季作品设计师代柏林在翻阅和实地考察了大量东西方建筑后，在雕刻的图腾中汲取灵感，采用了流苏、花朵等元素，通过不对称、解构等多种手法巧妙地呈现出作品廓型的独特性、材料的飘逸性和色彩对撞的梦幻性（图2-209）。

图2-209

三十八、LIMN描写·付平

2024年9月29日，高端女装品牌LIMN在广东时装周主会场广州番禺万博时尚广场成功举办了一场以

"沌·相——大地之息"为主题的新品发布会。本季系列灵感源自广袤无垠的自然界，LIMN设计师们深入探索大地母亲的温柔与力量，将这份感悟融入每一件服饰。系列以"沌"为始，寓意混沌初开，万物生长，象征着女性内在力量的觉醒与释放；而"相"则指万物之相，通过服饰展现女性多面而独特的魅力，与大地同呼吸，共命运（图2-210）。

图2-210

三十九、T PARK·于芳

2024年9月29日，T PARK初自原创设计品牌在广东时装周首次亮相，本次设计灵感源于蝴蝶：从卵到幼虫，再到蛹，最后破茧成蝶，这一过程象征着女性的成长、变化和重生。它强调了女性在社会、文化和个人层面上的转型和自我实现，通过设计来传达女性的力量、美丽和多样性。初自原创设计师于芳认为，捕捉潮流趋势并将其融入个人风格是创造出独特而时尚作品的关键。同时，不断探索创意灵感的来源，能为设计注入源源不断的活力（图2-211）。

图2-211

四十、DMDT

2024年9月29日，在潮流走向与创新理念的汇聚之所广东时装周上，DMDT女装秋冬系列展现了璀璨时刻。DMDT 女装凭借其别具一格的设计风格、无可挑剔的精湛工艺以及强大的时尚辐射力，脱颖而出，备受瞩目。DMDT 此次展示的羽绒服系列凭借其独特的设计、卓越的品质以及广泛的时尚影响力，成为冬季时尚领域的核心关注点（图2-212）。

图2-212

四十一、静以修身｜the hanah

2024年9月29日，独立设计师品牌the hanah亮相2024广东时装周一秋季，揭晓2025春夏系列。品牌创始人兼设计师Hanah韩银月以"静以修身"为灵感原点，拥抱女性气质，重新诠释女性的曲线美与内在力量，呈现一场融合优雅与力量的时尚大秀。此次新品发布特别邀请了中国知名模特谭乔尹Emma与韩国超模KIM SEO YUN联袂震撼亮相，她们精湛的表现完美诠释了the hanah品牌的全新理念，带领观众深入品味这一系列的设计精髓（图2-213）。

图2-213

四十二、Return the classical｜COCO ZONE 新品发布会

2024年9月29日晚，极简风尚服饰品牌COCO ZONE受邀重磅亮相2024广东时装周-秋季闭幕式。该品牌以18世纪的温莎古堡为这一季时装的绚丽背景，将历史与现代无缝衔接，为观众呈现了一场超越传统认知的发布秀，让我们感受到抖音电商女装品牌第一的非凡时尚魅力。本季系列COCO ZONE演绎了英式复古的传世经典，以标志性设计和经典款式打造隽永风格，追逐现代审美与经典复古的多元碰撞，勾勒出不同于以往的独特视觉体验，以经典诠释现代美学（图2-214）。

图2-214

四十三、比音勒芬东方红·韵 Rhyme of Oriental Red

2024年9月29日，2024广东时装周一秋季闭幕式上，中国高端运动服饰领军者比音勒芬重磅登场，以"东方红·韵"为主题，呈现中国国家高尔夫球队奥运比赛服、故宫宫廷文化联名等系列，向观众展示了追求极致匠心、传承东方文化的品牌理念。中国红，是炽热信仰，是丹辰永固，是热血不止，是东方独有的浪漫，是中国不屈的精神。比音勒芬将中国传统文化的精髓与现代时尚潮流相结合，展现了中国品牌的独特魅力和文化自信，承载着对国家繁荣昌盛、民族复兴的美好祝愿（图2-215）。

图2-215

四十四、广东外贸优品中华行（广州）暨"粤贸全国"广东服装、新能源汽车推介活动

2024年9月20～29日，广东外贸优品中华行（广州）暨"粤贸全国"广东服装、新能源汽车推介活动在2024广东时装周—秋季举办，旨在推动以服装为核心的时尚产业、新能源汽车与其他旅游、餐饮、文化等相关产业联动发展，形成产业链条的延伸和拓展，为产业与经济互促发展提供新样本。本次推介活动位于日均客流量30万人次的万博商圈核心，为期10天，活动总面积超过10000平方米，通过展贸展销、时尚发布等多种形式，为消费者搭建起能够深度体验产品的场域（图2-216）。

四十五、2024广东时装周—秋季闭幕式

2024年9月29日，在中华人民共和国成立75周年华诞来临之际，2024广东时装周—秋季（第34届）在全体合唱《歌唱祖国》的激昂旋律中圆满闭幕。广东十佳服装设计师、时尚产业推动大奖、时尚品牌大奖、十佳职业模特、外贸基地服装产业发展推动大奖和官方指定合作伙伴等一系列备受瞩目的奖项重磅揭晓，并现场授予荣誉。当晚，现场观众共同见证了全球浙商时尚产业选品中心落户番禺的合作签约（图2-217）。

图2-217

图2-216

2024中国（广东）大学生时装周

2024年5月19~30日，由广东省教育厅指导，广东省服装服饰行业协会、广东省服装设计师协会联合广州国际轻纺城共同创办，凯华公益·真爱梦想专项基金全程支持的2024中国（广东）大学生时装周在广州国际轻纺城举办（图2-218、图2-219）。

图2-218

图2-219

本届大学生时装周以"实现梦想的天桥"为主题，在为期12天的活动日程中，来自28所广东服装专业院校的逾千名设计新秀，携数千套时装作品同台亮相，通过一场场高水平的时尚展演，成为时装周期间最闪亮的主角。活动盛况得到了央视频、中国网、华数TV、南方+等平台的全程直播，组委会官方视频号"粤服时尚"也进行了同步直播，截至发稿时，各平台在线观看人次累计已超过9053.7万。

产业发展，人才先行；创新之道，唯在得人。始于2006年的中国（广东）大学生时装周，是国内首创、规模最大、规格最高，专门为广东省内各高校服装设计专业学子打造的大型公益性时尚发布及交流平台。19年以来，大学生时装周以人才培育为突破口，已经成为促进我国纺织服装产业人才交流、产学研用深度实践、供需对接的重要平台与桥梁，同时也极大地推动了行业时尚设计、时尚教育、时尚制造、时尚消费等产业链的不断延伸、拓展，为探索时尚产业可持续发展提供了更多可落地生根的青春土壤。

青春孕育无限希望，青年创造美好明天。当代中国的青年们生逢其时，施展才干的舞台正无比广阔，实现梦想的前景正无比光明。让我们一起奔赴2024中国（广东）大学生时装周的追梦天桥，一起享受这个年度青春时尚盛会。

一、2024中国（广东）大学生时装周开幕式暨"广州国际轻纺城杯"指定面料团体创意设计大赛

作为中国（广东）大学生时装周的重头戏，"广州国际轻纺城杯"指定面料团体创意设计大赛在开幕式上隆重亮相。金玺绸业、元邦丝绒、春晖纺织、伍叶纺织、永隆世家·鸿虹纺织品、型格、穗成行、红标签（RED LABEL）8家广州国际轻纺城优质纺织品牌，作为本届大学生时装周的官方指定面料供应商，分别与广州市白云工商技师学院、广州市工贸技师学院、广州大学美术与设计学院、广东科技学院、广东工业大学艺术与设计学院、广东职业技术学院、广东理工学院艺术设计学院、广州市广播电视大学纺织服装分校、华南农业大学艺术学院、广东文艺职业学院、广东白云学院、北京理工大学珠海学院、广东技术师范大学美术学院、广州城市理工学院、五邑大学艺术与设计学院、广东轻工职业技术学院等入围参赛的院校组成八大战队，为院校设计团队提供其最新、最优、最强的高品质流行面料，帮助参赛选手完成令

人惊喜的参赛作品，同时，他们还在市场价值、创意展现等方面提供了专业意见和强大助力（图2-220、图2-221）。

图2-220

图2-221

经过激烈角逐，最终穗成行战队广州城市理工学院创作团队的作品《青丝素影》获得最具市场价值奖（图2-222）；伍叶纺织战队广东理工学院创作团队的作品《鳞影照乾坤》获得最佳面料运用奖（图2-223）；型格战队广东白云学院创作团队的作品

《型格·秩序》获得最佳舞台效果奖（图2-224）；春晖纺织战队广东职业技术学院创作团队的作品《静坐山间》获得最佳工艺制作奖（图2-225）；金玺绸业战队广州市白云工商技师学院创作团队的作品《画丹纸意》获得最具时尚风潮奖（图2-226）。

图2-222

图2-223

图2-224

图2-225

图2-226

二、2024广东纺织服装产业供应链对接交流会

2024年5月19日，2024中国（广东）大学生时装周首场活动——2024广东纺织服装产业供应链对接交流会成功举办。本次会议聚集了知名服装企业代表、杰出设计师及院校代表，围绕上下游供应链协同、深化校企合作推动产学研用融合发展等行业共同关心的热点话题进行深入交流、研讨思辨，通过产业协作、资源共享和优势互补，大力培育以科技生产力、文化生产力、绿色生产力为特征的纺织服装行业新质生产力，推动传统产业的高端化升级和前沿技术的产业化落地，为纺织服装产业的高质量发展探寻新的时代路径和革新实践（图2-227）。

图2-227

三、广州工程技术职业学院服装设计毕业作品展演

2024年5月20日，作为2024中国（广东）大学生时装周首场院校发布会，广州工程技术职业学院服装设计毕业作品展演在广州国际轻纺城盛大举办。本次展演汇聚了艺术设计学院服装与服饰设计专业的15个系列佳作，以"一带一路·海丝文化"为主题，旨在以服装为媒介，与世界展开创意对话。学生们充分发

挥创新精神，将"一带一路"国家马来西亚的丰富文化元素融入时尚设计。展演还特别呈现了学院服装专业产学研成果，在瑶族刺绣国家级代表性传承人邓菊花老师、瑶绣市级非遗传承人邓玉玲老师的共同指导下，师生们共同制作了一系列创新作品，将传统工艺与现代设计完美结合（图2-228）。

图2-228

四、五邑大学艺术设计学院服装设计毕业作品展演

2024年5月20日，2024中国（广东）大学生时装周第二场院校发布会——五邑大学艺术设计学院服装设计毕业作品展演在广州国际轻纺城举办。本次展演以"匠心筑梦"为主题，服装与服饰设计专业携22个系列110套作品参加，作品涵盖成衣设计、礼服设计、新中式服装设计、运动服装设计等，每个系列的服装都具有独立的设计理念和视觉效果，很好地展现出学生们娴熟的专业技能，以及对时尚艺术的独特理解，为现场来宾及观众呈现了一场精彩的视觉盛宴（图2-229）。

图2-229

五、广东轻工职业技术学院服装设计毕业作品展演

2024年5月20日，2024中国（广东）大学生时装周第三场院校发布会——广东轻工职业技术学院服装设计毕业作品展演在广州国际轻纺城盛大举办。本次展演以"回响"为主题，汇集服装专业41个系列作品进行发布。此外，由广东轻工职业技术学院与新疆喀什职业技术学院两校师生历经多月合作完成的援疆教学成果优秀设计作品进行了特别发布（图2-230）。

图2-231

七、湛江科技学院服装设计毕业作品展演

2024年5月21日，2024中国（广东）大学生时装周第五场院校发布会——湛江科技学院服装设计毕业作品展演在广州国际轻纺城成功举办。本次展演以"无界"为主题，集中展示了美术与设计学院学子的才华与创意，为广东时尚界注入了一股清新的青春气息（图2-232）。

图2-230

六、广州市工贸技师学院服装设计毕业作品展演

2024年5月21日，2024中国（广东）大学生时装周第四场院校发布会——广州市工贸技师学院服装设计毕业作品展演在广州国际轻纺城成功举办。本次展演以"衣然自得"为主题，共展出20个系列服装。学生们以面辅料为笔，结合非遗文化等多种元素，以无限创意勾勒服装设计，表达自己对时尚的理解，体现对服装与个人之间深层联系的探索，以及自己的独特个性、设计思考与文化态度。展演作品风格鲜明，各具特色，无论是将传统与现代融为一体的"新中式"设计，还是采用高科技面料进行大胆创作的前卫设计，都展现了年轻设计师们对服装设计的独到理解与感悟，表达了年轻设计师们对生活的热爱（图2-231）。

图2-232

八、广东培正学院服装设计毕业作品展演

2024年5月21日，2024中国（广东）大学生时装周第六场院校发布会——广东培正学院服装设计毕业作品展演在广州国际轻纺城成功举办。本次展演一共展示了21个系列共104套服装作品，在灯光交织的梦幻舞台上，培正学子们洋溢着青春的热情，凭借丰富的想象力和别出心裁的创意设计，将时尚与艺术进行了完美的碰撞与融合，精心编织了一个灿烂

而辉煌的时装梦。通过展演,广东培正学院艺术学院充分展现了服装与服饰设计专业在人才培养方面的实力,未来将继续致力于培养学生的创新精神和实践能力,为中国服装设计事业培养更多优秀的人才(图2-233)。

图2-233

九、东莞市技师学院服装设计毕业作品展演

2024年5月22日,2024中国(广东)大学生时装周第七场院校发布会——东莞市技师学院服装设计毕业作品展演在广州国际轻纺城成功举办。本次展演的作品共16个系列,以各自独特的视角诠释时代风格、民族元素和都市时尚,充分展示了东莞市技师学院新生代设计师们扎实的设计功底和娴熟的工艺水平,为来宾呈现了一场精彩的视觉盛宴。多元化的风格和不拘一格的创新思维,展现出学院服装设计专业的国际化理念,展示了新时代、新风貌的教学成果(图2-234)。

图2-234

十、华南理工大学设计学院服装设计毕业作品展演

2024年5月22日,华南理工大学设计学院服装设计毕业作品展演作为2024中国(广东)大学生时装周第八场院校发布会在广州国际轻纺城上演。本次展演共展出32个学生的系列作品,展演以"破晓"为主题,象征着破晓之时,曙光初现,带来无限可能。每一件作品都展现了华南理工学子对时尚的独到见解,展现了传统工艺与现代设计的结合,东方美学与西方元素的碰撞,以及对环保和可持续发展的深刻思考(图2-235)。

图2-235

十一、广东工业大学艺术与设计学院服装设计毕业作品展演

2024年5月22日,广东工业大学艺术与设计学院服装设计毕业作品展演作为2024中国(广东)大学生时装周第九场院校发布会在广州国际轻纺城举行。本次展演以"未·时尚24"为主题,汇报共展出118套服装,分为"新生""衍生""创生"和"共生"4个章节。学生们围绕文化传承、都市潮牌、时尚科技三大设计主题,采用光感纤维、可穿戴声控感应服装、多层具有不同功能的复合材料,将编织、刺绣、植物染等传统手工艺与现代时尚相结合,展开了对未来时尚趋势的无限畅想(图2-236)。

图2-236

十二、广东技术师范大学美术学院服装设计毕业作品展演

2024年5月23日，广东技术师范大学美术学院服装设计毕业作品展演作为2024中国（广东）大学生时装周第十场院校发布会在广州国际轻纺城上演。本次展演共展出23个学生的系列作品，以"日新粤衣"为主题，既表达了对广东地区服饰文化的传承与致敬，也体现出年轻设计师们对这一独特文化的新诠释。设计师们以广东的本土文化为底蕴，融入自己的创意和想象，呈现出了一件件独具特色的服装作品（图2-237）。

图2-237

十三、东莞职业技术学院服装设计毕业作品展演

2024年5月23日，2024中国（广东）大学生时装周第十一场院校发布会——东莞职业技术学院服装设计毕业作品展演在广州国际轻纺城举行。本次展演以"大美其美，百花绽放"为主题，展示了2024届84名毕业生的17组服装设计作品。学生作品以独特的创意设计概念、丰富的题材和内容、精致的做工得到了现场观众的阵阵喝彩。2024届学生将视角聚焦于千姿百

态的服饰文化和艺术形态，包括明代服饰、藏族服饰、汉族服饰等，用印染、刺绣、拼接、数码印花等技术来体现个性化的语言表达（图2-238）。

图2-238

十四、中山职业技术学院服装设计毕业作品展演

2024年5月23日晚，2024中国（广东）大学生时装周第十二场院校发布会——中山职业技术学院服装设计毕业作品展演在广州国际轻纺城顺利举办。中山职业技术学院作为广东地区知名的职业教育机构，一直致力于培养具有创新精神和实践能力的时尚设计人才。本次展演，该学院带来了一场别出心裁时装秀，发布了25组优秀毕业设计作品，展现了年轻设计师的独特视角和对时尚的无尽追求（图2-239）。

图2-239

十五、广东省轻工业技师学院服装设计毕业作品展演

2024年5月24日，2024中国（广东）大学生时装周第十三场院校发布会——广东省轻工业技师学院服

装设计毕业作品展演在广州国际轻纺城成功举办。十年蓄势，3650个日夜风雨兼程，广东省轻工业技师学院学子在"实现梦想的天桥"绽放，携17个系列服装，强势登场。他们以针为笔、以线为墨、以布为纸，将心中的梦想一点点绘制，具象成一件件天马行空的服装设计作品实现了甄选材质，大胆构建，精良制作，巧妙搭配（图2-240）。

图2-240

十六、广东白云学院服装设计毕业作品展演

2024年5月24日，作为2024中国（广东）大学生时装周第十四场院校发布会，广东白云学院JIWENBO国际时尚设计学院毕业作品展演在广州国际轻纺城闪亮登场。本次展演的主题"云起龙骧"，源自《汉书·叙传下》中"云起龙骧"的典故，寓意深远。它不仅象征着历史长河中英勇人物如龙般腾飞、引领潮流的壮丽景象，更寓意着广东白云学院JIWENBO国际时尚设计学院的学子们，如同云中之龙一般，腾飞而起，翱翔天际。他们将以无畏的勇气和坚定的信念，挑战时尚界的极限，创造出一系列令人叹为观止的设计作品（图2-241）。

图2-241

十七、广州涉外经济职业技术学院服装设计毕业作品展演

2024年5月24日，2024中国（广东）大学生时装周第十五场院校发布会——广州涉外经济职业技术学院服装设计毕业作品展演在广州国际轻纺城成功举办。本次展演以"源·起点"为主题，即你之所思，即源之起点，原创因你而起，未来由你而生，以你之见，描绘世界万象，解构时尚。这是一场充满创意与激情的展演，也是学生们展示才华、实现梦想的舞台，这些作品不仅展现了学生们扎实的专业技能，更体现了他们对时尚、艺术和生活的独特理解。从设计构思到面料选择，从剪裁制作到配饰搭配，每一个细节都凝聚着学生们的心血和智慧（图2-242）。

图2-242

十八、广州新华学院服装设计毕业作品展演

2024年5月25日，2024中国（广东）大学生时装周第十六场院校发布会——广州新华学院服装设计毕业作品展演于广州国际轻纺城举办。本次展演汇聚了24个系列110套广州新华学院艺术设计与传媒学院2020级服装与服饰设计专业优秀毕业学子的服装设计作品，展演主题多样，从岭南非遗木雕的现代诠释，到社会情绪的艺术性表达，无不体现了学生对于传统与现代、东方与西方美学的深刻思考和创新实践（图2-243）。

111

图2-243

十九、广州城市理工学院服装设计毕业作品展演

2024年5月25日，广州城市理工学院服装设计毕业作品展演作为2024中国（广东）大学生时装周第十七场院校发布会，在广州国际轻纺城正式上演。本次发布会以"向新逐质"为主题，象征着一种积极向上、追求卓越、注重质量和本质、勇于创新和适应变革的精神。来自广州城市理工学院珠宝学院的24位学生的系列作品悉数亮相，每件作品都凝聚着广州城市理工学院学子对时尚的独到见解和创意（图2-244）。

图2-244

二十、广州市白云工商技师学院服装设计毕业作品展演

2024年5月25日，广州市白云工商技师学院服装设计毕业作品展演作为2024中国（广东）大学生时装周第十八场院校发布会在广州国际轻纺城上演。本次服装设计毕业展演以"新轴心、新高度"为主题，体

现了设计师们对时尚前沿的敏锐洞察和无限创意。他们打破传统，勇于创新，以独特的视角和精湛的工艺，展现了对服装设计的深刻理解和热爱，为观众带来了一场视觉盛宴，同时也预示着时尚界的新趋势和新未来（图2-245）。

图2-245

二十一、广东女子职业技术学院服装设计毕业作品展演

2024年5月26日，广东女子职业技术学院服装设计毕业作品展演作为2024中国（广东）大学生时装周第十九场院校发布会在广州国际轻纺城举行，共展出了29组应用设计学院优秀毕业学子的服装设计作品。这些作品充分展示了学生的学习历程及学院产教融合成果，为我们带来了一场视觉与艺术的盛宴。此次展演作品展示了部分校企合作、产教融合的最新成果，从岭南非遗香云纱的现代诠释，到社会情绪的艺术性表达，充分诠释了当代年轻人对传统与现代、东方与西方美学的深刻思考和创新实践（图2-246）。

图2-246

二十二、广东科技学院服装设计毕业作品展演

2024年5月26日,2024中国(广东)大学生时装周第二十场院校发布会——广东科技学院服装设计毕业作品展演在广州国际轻纺城举办。本次作品展演的主题为"YAO曜·未来",毕业生以四年学习生涯为基础,运用扎实的理论基础和基本功设计出优秀的作品。希望毕业生们未来能继续勇敢地追求自己的梦想,不断探索和创新,努力创造出更多优秀的服装作品。同时,"YAO曜·未来"主题寓意着毕业生们像璀璨的星辰一样,既照亮自己的未来,也照亮服装行业的未来(图2-247)。

图2-247

二十三、广东文艺职业学院服装设计毕业作品展演

2024年5月26日,作为2024中国(广东)大学生时装周第二十一场院校发布会——广东文艺职业学院服装设计毕业作品展演在广州国际轻纺城圆满落幕。本次展演作品倾注了设计与工艺美术学院服装与服饰设计专业教师及毕业生的激情与汗水,经过一年多的精心策划、筹备和制作,最终精彩呈现。设计与工艺美术学院服装与服饰设计专业教师团队将传统服饰元素重新定位与整合,结合时尚流行和年轻人的审美态度,多元地与现代社会交流融合,奋力推动校企深度合作、产教深度融合的艺术设计人才培养共同体,致力为行业输出优秀的设计人才而不懈努力(图2-248)。

图2-248

二十四、北京理工大学珠海学院服装设计毕业作品展演

2024年5月27日,作为2024中国(广东)大学生时装周第二十二场院校发布会——北京理工大学珠海学院服装设计毕业作品展演在广州国际轻纺城成功举办。展演以"Opportunity·源启"为主题,汇聚了23个系列的新生设计力量,学生们既考虑设计的主题与风格,也细心地考量各元素在服装的色彩、材料、廓型、装饰工艺、缉缝工艺、妆容造型等层面的关系和联动,全面展现北京理工大学珠海学院的年轻时尚力,以新青年的无限创意激发产业新活力(图2-249)。

图2-249

二十五、广州市广播电视大学纺织服装分校服装设计毕业作品展演

2024年5月27日,作为2024中国(广东)大学生时装周第二十三场院校发布会——广州市广播电视大学纺织服装分校服装设计毕业作品展演在广州国际轻纺城成功举办。展演现场,众多才华横溢的学生以独特的创意和精湛的技艺,展现了当代大学生对时尚的

理解和追求，从创意十足的概念装到精致优雅的成衣，每一套作品都彰显出学生们的无限创意和对时尚的敏锐洞察力。参赛设计师们通过对材料、色彩和剪裁的巧妙运用，将自己的设计理念完美地融入作品，给观众带来了一场视觉盛宴（图2-250）。

图2-250

二十六、华南农业大学艺术学院服装设计毕业作品展演

2024年5月27日，2024中国（广东）大学生时装周第二十四场院校发布会——华南农业大学艺术学院服装设计毕业作品展演在广州国际轻纺城圆满落幕。本次作品展演以"且听，风吟"为名，寓意在茂密的森林里拨开层层迷雾，一瞥惊鸿。那曾是充满未知的世界，不知何处响起的风铃声引领他们"探索"，引导他们"创造"。风吟吹，吹雨、吹四季、吹万物，艺术学院学子在各自的道路上步步生花。他们打破成规，创造新思路，创造新世界。寻觅未知领域，他们将世间万物融入服装，用想象力打破二维局限。一瞥即惊鸿，惊于"破规，创美，传新"，艺术学院学子让服装不只是布料，而是生命在吟唱（图2-251）。

图2-251

二十七、广东职业技术学院服装设计毕业作品展演

2024年5月28日，2024中国（广东）大学生时装周第二十五场院校发布会——广东职业技术学院服装设计毕业作品展演在广州国际轻纺城举办。本次展演以"问界"为主题，跨越传统领域探索新领域，侧面反映了这批年轻设计师的信心，以及要在服装领域探索未知、突破界限的自觉与能力。此次展演部分作品采用3D虚拟展示，来自服装学院遴选的31个系列135套优秀毕业设计作品进行展出，为现场来宾呈现了一场精彩的视觉盛宴（图2-252）。

图2-252

二十八、广州大学美术与设计学院服装毕业作品专场展演

2024年5月28日，2024中国（广东）大学生时装周第二十六场院校发布会——广州大学美术与设计学院服装设计毕业作品展演在广州国际轻纺城举办。本次展演以"时光织绘"为主题，通过服装设计作品展现了学生们大学四年的成长历程与时代变迁。设计师们巧妙地将情感与经历融入作品，运用独特的灵感和工艺，将无形的时光记忆转化为可视化的服装艺术。现场展示了17位设计师的85件作品，涵盖了先锋视觉、民俗文化、非遗元素等题材，体现了中华传统与现代潮流的融合，以及对未来时尚趋势的探索（图2-253）。

图2-253

二十九、广东省城市技师学院服装设计毕业作品展演

2024年5月29日，2024中国（广东）大学生时装周第二十七场院校发布会——广东省城市技师学院服装设计毕业作品展演顺利举办。本次展演以"非遗时尚·绿色科技"为主题，展示了非遗钉金绣、传统竹编与植物染、岭南醒狮文化及科技创新与时尚的结合等服装设计作品。在广东省城市技师学院"钉金绣"技能大师工作室的示范引领下，本次设计作品呈现了不少非遗与时尚碰撞的元素，《编编起舞》体现了学生对非遗竹编的巧妙设计，《觉醒狮代》将人们喜闻乐见的醒狮文化融入成衣设计，《国潮新生》将传统文化元素融入卫衣设计，展示了学生们对非遗时尚的独特视角（图2-254）。

图2-254

三十、广东理工学院艺术设计学院服装设计毕业作品展演

2024年5月29日，2024中国（广东）大学生时装周第二十八场院校发布会——广东理工学院艺术设计学

院服装设计毕业作品展演在广州国际轻纺城成功举办。此次展演以"Trend Wave"为主题，旨在激发学生捕捉并引领设计界的新趋势，通过融合创新技术、可持续理念及跨学科合作，创作前瞻又具社会影响力的毕业设计作品。本次展演分为创意组、民族组、成衣组、礼服组4个系列，35位设计师携23组优秀设计作品进行展演，为现场来宾呈现一场精彩的视觉盛宴（图2-255）。

图2-255

三十一、青春逐梦，金顶引航——广东服装设计新质人才培养交流会

2024年5月30日，作为2024中国（广东）大学生时装周的重磅活动，广东服装设计新质人才培养交流会在广州国际轻纺城特别召开。本次交流会以"青春逐梦，金顶引航"为主题，刘洋、李小燕、刘勇、张义超、毛宝宝五位中国服装设计最高荣誉"金顶奖"获得者与本届大学生时装周的展演服装院校代表开展对话，互通服装教育动态，分享市场最新趋势，共同探讨新发展背景下新质人才的培养议题（图2-256）。

图2-256

三十二、"广州国际轻纺城杯"2024广东大学生优秀服装设计大赛

2024年5月30日,在2024中国(广东)大学生时装周闭幕式上,来自26所非首次参加大学生时装周的院校,经选拔、展演、评审层层筛选,从复赛中脱颖而出的巅峰之作齐聚总决赛舞台,上演"终极对决",看点十足。时尚界的新秀们在融合各地域和民族文化特色的基础上,巧妙地将传统技艺与现代科技相结合,新中式、新国潮、机能风、无性别主义等多元风格轮番上阵,不仅设计美感爆棚,更突显实穿性和紧贴市场需求,为时尚界带来一股青春的清新之风(图2-257)。

图2-257

总决赛由广东省服装设计师协会终身荣誉会长、中国服装设计师最高荣誉"金顶奖"获得者刘洋担纲评判长,广东省服装设计师协会会长、中国服装设计师最高荣誉"金顶奖"获得者李小燕,中国服装设计最高荣誉"金顶奖"获得者、永汇服饰文化(深圳)有限公司艺术总监刘勇,中国服装设计最高荣誉"金顶奖"获得者、is.chao设计师品牌创始人张义超,中国服装设计最高荣誉"金顶奖"获得者、深圳欣寇服装有限公司总经理毛宝宝共同组成评审团。经过前期层层选拔以及现场角逐,最终,来自广东白云学院的许晓淇的设计作品《丝路绮梦》(图2-258)及来自广州市白云工商技师学院的李诗婷、罗杰、韦丽鸿的设计作品《宝岛飘香》(图2-259)分别摘获"广州国际轻纺城杯"2024广东大学生优秀服装设计大赛本科组、专科组金奖。此外,银奖(图2-260、图2-261)、铜奖(图2-262、图2-263)及优秀奖(图2-264~图2-267)也名花有主(表2-2)。

图2-258

图2-259

图2-260

图2-261

图2-262

图2-263

图2-264

图2-265

图2-266

图2-267

表2-2 "广州国际轻纺城杯"2024广东大学生优秀服装设计大赛获奖名单

组别	奖项	院校	姓名	作品名称
本科组	金奖	广东白云学院	许晓淇	《丝路绮梦》
	银奖	广东工业大学艺术与设计学院	戴雯淇	《共生家园》
	铜奖	湛江科技学院	黄阳清	《非遗"哈基米"》
	优秀奖	华南农业大学艺术学院	闵瑞雪	《茛恋》
		广东技术师范大学美术学院	吴春媚	《地铁高峰》
专科组	金奖	广州市白云工商技师学院	李诗婷、罗杰、韦丽鸿	《宝岛飘香》
	银奖	广东职业技术学院	郭泽宇	《枯木逢春》
	铜奖	东莞市技师学院	邓晶晶、曾怡婷	《暗香》
	优秀奖	广州市广播电视大学纺织服装分校	李振、张梦梦、李晓晶	《天神的哑水》
		广东轻工职业技术学院	张佳佳、张燕彤	《匠铸》

第十二届红棉国际时装周

2024年6月11~16日，第十二届红棉国际时装周以"行至旷野（Becoming）"为主题在广州红棉国际时装城、广州中大门接力上演。本届时装周聚焦全产业链联动、艺术潮流、数智化等热点，以多元化、包容性的时尚态度推动创新延续，吸引了300多个服装品牌、30多家面料供应商、2000多位服装设计师、300多位服装主播及时尚达人参与（图2-268）。

图2-268

一、男装订货会&品牌快闪

2024年6月11~16日，第十二届红棉国际时装周男装订货会在红棉国际时装城举行，现场名品荟萃，呈现一场多元化的时尚盛宴。O-CHOPPER-O和圣玳分别在7楼、8楼开设快闪展览，本次快闪活动进行了潮流男装、新复古风格、复古工装的风格展示，通过精心布置的展览区域，呈现其独特的设计理念和风格（图2-269）。

图2-269

二、设计师品牌秀ISAGO

2024年6月12日，ISAGO登陆第十二届红棉国际时装周，诠释当代青年文化新"型"态。ISAGO本次设计以兼顾户外文化与城市出行为出发点，从多种职业、场景吸取服装元素，结合水洗做旧、磨破、拼色、撞色等潮流工艺，展现新时代青年文化的个性潮流思想（图2-270）。

图2-270

三、设计师品牌秀幻象者

2024年6月12日，设计师品牌幻象者登陆第十二届红棉国际时装周。本次秀场进一步提炼品牌风格精髓——尊重内心自由。从暗黑的神秘主义中汲取全新灵感，保留标志性的黑色底色，以东方美学的肌理，结合不规则的廓型结构，呈现现代都市感和无性别化（图2-271）。

图2-271

四、韩国设计师品牌秀MEYOOMI

2024年6月13日，MEYOOMI登陆第十二届红棉国际时装周，演绎一场成熟优雅的美学盛宴。MEYOOMI 以巧妙的拼色、剪裁淡化了商务服装原有的严肃刻板属性，大胆运用丰富的印花，在保留原有版型的干练气质和面料质感的同时，注入活泼的艺术属性（图2-272）。

图2-272

五、热点优选面料会

2024年6月14日，第十二届红棉国际时装周与广州中大门依托当时热点趋势，于T11艺术中心联合举办热点优选面料会。数十家优质面料品牌及逾2000名精英服装设计师参加本次活动，彰显时尚产业的新活力。本次面料会注重品牌的多元化以及高品质，来自广州、杭州、柯桥等国内面料集群地、具有强劲研发能力和品牌知名度的面料商集结成超强的品牌阵容，为现场设计师提供更多元、更前沿的面料产品推荐（图2-273）。

图2-273

六、面料品牌×艺术家联名展

2024年6月15日，一场别开生面的艺术家联名展在广州中大门火热开幕，本次展览由广州中大门联合裴吉时尚视觉呈现，众多时尚达人与潮流人士在T11

艺术中心，开启时装艺术沉浸之旅。裴吉时尚视觉是由梁裴和Wendy两位年轻人组成的以服饰造型视觉为核心的创意团队，以服饰为媒介，通过搭配造型、加工改造、设计创造等方式实现极具视觉化的造型呈现，同时注重服饰文化的内核发展，研发服饰文化的起源发展和当今的商业应用等，让每一个时期的服饰都能呈现出商业与艺术的表达（图2-274）。

图2-274

七、韩国设计师品牌秀JA&DOBB

2024年6月15日，韩国设计师品牌JA和DOBB登陆第十二届红棉国际时装周。JA的常青不朽、DOBB的色彩美学，汇聚成各异的时尚符号在广州中大门T11艺术中心碰撞辉映。

JA以新古典音乐为主题，为整体服装注入浓郁的韩系英伦风情。挺拔利落如松柏，风姿优雅如飞鹤，简约的设计搭配形成一眼可见的时髦感与气场。不同年龄的模特们，不拘年龄定义，于秀场上以突破展现自我，展现着他们的生命力。为在场观众演绎时尚真理——纵使年岁渐长，但不褪流行（图2-275）。

图2-275

DOBB秀场系列延续品牌长久以来的色彩脉络，对色彩进行协调搭配，营造强烈的视觉冲击，向穿衣者传递轻快、愉悦的感觉（图2-276）。

图2-276

八、POP UP SHOW

2024年6月16日，第十二届红棉国际时装周收官之日，在红棉国际时装城一场超燃快闪秀魅力来袭，通过POP UP SHOW的形式打破潮流的界线，将潮流文化带入大众的视野中，让潮流与大众审美零距离碰撞，推动观众对时尚、对生活进一步思考，勇于去挑战新事物，步入自由表达的旷野，在这个充满不确定性的世界中活出精彩（图2-277）。

图2-277

第十三届红棉国际时装周

2024年11月18~21日，第十三届红棉国际时装周在广州圆满举办。随着时尚产业全面掀起数智化新篇章，从上届主题"行至旷野"到本届主题"新生启明"，红棉国际时装周持续进阶，为行业描画出一幅万象更新的中国时尚产业新图景（图2-278）。

图2-278

本届时装周持续引领产业数智化升级，在红棉国际时装城、广州中大门两大时尚地标同期上演，聚焦原创设计、数实融合、新质生产力等行业热点，涵盖国际设计师品牌秀、全品订货会、趋势发布、行业论坛、潮流快闪等时尚活动，联动约3000家原创设计师品牌、超过1000名设计师共同参与。

从传统时装周发展为数智化时装周，十三届以来，红棉国际时装周以不同质态持续发挥窗口和纽带作用，深度链接产业链上下游，赋能中国服装设计师品牌的高质量发展。围绕时装周这一产业盛事，不断加码模式创新、技术革新、互动升级，以产业数智化的加速发展推动着传统时装周的迭代升级，助力中国服装设计师品牌缩短"追梦"到"圆梦"的现实链路，实现从"势"到"能"的蜕变跃迁。

一、中纺企协数智化管理专业委员会成立会议暨纺织全产业链数智化协同研讨会

为充分发挥数字要素在提升产业链协作水平、中小企业效能方面的作用，推动新一代信息技术在纺织产业集群、园区、企业管理服务过程中的广泛应用，推广纺织服装产业链相关的智能制造、数智化营销、信息化管理等多层次技术成果。2024年11月18日，中纺企协数智化管理专业委员会成立会议暨纺织全产业链数智化协同研讨会在广州召开。会上中纺企协数智化管理专业委员会阵容向全行业亮相，并举行了"数智化管理提升行动进集群"发起仪式（图2-279）。

图2-279

二、设计师品牌秀Project_VIA

2024年11月18日，原创设计师品牌Project_VIA"边界流动"主题秀登陆第十三届红棉国际时装周，正式开启时装周日程。Project_VIA以解构、扭曲、不对称设计和多功能性作为本系列特点，运用拼接、打揽、抽绳等工艺，创造出动态的视觉效果和提升服装的实用性，展现了品牌对传统工艺的尊重和创新精神（图2-280）。

图2-280

三、韩国设计师品牌秀MEYOOMI

2024年11月19日，韩国设计师品牌MEYOOMI登陆第十三届红棉国际时装周，将经典风格与自由灵感演绎得淋漓尽致。色彩与图案的巧妙搭配，让每一件服装都散发独特的个性。MEYOOMI完整保留了商务装简洁的线条，同时通过有机的色调，展现出不拘一格的创意与活力。每一件作品都是对都市风格与艺术完美结合的探索，提升了穿着场合的多样性（图2-281）。

图2-281

四、韩国设计师品牌秀EASY NO EASY、EST.、OUA、VNVT

2024年11月19日，GDH旗下韩国设计师品牌EASY NO EASY、EST.、OUA、VNVT携手亮相第十三届红棉国际时装周，前卫风、街头风和现代风等轮番登场，无拘呈现多元风格（图2-282）。

图2-282

EASY NO EASY的设计语言融合了现代都市时尚与经典元素，展现出一种无性别的多元风格。秀款设计兼顾服装实用性和包容性，如夹克的口袋、运动衫的舒适剪裁，同时通过装饰性元素如条纹、拼接等，强调视觉层次和服装质感（图2-283）。

图2-283

EST.秀款选用棉、丝绸和针织等多种材质，并融入当前流行廓型，如高腰设计、宽松裤腿等，修饰身材的同时，还为穿衣者提供舒适穿着体验和丰富质感。精心构思的设计元素赋予每件作品独特的魅力，满足不同消费者个性化需求（图2-284）。

图2-284

OUA秀款设计讲究细节，如蕾丝装饰、镂空、纽扣等，巧妙提升服装的精致度和女性韵味。色彩上采用柔和的色调，经典且百搭，使穿着者能够轻松驾驭不同场合，为追求时尚和舒适的现代女性提供多样选择（图2-285）。

图2-285

VNVT采用不对称剪裁和层叠下摆的设计，展现丰富的结构层次感。长上衣与短下装的搭配，不仅增添了视觉的趣味性，还彰显了独特的个性风格。全黑色系的运用，更是完美呈现了极简主义的美学（图2-286）。

图2-286

五、设计师品牌秀DI·WEISI（帝·维斯）× Lihonkai

2024年11月20日，DI·WEISI（帝·维斯）携手独立服装设计师Lihonkai登陆第十三届红棉国际时装周，探索时尚艺术的融合之旅。Lihonkai以其独特的设计语言，将"废土""度假"与"工装"三大主题融入DI·WEISI（帝·维斯）的系列中，运用丰富的色彩和图案，为服装注入了活力和个性，再搭配玩偶、书籍等道具，不仅体现了"度假"主题的轻松和愉悦，也暗示了"废土"主题的重生与希望（图2-287）。

图2-287

六、设计师品牌秀达仕琦

2024年11月20日，达仕琦登陆第十三届红棉国际时装周，以牛仔艺术表达更坚定、更自我的态度。达仕琦本系列设计将独特的复古未来主义风格表露无遗。经典的水洗、烧花创造出独特的复古质感和色彩渐变，保留牛仔魅力。各具特点的牛仔面料裁剪拼接，打破牛仔面料的传统结构，创造出意想不到的视觉效果（图2-288）。

图2-288

2024世界服装大会

2024年11月20~24日，2024世界服装大会、第27届中国（虎门）国际服装交易会、2024大湾区（虎门）时装周在东莞虎门同期举办。"三会"联动带来了令人惊喜的收获，实现了"会""展""秀""赛"的紧密融合，以及动态与静态、线上与线下的紧密融合，进一步提升了虎门服装产业在世界上的影响力（图2-289）。

图2-289

一、2024世界服装大会：五大成果彰显国际影响力

2024年11月20~22日，2024世界服装大会在虎门成功举行。作为全球服装行业最体现专业化、国际化和时尚化的重要平台之一，2024世界服装大会集聚了来自欧、亚、非三大洲的法、意、英、日、韩、越、印等20个国家和地区的700多名嘉宾出席，参会国家和地区数超上一届。

2024世界服装大会以"融和：共同发展的力量"为主题，共同探讨和推动全球服装行业的国际合作、创新与可持续发展。大会在嘉宾阵容、主题研讨、活动聚合、成果转化、传播影响力方面取得了五大显著成效，携手全球行业人构建时尚行业命运共同体。

一是嘉宾阵容更加强大，海内外宾朋重磅参与。本次大会邀请了来自20个国家和地区的700多名行业领导、地方政府人员、知名企业品牌负责人和知名设计师等参会，法国嘉宾团是本次大会亮点，法国

Steven Passaro品牌主理人、设计师，迪奥前高定设计师Isabelle Anselot等嘉宾带来了前沿时尚视角。中华人民共和国商务部市场体系建设司、工业和信息化部消费品工业司、中国纺织工业联合会等来自国家部委、行业协会，以及广东省厅、驻穗使领馆、东莞市、虎门镇的领导嘉宾参会。

二是大会主题更加深远，展现中国服装业责任担当。大会以"融和：共同发展的力量（Collaboration for a Win-Win Future）"为主题，倡导全球服装行业坚定信心、增强信任，积极面向未来、共同开展行动，携手构建融通联动、和衷共济的高质量伙伴关系，在开放包容中凝聚增长智慧和力量，在开拓创新中激发合作潜能与活力，推动实现更可持续、更加公平、更有韧性的全球发展，展现中国服装行业作为全球时尚产业重要一环的责任与担当（图2-290）。

图2-290

三是大会活动更加丰富，多元活动同频共振。本次大会举办了一系列精彩活动，活动数量及质量再创新高。同期，第27届中国（虎门）国际服装交易会暨2024大湾区（虎门）时装周与大会同步举行，实现三会联动。大会通过聚焦科技创新、时尚创意、绿色发展的主题发布活动，和聚焦时尚面料动向、时尚色彩、纺织服装标准创新的卫星发布活动，直面科技创新、产业变革、全球增长、绿色发展等时代课题，商讨未来发展趋势和方向，开辟国际合作空间与路径。多位

国际知名设计师分别就如何定义设计的角色和价值，推动品牌传承创新，应用新技术、新知识重塑设计思维和产品形态，拥抱年轻消费者，推出关于新的产品和服务等议题展开商讨（图2-291）。

图2-291

时尚创意发布演讲嘉宾、法国迪奥前高定设计师Isabelle Anselot现场分享了其高级定制和成衣，认为可以将它们结合在一起，这是结合，更是创新，中国人和法国人一样，都会积极分享高级定制以及普通的成衣，因为服装不仅仅是时尚，还是身份的象征，是世界时尚原本的意义。

时尚面料动向发布活动演讲嘉宾、赛得利集团下游市场拓展经理江建国表示，以前由于价格及技术原因，莱赛尔纤维只能在一些机织、牛仔及家纺面料上得到小部分的应用。如今由于较低的成本，配合下游的染整技术，莱赛尔纤维得到更普遍的应用，如在针织、家纺、机织，在时装及运动装上。接下来，该司努力将莱赛尔纤维打造成绿色高品质纺织品，让莱赛尔纤维不再仅仅是一种高档产品，而在相当多时候作为一种质优价廉的纤维，进入更多消费者的日常生活中。

时尚创意发布会参会嘉宾、马来西亚设计师协会会长Jay Ishak认为大会对时尚界，尤其是对马来西亚的时尚界来说非常有意义，有助于将马来西亚的时尚产业提升到更高的水平。时尚是全球性的，他愿意与大家一起分享如何整合文化时尚，让每一代人都能了解每个国家都有自己的时尚故事，在进行文化外交时，支持彼此的时尚创意。大会对马来西亚和中国来说都是一个特殊的时刻，今年是中马建交50周年，希望接下来两国服装行业能够有更多机会合作，互利共赢。

科技创新发布活动演讲嘉宾、赛趋科软件中国区高级行业顾问孙骏表示，未来的创新技术一定是围绕着创造消费者价值方面，即技术怎么更好地为消费者服务，在AI应用上，该司打造了一个时尚行业的数据集，形成了其专有的为时尚行业服务的、更有倾向性的、更加为设计师服务的提供灵感提示的应用。

纺织服装标准创新发布活动演讲嘉宾、专家、国家重点研发计划项目负责人王际平表示，会议重点聚焦中国怎么走向国际化，怎么让标准走向国际化。

大会期间，虎门卡蔓、木棉道分别以"字母植绒西装半裙套装""木棉纤维的植物染色及手工工艺连衣裙"入选"2024年度十大类纺织创新产品"。

四是大会成果做深做实，美好愿景转化为丰富实践。本次大会上成功发布《2024世界服装大会虎门愿景》，并宣布成立GAC世界服装大会虎门联络处、

STAR 亚洲地区可持续纺织网络中国联络处，美好愿景正不断转化为丰富实践。聚首虎门、聚焦合作、聚力创新。两个联络处的设立，将为全球服装产业的合作提供常态化的机制保障，促进资源整合和长期价值的创造（图2-292、图2-293）。

图2-292

图2-293

面向未来，《2024世界服装大会虎门愿景》提出如下倡议。第一，优化合作谋发展。提升产业发展的公平性、包容性和普惠性，构建高质量伙伴关系开展全方位交流合作，共同满足世界人民对高品质生活的美好追求。第二，深化创新向未来。推动产业体系的数字化、智能化、绿色化，拓展新兴领域合作，激发内生增长动力，共同拥抱新一轮科技革命和产业变革的时代浪潮。第三，强化协同铸价值。增强产业链供

应链的稳定性、确定性和融通性，整合全球资源、创造长期价值，共同营造和维护更加公平、友善、开放的国际环境。让我们以诚相待、相向而行，共建相互理解包容、彼此信任支持的全球行业大家庭。2024 世界服装大会发布虎门愿景凝聚和谐共美、和衷共济、和合共生的全球智慧，开辟世界服装行业大发展大繁荣的广阔空间。

会上举行了虎门服装产业合作动向发布。包括东莞市虎港供应链有限公司签约仪式、东莞服装产业数字化云平台"莞服云"、POP 设界·虎门设计城、遥望虎门直播电商基地签约仪式。合作项目涵盖外贸出口、数字转型、创意设计等多个领域，将为虎门服装产业高质量发展注入强劲推动力、支撑力。

五是宣传推广效果深远，总传播量破亿。本次大会通过国际国内、线上线下多层次、多渠道、多元化传播，实现了深度传播，大会美誉度、影响力持续增强。大会邀请百家媒体进行全程全息传播报道，得到新华网、经济日报、央视网、中新网、中国网、凤凰网、中国经济网、纺织服装周刊等百家媒体报道。同时，线上线下互动，实现短视频、直播、社交媒体平台多元化覆盖，充分展现了大会影响力。开幕大会被十余家直播平台同步直播，累计直播观看量超过6000万人次，微博话题阅读量超5000万人次，抖音平台词条播放量超677万人次。总传播量已过亿。

二、第27届中国（虎门）国际服装交易服交会：近五千企业参展，百余外商与虎门企业对接

第27届中国（虎门）国际服装交易会展会面积达30多万平方米，参展企业4900多家，其中虎门会展中心的主会场面积10000平方米，云集了品牌企业100多家，既有以纯、听雨轩、纽方、安那迪、意澳、魅之女、艾帕拉、三苑宜友、彩色笔等众多本土品牌企业及富民、黄河等专业市场，还吸引了POP设界、跨界电商平台TEMU、香港设计师品牌Zearzz、S.O.S等外地知名企业参展。全面展示了独具虎门特色的服装服饰产业供应链，主会场特设女装区、童装区、男

装区、休闲装区、国风区、内衣区、供应链区、外贸专区、设计师廊等多个专区，集结了各领域最具代表性的实力企业，汇聚了"中国最佳女装设计师"陈龙、"中国十佳时装设计师"孙贵填、虎门两位新晋"中国十佳时装设计师"邓晓明（安那迪品牌）和丘依婷（艾帕拉品牌）等多位国内顶尖服装设计师。期间举行了展位形象评比活动，并在11月24日的"古韵新裁·龙耀虎门"——来龙中式服装时尚发布会上举行了颁奖典礼，安那迪获"最具时尚视觉奖"，黄河时装城获"最具时尚艺术奖"，卡蔓、木棉道、男眼、丽百年、兆旭等联合展位获"最具时尚创意奖"，以纯获"最具观众人气奖"，纽方获"最具品牌风格奖"，富民时装城获"最受网友欢迎展位奖"，来龙获"特别贡献奖"（图2-294）。

除了展位静态展示，为了帮助企业拓展海内外市场，虎门特地组织安排了多场对接活动，包括国际设计力量与中国时尚品牌交流会、东莞虎门服装产业资源对接会、东莞虎门服装产业供需对接会、虎门服装产业推介暨城市品牌形象发布活动等。其中的东莞虎门服装产业供需对接会，吸引了来自乌克兰、摩洛哥、俄罗斯、埃及、法国、阿根廷、巴基斯坦、哥伦比亚、尼泊尔、苏丹、孟加拉国、坦桑尼亚等20个国家的100多位采购商，前来与20家虎门企业进行面对面交流，实行零距离供销对接。2024虎门富民时装节暨富民时尚优选品牌采购节也同时举办。广东富民·2024虎门半程马拉松赛事等活动，为本届服交会带来了不息的活力（图2-295）。

展会结束后，企业好评如潮，纷纷表示收获满满：一是现场交易火爆。据不完全统计，在两天的公众开放日中开放零售交易的企业，每家现场成交额多在5~20万元。二是意向对接火热。设计师品牌"衣你"（张雯喧）收获300多位意向客户，并与其中两家达成合作，设计师品牌"寅木"（林松）收获10多位高级定制客户及2位合作商，外贸企业年泰服饰、奔踏服饰与

图2-294

图2-295

30多家外商建立联系，客商来自苏丹、俄罗斯、孟加拉国、尼泊尔、印度等国，欧尔美、柏祥等均收获意向客户近20家，来自欧美、俄罗斯等地，雷洛乔治男装、元禾国风服饰等均有10多位客商咨询加盟事宜，客商来自福建、江西、贵州、广州、深圳、佛山、惠州等地，纽方女装表示，来自深圳等地的多家知名商场均表达了合作意向，安那迪女装也收获多位意向客户。三是品牌影响力进一步提升。自品牌成立起，连续20年参展的露蒂诗内衣负责人表示，虎门服交会举办27届了，在业界具有很高的知名度和影响力，每年都有不少客户向露蒂诗咨询什么时候有服交会，说她们要来买衣服，今年也不例外，展会期间，该品牌实际的成交额也达到预期，同时通过参展，品牌的形象和竞争力也得到了提升。

活动期间，不仅主会场迎来客商及观众7万多人次，就连各大分会场也人流如织，达20万人次，同比增长近20%。据统计，活动期间，虎门酒店平均入住率近八成，虎门公园周边酒店——豪门大饭店、汇源雅高美爵酒店、亚朵酒店、金银岛国际大酒店、智选假日酒店满房。

三、2024大湾区（虎门）时装周：时尚潮·东莞造，时装大秀凸显虎门时尚魅力

2024年11月21日，在虎门会展中心时尚发布厅，"纽方·东方时尚"——NEWFOUND纽方2025春夏东方时尚发布会拉开了2024大湾区（虎门）时装周的序幕。以纯、安那迪、意澳、艾帕拉、来龙、初时在、富民春夏时尚等知名品牌，以及中国最佳女装设计师陈龙、虎门两位新晋中国十佳时装设计师邓晓明和丘依婷等知名设计师的大秀相继上演，通过风格各异的时装表演，动态演绎最新的时尚流行趋势。POP设界·虎门设计城项目发布仪式同时举行，现场进行了POP趋势×虎门流行趋势主题分享（图2-296）。

图2-296

以"融与容"为主题的第24届"虎门杯"国际青年设计（女装）大赛，于2024年11月22日晚在虎门会展中心时尚发布厅举行总决赛，初赛入围的30组来自世界各地的优秀选手，在光影闪烁的T台上激烈竞逐，最终来自广州的师生组合选手沈丽莉、韦丽鸿以作品《色之形式》一举夺得金奖，同时还产生了2名银奖、3名铜奖和10名优秀奖。

大湾区（虎门）时装周由创立于2014年的虎门时装周升级而来，迄今为止，已成功举办十一届，汇聚大湾区乃至国内外优质产业资源，通过举办品牌及设计师作品时尚秀、设计大赛、趋势讲座等活动，培育挖掘时尚创意人才、助推品牌成长，成为大湾区颇具时尚引领力的时装周之一。

第24届"虎门杯"国际青年设计（女装）大赛

2024年11月22日晚上，第24届"虎门杯"国际青年设计（女装）大赛总决赛在虎门会展中心时尚发布厅举行。经过激烈角逐，来自广州的师生组合选手沈丽莉、韦丽鸿以作品《色之形式》一举夺得金奖（图2-297、图2-298）。

图2-297

图2-298

"虎门杯"国际青年设计（女装）大赛，由中国纺织信息中心、中国国际贸易促进委员会纺织行业分会、中国服装协会、中国服装设计师协会、广东省服装服饰行业协会、广东省服装设计师协会、东莞市虎门服装服饰行业协会联合举办，是虎门时尚界的一大盛事，今年已迎来了第24届。本届大赛，组委会共收到来自日本、韩国、菲律宾、罗马尼亚、瑞士、俄罗斯、英国、加拿大等 13 个国家，以及中国广东、浙江、江西、江苏、湖南等 30 个省市区和港澳台地区的设计

稿件近 2000 份参赛作品。经过初赛的严格筛选后，来自南非、泰国、日本及中国大陆的 30 组选手的优秀作品进入了决赛。

为体现大赛的权威性，总决赛特邀多位重量级评委，评判长由中国服装设计师协会原主席、清华大学美术学院教授、博士生导师李当岐担纲。评委阵容也很强大，包括广东省服装设计师协会终身荣誉会长、中国服装设计师最高荣誉"金顶奖"获得者刘洋，中国服装设计师协会副主席、服装设计"金顶奖"设计师、上海田时服装科技有限公司创意总监、中国美协服装艺委会委员武学凯，中国服装设计师协会副主席、两届中国服装设计师最高荣誉"金顶奖"获得者、Beautyberry品牌创始人王钰涛，英国皇家特许纺织服装专家、英国纺织学会会员陈志敏博士，加拿大多伦多城市大学（曾用名瑞尔森大学）创意时装学院研究生项目主任、副教授奥斯穆德·拉曼，ESMOD广州法国高等服装设计学院、资深制板教授、国际知名板型技术专家李大山（图2-299）。

图2-299

金奖获得者、来自广州的师生组合选手沈丽莉、韦丽鸿表示，这次参加"虎门杯"大赛并获得金奖感到特别开心。其作品灵感来源于一幅画作，她们提取画作中的元素进行抽象艺术变形运用到此次的服装设计中，融入多种工艺手法，尝试将现代元素与非遗元素进行融合，使其既突出创新设计，又契合市场的商

业价值。工艺上不乏创新之处,将印花、激光雕刻技术与刺绣、手绘融合,在面料上融合了牛仔面料与香云纱提花面料,色彩方面,应用了今年巴黎奥运会上的流行色、《只此青绿》中的蓝绿色为主要色彩,进行巧妙的转换。此次金奖奖励十分丰厚,奖金高达15万元(图2-300)。

图2-300

赛后,评委们均对大赛给予了高度评价。评委们表示,"虎门杯"国际青年设计(女装)大赛作为国内最具影响力的国际设计大赛之一,搭建了国内外服装设计思维交流和碰撞的宝贵平台,成为年轻设计师展现设计创意、实现时尚梦想的舞台。20多年来,赛事挖掘和培育了大批优秀的女装设计人才,为国内外女装行业的发展做出了重要贡献。同时,赛事也见证了中国服装产业特别是虎门服装时尚产业的成长,对服装行业有着特殊的意义(图2-301)。

图2-301

《2024年人才友好型城市研究报告》发布,东莞入选2024年全国最佳人才发展生态城市。本次大赛被纳入2024东莞高层次人才活动周暨人才系列主题活动嘉年华的活动之一,以高规格高水平高质量吸引海内外服装设计人才汇聚此地,让"是人才 进莞来"的引才口号更加响亮。众所周知,"虎门杯"国际青年设计(女装)大赛曾培育挖掘了不少优秀人才,从这项大赛上曾走出多位目前已获得"中国十佳时装设计师"等称号的国内顶尖设计师,如陈龙、黄光辰、宋祖耀等,当晚的大赛评分环节,宋祖耀为现场观众带来了一场别具特色的时尚秀(图2-302)。

图2-302

在得知虎门正努力为设计创意人才打造虎门设计城之时,金奖获得者、师生组合选手沈丽莉/韦丽鸿表示,对虎门印象非常好,感觉虎门是很热闹、很温暖的一个城市,时尚氛围好,有以纯等众多知名品牌,而且在培养设计师方面提供了很多平台,如有合适机会,会考虑来虎门发展。

大赛决赛获奖名单如下:中国广州的师生组合选手沈丽莉、韦丽鸿以作品《色之形式》一举夺得金奖(图2-303),中国浙江马海昆、谭凯组合的《筚路蓝缕 以启山林》(图2-304)和中国广东雷小萍、李冬生组合的《鸣沙山月牙》获银奖(图2-305),中国广东彭树楠、中国李白/日本平冢笃史组合、韩国马亮分别以作品《万象圆觉》《纸上弹丝》《山色空蒙》获得铜奖(图2-306~图2-308)。此外还有10个优秀奖(表2-3)。

图2-303

图2-304

图2-305

图2-306

图2-307

图2-308

表2-3 第24届"虎门杯"国际青年设计（女装）大赛决赛获奖名单

奖项	姓名	地区	作品名称
金奖 GOLD PRIZE	沈丽莉、韦丽鸿 Shen Lili/Wei Lihong	中国（广东） China（Guangdong）	色之形式 The Form of Color
银奖 SILVER PRIZE	马海昆、谭凯 Ma Haikun/Tan Kai	中国（浙江） China（Zhejiang）	筚路蓝缕 以启山林 Blazing a Trail through the Wilderness
	雷小萍、李冬生 Lei Xiaoping/Li Dongsheng	中国（广东） China（Guangdong）	鸣沙山月牙 Mountain and Crescent Moon
铜奖 BRONZE PRIZE	彭树楠 Peng Shunan	中国（广东） China（Guangdong）	万象圆觉 Universal Enlightenment
	李白、平冢笃史 Li Bai/Hiratsuka Atushi	中国/日本 China/Japan	纸上弹丝 Make Silk on the Paper
	马亮 Ma Liang	韩国 Republic of Korea	山色空蒙 Mountains and Empty
优秀奖 EXCELLENCE PRIZE	沈子洲 Shen Zizhou	中国（陕西） China（Shaanxi）	尼苏 NISU
	郭思羽 Guo Siyu	中国（广东） China（Guangdong）	启元共融 Initiating Harmony
	栾佳一 Luan Jiayi	中国（河北） China（Hebei）	心若向阳 次第花开 If the Heart Turns to the Sun, the Flowers Bloom
	刘文波、牛雅芳 Liu Wenbo/Niu Yafang	中国（山西） China（Shanxi）	铁锤声声入画来 The Echo of Hammering Shapes the Canvas
	吉拉·德·布莱恩 Keela de Bruin	南非 South Africa	定义我们的界限 Lines that Define
	陈玲歆 Chen Lingxin	中国（北京） China（Beijing）	魑魅俪影 Spirits and Shadows
	关海燕 Guan Haiyan	中国（安徽） China（Anhui）	闲敲棋子落灯花 Tapping Chess Pieces
	喻思思、黄铭浩 Yu Sisi/Huang Minghao	中国（广西） China（Guangxi）	幽兰生于林樾 Orchids in the Shade
	李榕婷 Li Rongting	中国（广东） China（Guangdong）	结 Knot
	谢逸卓 Xie Yizhuo	法国 France	破茧 Breaking the Cocoon

2024广东服装大会

2024年12月6~7日，2024广东服装大会在清远成功召开，以"产业融合·时尚领航"为主题，精心策划"1+N"系列活动，政府代表、行业专家、领军企业、科研院所及服务机构同台对话，群策群力探索时尚发展新方向，通过智慧碰撞，共谋纺织服装时尚产业的高质量发展蓝图，引领行业迈向更加辉煌的未来（图2-309）。

图2-309

中国服装设计师协会副主席谢方明，广东省工业和信息化厅二级巡视员庄乐从、清远市委常委、秘书长、统战部部长林科聪，清远市人民政府副秘书长张佐，清远市工信局党组书记、局长李晓宇，清远市国资委党委书记、广清纺织园管委会副主任罗伟民，清远市国投集团党委书记兼董事长、广清纺织园管委会副主任郭静文，广东省服装服饰行业协会会长刘岳屏、执行会长卜晓强，广东省服装设计师协会会长李小燕等超过300位嘉宾出席大会。

一、前瞻洞察，领航广东服装新质未来

本次大会旨在贯彻落实省委、省政府关于推动产业有序转移、促进高质量发展的工作部署，加快发展现代轻工纺织战略性支柱产业集群，促进产业迈向全球价值链高端，促进服装产业区域协调发展。会上，领航者们进行了一系列高屋建瓴的发言，通过对产业发展趋势的深刻把握和前瞻性回应，为行业指引了未来方向。

广东省工业和信息化厅二级巡视员庄乐从在致辞中指出国家坚定推动纺织服装等传统产业发展不动摇。省委、省政府把轻工纺织产业列为全省十大战略性支柱产业之一，今年省政府工作报告明确提出支持纺织服装等传统产业提质增效，实现增品种、提品质、创品牌。省工业和信息化厅牵头出台《纺织服装产业高质量发展实施意见》等政策文件，推动纺织服装等传统产业优供给、促升级。希望纺织服装行业企业坚定信心，紧抓机遇，一心一意谋发展，积极融入数字化、智能化、绿色化潮流，加快推进企业提质增效，推动

行业高质量发展取得新的成效（图2-310）。

在挑战中谋机遇，在压力下求突破（图2-312）。

图2-310

中国服装设计师协会专职副主席谢方明在致辞中提到借此次大会的契机，中国服装设计师协会携手广东省服装服饰行业协会、广东省服装设计师协会，正式建立常态化的互动联络机制，通过在中国国际时装周设立"广东日"，探索构建"中国十佳服装设计师"全国各省推荐评价体系框架的试点及联动机制，促成时尚发布平台的集成互补，打造设计人才的融通之路，以"融"之力量推动中国时尚发展向世界、向未来（图2-311）。

图2-311

广东省服装服饰行业协会会长刘岳屏在主旨发言中与大家分享了广东的产业情况和新质实践。他表示本次大会的主题，也是当今服装产业蓬勃发展的关键脉络。在产业共融与时尚引领的双轮驱动下，广东服装产业正持续焕发无限的生机与活力。2025年，广东服装行业同仁，更加需要携手共进，用团结汇聚力量，用创新驱动发展，用协同提升效益，用时尚引领市场，

图2-312

二、万亩千亿，清远时尚跑出加速度

众所周知，广东历来就是中国的时尚高地、纺织服装产业强省。在传统优势领域巩固提升的同时，以"中国快时尚智造基地"清远为代表的新兴产业集群正在快速崛起。2022年，省委、省政府作出关于推动产业有序转移促进区域协调发展的决策部署，支持清远承接产业有序转移主平台特别是广清纺织服装产业有序转移园建设，把广清纺织园纳入省重点支持建设五个主平台。清远市委常委、秘书长、统战部部长林科聪在致辞中回顾了园区近两年来的发展历程与成果，指出目前已培育出良好的产业生态，实现了纺织服装产业从无到有的华丽蝶变，并表示未来会继续加快园区建设进度，全力推动"万亩千亿级"广清纺织服装产业有序转移园建设，打造"中国快时尚智造基地"（图2-313）。

图2-313

会上，广清纺织园管委会主任助理许洁涛向大家进行了清远时尚产业推介。从区位、成本、营商环境等多个方面呈现了清远的独特优势。据介绍，目前，园区已打造共享版房、电商基地、面辅料馆、检验检测中心、纺织设备服务基地等产业配套，推进新宿舍、新饭堂、公交及物流专线、半月湾时尚荟体育公园、国投·天安PARK生活休闲区等生活配套建设，希望更多企业家到清远来，共创共享中国纺织服装产业新未来（图2-314）。

图2-314

大会期间，一众与会嘉宾实地考察了广清纺织服装产业有序转移园，走进园区企业及相关机构，搭建起园区管委会与企业家深入交流、建联的平台，提升招商实效，助力行业多维度、多角度了解清远时尚产业的价值方向和实践路径（图2-315）。

图2-315

三、思潮交汇，探讨产业共融的深与广

回首2024年，行业在变革与时代浪潮中砥砺前行，广东服装品牌务实拼搏、敢为人先，积极融入全球市场，创新融合多元元素，在多个领域实现突破与创新。聚焦产业热议的出海、文化等话题，在含金量最高的行业趋势及创新案例发布环节，广东品牌代表结合实践经验和创新思维进行了主题分享，为行业提供值得学习和深度思考的良好发展示例。

在当今中国商业的主流叙事体系中，"不出海，就出局"已成为广泛流传的观点。作为全球知名的快奢时尚品牌，UR"生而全球化"，在海外不断拓展疆域，一直是广东服装学习的出海典范。UR品牌创始人李明光回应"融入全球化"的热点关切，分享了UR母公司FMG集团在全球化的一系列举措。他提到"时尚不仅是我们的事业，它还是我们与世界对话的语言。集团以'打造千亿营收规模的全球时尚集团'为目标，期待与更多同仁共启高质量发展，加速踏上全球化壮丽征程，向世界讲述中国时尚品牌故事。"（图2-316）

图2-316

实践表明，坚持守正创新，将乡村民俗文化、建筑艺术、人文精神等，与现代要素、时尚元素和美学艺术恰当结合，有助于不断推动乡村文明和谐、美丽宜居。作为国潮国风的引领者，生活在左品牌创始人林栖为与会嘉宾带来了"时尚赋能乡村振兴"的主题演讲，为大家介绍了林栖三十六院项目，依靠"产能恢复、场景呈现、平台销售、产业融合"的非遗活化生态圈，推动传统手工艺创新性发展，实现乡民物质和精神双富裕，也为时尚行业提供了一个文旅融合造就美好的鲜活案例（图2-317）。

图2-317

作为本次大会的特别发布，广东省服装设计师协会会长李小燕、金鼎智造总经理邓君、胜宏衬布董事长高强、名瑞集团总经理蔡中涵、佛山市顺德区东奥宏特印染有限公司董事长助理蔡振威等企业家代表发布了年度观点，分享了各自对服装产业的深度观察和研究成果，在关于挑战与机遇、过去与未来的阐述之中凝共识、树信心、强行动，展现出行业一起向未来的新风貌（图2-318）。

图2-318

四、群策群力，构建时尚产业新生态

融乃大势，合则百利。作为汇聚产业链优势资源、发布行业创新案例与成果、促进深度对话交流与链接商机的重要平台，本次大会积极回应行业关心的要点，进行了人才培养、产业协同、打造时尚发布平台等方面的一系列战略签约和重磅内容发布。

时装周凭借其强大的影响力和号召力，成为时尚引领的核心载体；而时尚引领所产生的新需求和新趋势，又促使时装周不断革新与拓展边界，二者共同塑造着时尚界的精神风貌。作为时尚产业最具影响力的发布平台之一，广东时装周一直积极发挥平台作用促进构建产业互联、要素融通、区域协同的现代产业新生态，推动纺织服装时尚产业的横向扩容和纵向延伸。本次大会举办了2025广东时装周-春季定档官宣暨时尚清远系列活动发布仪式，正式官宣了新一届时装周将于2025年4月19日启幕，与大家许下春天之约（图2-319）。

图2-319

签约仪式上，为发挥人才作为最活跃要素的作用、加快发展时尚产业的新质生产力，广东省服装服饰行业协会、广东省服装设计师协会与中国服装设计师协会达成战略合作，助力广东时尚力量融入新的发展格局，共同引领产业发展、推动中国时尚走向世界（图2-320）。

图2-320

本次大会，广东省服装服饰行业协会与株洲服饰产业联合会正式结成战略合作关系，双方围绕产业共

融需求，设立常态化的合作机制，通过信息共享、资源共享、服务共享等形式，在平台共建、品牌传播、产品研发等多个领域展开深入合作，实现资源的最优配置，以共同提升市场竞争力，在区域协同中构筑发展新优势，共同推动服装产业发展（图2-321）。

图2-321

五、行业盛会，共谋产业高质量发展蓝图

作为广东服装行业的年度盛会，广东省服装服饰行业协会第八届第二次会员代表大会暨第三次理事会成功召开。按照议程安排，大会审议通过了工作报告及财务报告，选举通过了增选冯耀权、周沐利、胡轩、顾翔、鲁建波等为副会长，增选刘文诚等为理事（图2-322）。

图2-322

不仅献上精彩纷呈的思想盛宴，本次大会期间还举办了广东纺织服装精英10公里挑战赛、专家智库主题创谈、服装设计师非遗主题沙龙、供应链与品牌供需对接会等主题活动及平行会议，带动广东服装企业深入了解清远优质的生态环境、浓厚的文化氛围、巨大的发展潜力和良好的投资前景，促进行业各方的深度交流，促成产业上下游和省内外区域的协同互联，以新思路、新风貌助力清远时尚和广东服装的新质发展。

本次大会在广东省工业和信息化厅、清远市人民政府的支持下，由广东省服装服饰行业协会、广东省服装设计师协会和广清纺织服装产业有序转移园管理委员会共同主办，广东省时尚服饰产业经济研究院具体承办，清远市国园产业园开发有限公司、清远市清城区顺启投资有限公司、广州北·中大时尚科技城、国投·天安进兴产业园、哥弟集团、路书征途等参与协办。

交融共生，向新而行。2024广东服装大会愿景构建融通联动、和合共生、协同互荣的产业新生态，让我们群策群力，探索时尚发展新方向；智慧碰撞，共绘高质量发展蓝图；共通共融，迈向更加辉煌的未来（图2-323）。

图2-323

第三部分

年度创新案例

园区焕新

广州红棉国际时装城：内外兼修，打造"高端时尚产业风向标"

新质生产力和全国统一大市场是中国式现代化建设中经济高质量发展的两大抓手。2024年，红棉国际时装城借着广州建设国际消费中心城市的"天时"，依托广州站"枢纽+产业"的"地利"，凭着大湾区时尚产业蓬勃发展凝聚的"人和"，积极寻求市场自身与新业态、新模式的结合点和创新点；坚持稳规模、调结构、提质效的发展基调，积极践行市场焕新和商户创新理念，加快发展新质生产力（图3-1）。

图3-1

一方面持续修炼内功，大力推进传统服装专业市场转型升级、高质量发展时尚产业，在消费疲软的经济环境下，展现出稳定的复苏态势；另一方面，积极对外交流，通过与政府、国家行业协会等共同举办一系列丰富多元的行业活动，创新消费场景，营造时尚氛围，点燃商贸热情，提振行业信心。把发展新质生产力落在实处、落在细处，在行业高质量发展的路上始终发挥着龙头示范作用，荣获广州市越秀区第一批"五星级市场""2023年全国纺织服装产业园区高质量发展突出贡献企业"等称号。

一、创新潮流消费场景，提升时尚商贸氛围

随着市场环境和消费者理念的转变，批发与零售逐渐融合，红棉通过不断创新潮流场景和营造时尚氛围，加快向"科产商文旅"融合发展，为商户企业、采购商、消费者提供全方位、沉浸式的时尚体验。2024年，红棉顺利通过了ISO质量管理体系的年度监督审核。在此基础上，坚持"一年一改造，三年一升级"，邀请国际室内空间设计团队，对时装城进行了硬件改造、环境优化和场景升级。将5~8层楼层中庭打造成可供买家休憩、互动体验的多功能时尚区域，以"千店千面"的提档升级营造充满潮流活力的商贸氛围，又引导商户增加多元化、个性化、定制化时尚产品；楼层公共区域和商铺明亮舒适、赏心悦目的环境氛围，海量的富有设计感的潮流产品吸引着采购商更愿意驻足、体验，各打卡点、品牌商铺人来人往，品牌店内挑款、选货的采购商络绎不绝（图3-2）。

图3-2

此外，作为越秀区流花商圈的龙头市场，红棉积极参与和举办越秀区重要时尚商贸活动。例如，2024年8月参与举办2024中国流花国际服装节，把流花特色服装产业消费集群推荐给海内外消费者。此外，又参与中国国际消费中心城市精品消费月延续活动、"广州环球消费季PRO MARKET"，登榜"湾区必逛市场"，助力提升越秀区消费氛围、展现商贸活力、带动特色消费。

二、实现策展式内容运营进阶，创新打造数智化时装周

除了颜值焕新，在软件上，红棉实现"策展式内容运营"进阶，每年持续举办一系列在业界具有影响力的时尚活动，探索专业市场升级发展的新方法。

例如，作为2024中华人民共和国商务部棉纺消费季重点活动，2024年6月、11月举行的第十二届、第十三届红棉国际时装周圆满落幕。聚焦全产业链联动、原创设计、艺术潮流、数智化等热点，共举行了100多场品牌走秀、品牌订货会、电商选品会、热点趋势×优选面料会、面料×艺术家联名展、潮流快闪等活动，吸引了2000多个服装品牌、500多家面料供应商、5000多位服装设计师、1000多位服装主播及时尚达人参与，吸引了50000多人次线下参加，全网各平台、直播间浏览，以及社交媒体打卡及转发频次超过2000万（图3-3）。

图3-3

时装周举办期间，时装城5~9层超过500多家服装品牌商户同步开启新季新品订货，吸引10000多位来自全国各地的代理商代表、采购商代表、买家，前来选品、采购、订货、商贸对接等；又组织场内商户面

向C端消费者参与推出促销活动，全面提振消费。场内品牌商户反馈，前来订货的买家更为精准，预约到场率达到90%。此外，品牌在时装周期间得到定制化服务支持，获得平台媒体曝光加持、精准渠道拓宽、买手对产品改善的有效建议以及供应链优质资源接洽等实际有效的收益（图3-4）。

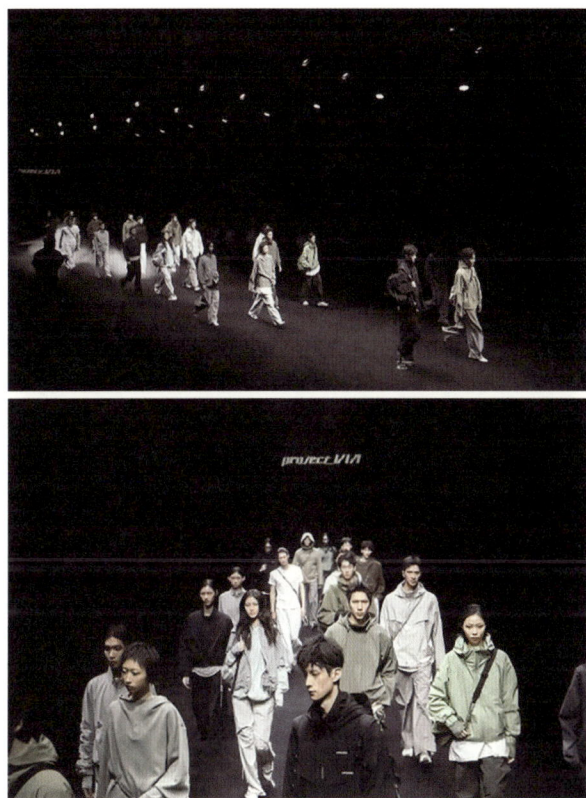

图3-4

在数字化经济的大潮下，成功打造了十三届的红棉国际时装周升级为数智化时装周，聚焦互联网背景下的时尚商贸升级路径，为商户造势赋能，引领行业变革。一方面，携手中国纺联流通分会、中国服装设计师协会等国家行业机构，举办了一系列专业化、高水平的论坛、国际会议等重磅活动，内容上涵盖了产学研合作、数智化升级、绿色发展、自主品牌建设、供应链融合等行业高质量发展的重要课题。另一方面，携手抖音、小红书、阿里巴巴等平台，长期持续举办关于直播电商、品牌出海、商达对接会、视觉陈列、数字营销、出海电商等的培训讲座活动，助力商户企业对接优质电商平台、MCN机构、达人主播等资源，提高企业电商能力。

三、与国际时装周深度合作，助力中国品牌接轨海外

2024年2月、3月，红棉集团旗下HIVE SHOWROOM组织和支持3家中国服装设计师品牌SELAH、YOUWEI、JUNLI参加法国巴黎时装周官方展会，并在米兰时装周期间登陆意大利殿堂级买手店10 Corso Como内开快闪店。借助这次出海，通过展会和快闪店结合的模式获取全球B端买手渠道资源，并同步感受国外零售市场C端客户的风格偏好，让中国服装设计师品牌深度试水国际市场。

四、"红棉精神"润泽人心，彰显纺织行业责任

拥有强烈社会责任感和使命感的红棉，一直用行动实践"红棉精神"，积极响应国家号召，坚守公益初心，持续传递爱心关怀。例如，八一建军节红棉领导班子带队走访慰问消防应急救援中队、站南派出所、街道办事处等部门，送上节日慰问品并致以节日问候和美好祝愿；中秋节又派慰问小组前往火车站社区走访贫困户和孤寡老人，送去米、油等慰问品，让他们过上一个欢乐祥和的中秋佳节。

2024年12月19日，走进国家乡村振兴重点帮扶县环江，参与由中国纺织工业联合会流通分会发起的"纺织之光·流通专项基金爱益行"捐赠活动，体现了纺织服装流通领域对社会责任的积极承担，对乡村全面振兴战略的积极响应。

红棉国际时装城坚持高质量发展路径，以创新模式为中国时尚产业赋能。引领传统专业市场向原创设计品牌"孵化器"和全产业链覆盖的时尚生态港模式升级，是广州打造"时尚之都"的创新标杆、是广州建设"国际消费中心城市"的重要支撑。未来，时装城将加快发展时尚新质生产力，以打造"高端时尚产业风向标"为目标，树立国际时尚、东方设计新标杆。

广州国际轻纺城：向新而行、以质致远，打造中国纺织时尚中心新样本

作为国家级纺织品交易枢纽——中大纺织商圈的核心龙头和全国首个纺织时尚中心，秉持"一城链时尚"的发展目标，广州国际轻纺城一直是集潮流、时尚信息的大成所在，也是当下众多国内外服装采购商、时装设计师和服装买手观察时尚潮流趋势的窗口，以及时尚信息交流、获取之地。乘新时代东风，广州国际轻纺城还正携手城内近3000家国内最具实力的服装面辅料品牌供应商及产业链上下游各方力量，持续拓展消费新场景、打造消费新模式、丰富消费新体验、激发消费新潜能，以更多高质量供给引领与创造市场消费的新需求，努力打造成为我国纺织服装面辅料流通型消费基础设施的示范区、先行区与引领地，为推动我国服装产业的持续高质量发展，也为全球时尚行业的共同繁荣作出更多积极贡献。

一、引领产业向新提质，荣获中国纺织服装企业全媒体优秀单位称号

2024年4月16日，以"唱响锦绣主旋律·传播纺织最强音"为主题，聚焦科技、时尚及绿色纬度讲好中国纺织故事的2024第四届中国纺织服装传媒大会在泉州成功举办。会上，由中国纺织工业联合会指导，中国纺织工业联合会新闻中心与《中国纺织》杂志社联合主办，中国纺织服装企业传媒联盟承办的2023中国纺织服装企业全媒体创新大赛正式揭晓评选结果，凭借多年在全媒体传播领域的深耕探索与创新实践，广州国际轻纺城有限公司荣获中国纺织服装企业全媒体优秀单位称号。

自开业以来，广州国际轻纺城一直紧跟时尚潮流，主动拥抱全媒体时代，逐步构建起包括官网、内刊、微信公众号、视频号、小程序、抖音号、小红书等在内的全媒体矩阵，实现产业、商圈、市场及城内商户资讯的多元化、立体化传播。其中，作为广州国际轻纺城最早采用的自媒体窗口，《轻纺

城快讯》（月刊）自2005年10月创刊以来，已连续累计免费发行近19年、共248期（截止至2024年3月），版式由创刊初期的单页报纸逐步升级为时尚杂志风，内容板块也不断拓展丰富。目前，《轻纺城快讯》以"焦点新闻、热点采购、市场视野、信息超市、纺城服务、商户推介"六大板块为核心，除报道广州国际轻纺城相关的品牌活动、贸促活动等外，还主动搜罗及精选纺织服装产业和各中大商圈的各类相关资讯进行重点分享，如产品开发技术、面辅料流行趋势、流行色彩运用、商铺陈列搭配等，满满的业界干货不仅帮助商户及时了解最新的潮流风向，对标学习业内优秀榜样，还有效引导及促进商户不断创新消费场景、丰富消费体验，共同构筑更优质的营商环境与产业生态。值得一提的是，上述六大板块中的"商户推介"是广州国际轻纺城为城内商户提供的免费广告服务，商户可自主报名并提供简介材料，审核通过后即可排期上刊。迈入2024年，广州国际轻纺城更将《轻纺城快讯》全面升级为线上电子杂志，并在广州国际轻纺网微信公众号中的会员服务栏目内开辟专属入口，在大大提升阅读效率、减少纸张消耗的同时，也更便于内容的分享及扩散，更好地为商户、采购商、服装设计师等产业链上下游从业者们提供更多优质服务（图3-5）。

图3-5

图3-5

二、源启新声，释放原创设计新势能

2024年4月22日，由广州国际轻纺城"时尚源创平台"独家特约的2024设计师品牌新品联合发布会在2024广东时装周—春季主会场璀璨上演。本次发布汇集了可然朴简、DMDT、PYNANA、VOGVACHI、蛛蛛包铺、柏艺服饰BAIYI-BRIDAL等一众原创设计师品牌的前沿新作，多元共生、跨界融合的系列新品鲜活展现了当下广东时尚产业的勃勃生机与无限潜能。在当晚的时装周闭幕颁奖仪式上，组委会特别向广州国际轻纺城授予了全场唯一的"原创设计引领奖"，以肯定其在引领及推动原创设计、赋能时尚产业新质生产力发展等方面的卓越贡献。

服装，无疑正是时尚产业的核心与源头。衣者为人，缔造生活方式，创造消费场景，体现美好生活。围绕"做大做强广东时装周品牌，推动建设世界级先进纺织服装产业强省"目标，作为重要的时尚产业"首发首秀"发布平台和湾区年度时尚盛会，本届广东时装周全面聚焦"新质生产力"和"可持续时尚"，展现着时尚与其他领域深度融合的各种可能。以"时尚源创平台"为核心，广州国际轻纺城同样持续延链、补链、强链、固链，通过从更多新材料、新技术、新

工艺、新设计等源头、源点出发，不断焕新与丰富平台内核，努力打造多元化的时尚创新策源高地，让时尚的蓬勃力量始终生生不息、源源不断。作为"时尚源创平台"重磅推出的第八场联合发布，此次发布会继续为勇于溯源创新的设计师们提供大舞台，集结了高级定制、婚纱礼服、非遗棉麻、潮流包袋、手机壳等不同风格领域的原创品牌，携手探索设计与时尚的共通融合，通过先锋而务实的新设计、兼顾可塑性和可持续的新材料以及倡导文化自信的新内涵，充分展示设计师品牌的理念主张，彰显当代时尚生活的全新风貌（图3-6）。

图3-6

三、创变赋新，激发数字消费新活力

2024年5月，广州国际轻纺城一年一度备受瞩目的"纺城·云播"品牌IP活动再度如期上新。今年的"纺城·云播"创新值拉满，首次采用与品牌主理人内容共创的方式，深度结合2023年度"人气时尚门店"十强商户各自的装修风格与产品特点，进行一对一"私人量身定制"式的拍摄脚本创作，同时在拍摄手法、呈现形式上力求更多元化、时尚化、年轻化，网感与干货满满，以期在更恰如其分地展现每个品牌、每家门店的独特个性之余，更贴合时下的新消费趋势与短视频热潮，进一步增强内容的吸引力与传播力。

当前，我国纺织服装市场正深入推进"四新"行动计划，即推动商户企业通过数智化手段融合线上线下资源、渠道和流量，实现主体创新；推动市场通过管理、服务和数据融合，实现市场焕新；推动商圈开展数字设计、数字品牌、数字门店、数字市场和智慧商圈的建设，助力城市更新；推动市场创新供应链协同模式，实现产业革新。在这样的大背景下，2020年，广州国际轻纺城紧跟时代潮流，率先结合"云直播""云逛街"等新兴概念，首创推出"纺城·云播"品牌IP活动，截至目前已连续成功举办4届，不仅每年都能吸引累计近百万人次的线上观看，还在内容端创意上不断推陈出新、打破边界，深受商户与市场热捧，也成为广州国际轻纺城持续创新时尚消费场景、涵养市场主体活力、赋能营商环境优化、推动产业焕新升级等的重要载体之一。今年的"纺城·云播"活动在内容上不仅出新出彩，更是百花齐放：既有经典的时尚模特探店、明快的面料趋势解读，也有随手拍高级感门店大片与情节紧凑的爆款微短剧等，可谓是有料又有趣（图3-7）。

四、新质引航，喜摘广州市首批五星级商品交易市场桂冠

2024年6月12日，"强市场 活贸易 促消费"2024中国·广州市场产业高质量发展大会顺利召开。会上，广州市商品交易市场星级创建工作报告正式发布。据了解，本次商品交易市场星级创建工作在自愿申报原则下，共有40家市场入围第一批星级创建名单，主要集中在纺织服装、皮革鞋包、电子数码等品类。首批星级商品交易市场不断探索创新举措，从时尚化、数字化、内外贸一体化、品牌化、文商旅融合、会展融合等方向持续优化升级。经综合评审，其中包括广州国际轻纺城在内的12家市场荣获首批满格五星级殊荣（图3-8）。

图3-7

图3-8

市场不仅是线下的集散中心，还是价格中心、信息中心、潮流中心，是商品流、资金流、信息流、物流、人流的晴雨表。而作为大中小融通、产业链协同的空间载体，纺织服装市场同样既是时尚都市的产业平台、时尚产业的都市窗口和时尚消费的体验场景，也是产业流通创新关键的孵化器、加速器、放大器和成果转化中心。当下，纺织服装市场要大力培育新质生产力，核心要点就是不断通过思维理念、体制机制、模式业态和管理服务创新，推动向供应链平台的市场进化，最终打造出内容平台、场景平台和供应链平台相融合、消费互联网和产业互联网相链接的全新生态系统。展望未来，广州国际轻纺城将继续牢牢把握高质量发展这一首要任务，以稳步建设全国首个"中国纺织时尚中心"为使命担当，充分借力国内统一大市场优势，不断促进城内新技术、新产品、新材料的加速迭代升级，助力城内大中小企业拓展新赛道新业务，携手贯通智能设计、智能制造、智能质检、智能销售和个性化定制等在内的产业价值链条，以深

化数实融合、科技赋能等方式共同推动培育和发展纺织服装产业链的别样新质生产力。

五、乘风破浪卖全球，"跨境电商+产业带"活动走进轻纺城

2024年6月13日下午，广州市商务局、海珠区科工商信局在广州国际轻纺城共同举办"广州电商走全球"第二十三场"跨境电商+产业带"系列活动（纺织服装供应链专场暨琶洲产业互联网沙龙），特别邀请跨境电商头部平台希音与近100家纺织服装和配饰企业开展一对一对接，提供个性化的出海服务。

广州是世界公认规模最大的纺织服装产业圣地，拥有完备的产业链基础与深厚的产业集群底蕴。近30年来，广州服装产业的产量和出口额均居中国首位。依托强大的供应链优势、渠道辐射能力，作为国家级纺织品交易枢纽的中大纺织商圈已发展成为全球规模最大的纺织面辅料市场商圈，是我国纺织服装产业链最为重要的产业资源配置中心。活动现场，希音针对

海珠区服装、配饰、辅料等品类出海市场进行了分析研判，并为商家提供了"希有引力"百万卖家计划及多种出海模式，分别从小单快反、海外趋势、红人营销等维度开展专题推介。活动上，主办方还邀请了粤贸全球、纱纤亿、广发银行等企业高管围绕"纺织服装供应链赋能"开展主题对话，探讨产业互联网和消费金融如何与市场供应链进行赋能融合，为产业链提供较为完整的解决方案（图3-9）。继往开来，作为商圈龙头，广州国际轻纺城也将大力推动"跨境电商+产业带"的融合发展，加强与如全球跨境电商独角兽希音等头部企业及周边相关产业带的深度精准对接，助力城内商户搭建起更多跨境产业孵化与品牌出海的高质量新链路。

六、文化铸魂，中大纺织商圈展示馆揭幕开馆

2024年6月28日上午，由海珠区委组织部指导，海珠区凤阳街道党工委、办事处主办的中大纺织商圈党群服务中心、中大纺织商圈展示馆、中大纺织商圈人才服务中心揭幕仪式在广州国际轻纺城7楼成功举行。海珠区凤阳街道党工委书记张文杰、海珠区委组织部副部长彭国楚、中大国际创新生态谷纺织产业联合会会长侯闻欢、广州日报全媒体区街部主任秦晖等共同为展示馆揭幕（图3-10）。

作为产业的标识属性，文化是产业价值的创造之源，是时尚话语权的核心支撑。中大纺织商圈展示馆以多元化场景聚焦呈现中大纺织商圈从"千家万户小生产"到"千变万化大市场"的变化，回顾了商圈自改革开放初期至今萌芽成长、扩容发展、创新蝶变、高质量发展等几个关键时期，并通过老照片、老物件和3D影像、人物访谈、香云纱展示、时装秀展播等方式为参观者提供丰富的沉浸式体验。背靠商圈深厚的产业底蕴与完整的产业链条，中大纺织商圈展示馆将有望成为持续做强擦亮海珠区"中国纺织时尚名城"招牌重要的前沿阵地与文化据点，助力商圈加快培育新质生产力，打造广州国际时尚之都的示范区与引领

图3-9

图3-10

地，赋能构筑立足湾区、辐射全国、影响全球的"世界级纺织时尚商圈"。

七、溯源出新，共织岭南时尚新质态

2024年9月22日，由广州国际轻纺城"时尚源创平台"独家特约支持的第五届广东纺织服装非遗推广大使联合发布会在2024广东时装周—秋季主会场盛大启幕。熊轩轩、刘春芝、希琳（邓小燕）、林俊亿、汤世芳、楠秋（徐华银）、严芳妮、王掌柜（王琼芳）、丁伟、关淑敏等十位获颁"第五届广东纺织服装非遗推广大使"荣誉称号。活动上，组委会更特向广州国际轻纺城颁发"非遗新造时尚推动奖"，以表彰与肯定其"时尚源创平台"在溯源创新与推动非遗时尚融合发展等方面所作的卓越贡献（图3-11）。

在"爆品"瞬息万变的今天，在服装消费者心中，设计师是品牌风格的灵魂，而在设计师眼里，面料才是真正的灵感缪斯，一切的流行最终都将回到面料市场寻求答案。因此，面料市场对于纺织服装流通领域而言，是压舱石，更是风向标；是创新的溯源，更是潮流的引领，始终是我国纺织服装产业新质生产力接力跑的第一棒。对历史最好的传承就是创造新的历史，对非遗最大的礼敬就是创造新的形态，让一切创新源泉充分涌流，让一切创造活力持续迸发。今年，广州国际轻纺城继续以"时尚源创平台"之名，全面赋能"广东纺织服装非遗推广大使"活动，持续追本溯源，深度挖掘广东厚重丰富的文化底蕴与源源不断的原创精神，同时借助2024广东时装周—秋季的大舞台，让更多普罗大众更好地了解当今香云纱、广绣、潮绣、珠绣等广东纺织服装非遗的创造性转化和创新性发展，以期共同携手打造出更多粤港澳大湾区乃至中国特有的时尚文化符号。

图3-11

巨大国际产业园：全方位打造广州番禺"国家级纺织服装产业集群园区"

广州巨大国际产业园设立于2009年，位于番禺"万博长隆—广州南站"核心商圈，地铁2号线会江站上盖。园区占地面积约12.3万平方米，规划建筑面积约58万平方米，以"数字时尚+数字贸易+数字科技"为主导产业，致力于打造"粤港澳大湾区数字产业园标杆"。目前已引入企业超600家，其中上市挂牌企业8家，高新企业52家，四上企业48家，专精特新企业25家，创新型中小企业32家，带动过万人就业，园区企业总产值超百亿元（图3-12）。

开园至今荣获了国家级纺织服装产业集群园区、国家级科技企业孵化器培育单位、广东省省级文化产业示范园区创建单位、广州市特色产业园区、广州市产业园区提质增效试点园区、广州市番禺区专精特新产业园区、广州十佳优秀产业园等数十项荣誉。

与时代同行。近年来，巨大国际产业园始终紧跟趋势风潮，着眼于市场营商环境，优化园区发展战略，加强产业引导、助力产业转移承接、拓展产业园区发展；加强上下游对接合作，加速产业聚集；推进品牌化建设进程，加强品牌建设，促进产业园及入驻企业高质量发展。

一、夯实"数字时尚总部基地"载体建设，加快产业"固链"

位于番禺服装产业热土的巨大国际产业园，已成功运营15年，园区入驻的服装企业超100家，其中包括领英科技集团、浙江聚衣堂、诗蒂兰集团、纺一时尚等一批知名服装企业（图3-13）。近年来，巨大国际产业园积极整合各方资源，致力于聚集服装类电子

一期、二期

三期

四期

图3-12

商务、跨境电商、创意设计产业，打造时尚产业名片；积极联动跨境电商资源，推动园区跨境电商企业创新驱动发展；发挥园区自身产业基础优势，在拥有一批已入驻知名服企的基础上，吸引更多服装产业链上下游优质企业集聚到园区，结合政府相关政策，服务企业高质量发展。

图3-13

2023年底，广东省服装服饰行业协会、广东省服装设计师协会正式入驻巨大国际产业园。巨大国际产业园与广东省服装服饰行业协会携手共同建设"巨大数字时尚总部基地"，基地位于产业园三期·巨大智汇港内。该项目旨在推动广东服装产业的数字化转型和升级，将充分利用巨大国际产业园的资源和优势，结合广东服装服饰行业协会的行业经验和资源，合力共同打造一个国际化数字时尚产业基地。2024年3月1日，大石街高质量发展大会上举行"巨大数字时尚总部基地"和"广东（番禺）服装大讲堂"揭牌仪式（图3-14）。

随着两协会的入驻，由广东省服装服饰行业协会、广东省服装设计师协会、广东省时尚服饰产业经济研究院共同打造的"广东服装产业会客厅"也在巨大国际产业园开门迎客。未来，它将在产业发展中承担行业交流场所、服务支持平台，行业创新窗口，数据系统分析等重要功能（图3-15）。

图3-14

图3-15

二、全方位、多元化打造"国家级纺织服装产业集群园区"

产业园区作为区域经济发展和产业调整升级的重要空间载体，其战略价值在纺织服装领域中尤为显著。在工业和信息化部《2024年度中小企业特色产业集群公示名单》中，番禺区纺织服装产业集群成功入选这一国家级殊荣。巨大国际产业园被授予番禺区内首个"国家级纺织服装产业集群园区"（图3-16）。

图3-16

2024年11月17日，中国纺织工业联合会副会长阎岩率队到番禺区巨大国际产业园调研。调研组一行先后参观了园区企业广东领英科技有限公司、巨大国际产业园阿里巴巴全球速卖通（广州）卖家服务中心，了解园区如何打造服装产业服务平台、培育服装产业链（图3-17）。

图3-17

2024年12月7日，番禺区委书记黄彪到巨大国际产业园开展暖企调研，了解园区时尚服装产业发展情况和跨境电商产业培育情况，为企业发展排忧解难，勉励园区继续完善产业配套，打通时尚服装上下游全产业链（图3-18）。

图3-18

在番禺区委、区政府的大力支持和指导下，巨大国际产业园在数字时尚产业领域收获了丰硕的成果，通过瞄准前沿消费升级趋势与时尚产业升级方向，实现服装产业业态和经营品质的协同提升，不断推动时尚产业品种、品质、品牌迭代升级，助力番禺区纺织服装产业集群高质量发展。

三、创新服务模式，推动质量品牌双提升，加快产业"强链"

2024年7月，在巨大产业园国际会议中心举行了阿里巴巴全球速卖通（广州）跨境电商产业园揭牌仪式。在仪式上，巨大国际产业园与阿里巴巴全球速卖通双方代表签署了合作协议，共同建设华南地区首家"阿里巴巴全球速卖通（广州）跨境电商产业园"（图3-19）。

图3-19

2024年11月2日，巨大出海联盟启动仪式在巨大国际产业园国际会议厅举办，巨大出海联盟由巨大国际产业园与混沌学园大湾区分社、C牛出海、联大跨境联合创办，以"赋能中国1000家亿级企业成功出海"为目标，依托大湾区的地理和政策优势，赋能企业科学出海（图3-20）。

图3-20

巨大国际产业园将结合跨境电商服务中心等平台，借助广东服装产业会客厅的优势，大力扶持服装产业链的发展，吸引更多服装企业落户番禺，为番禺服装产业腾飞贡献力量；通过与多个头部跨境电商平台合作，聚合跨行业服务合力，为番禺乃至大湾区时尚行业企业提供"出海卖全球"辅助服务，助力时尚产业链在番禺持续壮大和长足发展。

四、构建时尚发布平台，打造时尚产业名片，加快产业"延链"

巨大国际产业园整合多维元素，盘活各方资源，组织参与和策划各类时尚活动和展览，提升园区的国内外影响力和竞争力，共同打造全球跨境电商集聚地和国际时尚潮流风向标。自2023年1月至今，巨大国际产业园已承、协办行业竞赛、多个头部电商平台的出海政策宣讲会、时尚产业相关跨境电商卖家产业带招商选品会、卖家培训会、企业交流研讨会、广东（番禺）时尚大讲堂系列活动等，合计超过100场（图3-21）。

图3-21

2024年3月25日，由广州市番禺区科工商信局指导，拼多多（TEMU）主办，广州巨大国际产业园、广州市番禺区厂商会协办的广州市番禺区TEMU番禺时尚品类资源对接大会在广州巨大国际产业园举行。活动吸引了女装、男装、珠宝、家居等四大番禺特色行业近500名行业代表和企业代表参会（图3-22）。

2024年4月18日，"2024广东时装周—春季活动系列之广东服装跨境电商大会"在巨大国际产业园会议中心召开。本次大会借助2024广东时装周—春季活动在番禺举办的契机，针对服装产业特点，以"平台

图3-22

赋能·时尚出海"为主题，集结阿里巴巴全球速卖通、希音、TEMU、亚马逊、美客多等服装跨境电商平台、服务商、行业专家和供应链企业代表，深度分享跨境电商新机遇，探讨行业发展趋势、技术创新和跨境电商运营等问题，进一步助力企业布局跨境电商新赛道，搭建国际贸易新通路，更好地推动广东服装跨境电商高质量发展，助力"广东时尚"出海（图3-23）。

图3-23

2024年12月2日，"羊城工匠杯"广州市艺术设计大赛暨"劳模工匠助企行"大时尚产业巾帼电商助企季闭幕式活动在广州巨大国际产业园举行。活动旨在挖掘设计人才，弘扬劳模和工匠精神，推动时尚产业的传承和创新，进一步发展文化产业，提升产业附加值（图3-24）。

图3-24

五、坚持产教融合，全链条护航时尚产业专才培养

巨大国际产业园携手广东省服装服饰行业协会、广东省服装设计师协会，聚焦时尚设计研发和消费服务领域，以品牌运营为核心搭建时尚教育交流平台，建立"产业园区+行业协会+专业院校"三者深度融合的长效机制，通过对时尚产业创意设计链、品牌运营链、时尚服务链、展示传播链的岗位群和职业特性开展深入调研分析，整合确定时尚产业专业群的人才培养定位，深入推进校企协同育人和人才培养模式改革、优化专业设置，为时尚消费产业培养创新型、复合型、应用型的高素质高技能人才，辅助企业打通产品创新开发、服装创意设计、供应链服务、数字化营销等方面壁垒。

2024年1月6日，由广东省服装服饰行业协会与番禺区人力资源和社会保障局、广东省服装设计师协会，联合巨大国际产业园等机构共同发起的广东（番禺）服装大讲堂在巨大国际产业园首次开讲，本次以"AI赋能服装行业学习会"为主题，广东省服装服饰行业协会副会长专职副会长何志康，德永佳集团总经理吴武平，广州汇璟裤业有限公司董事长汤正荣等60人参加本次学习会（图3-25）。

图3-25

2024年6月21日，为深化校企合作、促进产教融合，由广东省服装服饰行业协会、广东省服装设计师协会组织策划的广东服装行业产教融合交流会在巨大国际产业园顺利召开。会上，巨大国际产业园与广东省服装服饰行业协会、广东省服装设计师协会、广东服装院校、服装企业代表针对在校企合作的形式、内容、模式、载体等方面开展深入交流，探讨教育创新

资源和产业实践经验有机结合的新模式，合作研发新技术、新材料、新工艺，共同培养行业紧缺的高端技术技能型人才（图3-26）。

　　未来，巨大国际产业园数字时尚新业态将更加丰富多元，并凭借精准的产业定位、强大的产业整合能力和优质的营商环境，吸引更多知名品牌企业及服装产业链上下游优质企业集聚到园区。同时，瞄准前沿

消费升级趋势与产业升级方向，延伸发展更多的智慧科技、商务服务、零售餐饮、文化体验等创新资源和商业配套，满足高端人才、时尚人群、年轻新生代等人群对工作场景、生活场景、休闲场景的需要，实现产业业态和经营品质的协同提升，不断推动产业品种、品质、品牌迭代升级，推进时尚产业强链、拓链、固链，最终实现高质量发展。

图3-26

广州中大门："创新"做文章，为"中大速度"赋新能

一、项目基本情况

广州中大门，由广州市中大门时尚港产业科技有限公司运营管理，于2022年1月自"广州轻纺交易园"更名而成。中大门致力于推动纺织服装向时尚产业高质量发展，为纺织服装企业提供展贸、设计板坊、原创品牌、潮流发布、数智化等一站式服务，构建中大门时尚港产业数智化平台；打造纺织服装4.0产业综合体；创新时尚产业与生活美学商业街区融合发展的潮流社区；旨在提高"东方设计"的国际时尚市场份额，构建国际时尚发布中心。设有T11服装设计师品牌中心、纺织总部BASE、UOMO男装面料、ICON潮牌针织、SOHO中央板坊等，以及生活美学商业街区城市之丘THE HILLS。

项目位于中大商圈核心位置，占地面积超15万平方米，吸引商户约1500家、服装及轻纺面料设计师逾3500名，拥有完善的纺织服装时尚产业服务运营体系。集聚面辅料总部、高级制板师工作室、原创品牌服装总部等全供应链与数智化资源。荣获工业和信息化部授予"纺织服装创意设计示范园区""全国十大著名品牌市场""中国商品市场综合百强"等荣誉称号，联手中国服装设计师协会、武汉纺织大学成立"中国男装高级定制研究中心"，与中国服装设计师协会设立"大湾区新锐设计师联盟"，与中国纺织工业联合会流通分会共建"中大门时尚港产业数智化平台"（图3-27）。

二、项目2024年创新发展情况

作为广州市海珠区"百千万工程"的标杆示范和重要抓手，2024年，中大门通过环境提升、空间功能增加和优化布局、产业链延伸、设计师和纺织服装品牌集聚、数智赋能、强化招商引资等多方面努力，实现"市场变商场、作坊进工坊、展贸一体化、设计引潮流、数智赋新能"的效果，全力破解传统批发市场转型升级产业痛点，以点带面推动传统纺织服装产业实现转型升级，持续擦亮海珠区"中国纺织时尚名城"品牌。

1. 设计引潮流，探索时尚产业新质生产力

中大纺织商圈是全球最大的面辅料市场，但一直缺乏原创设计和服装品牌。为打破行业发展困局、延伸中大商圈产业链，中大门创新打造T11服装设计师品牌中心，经营面积约18万平方米，定位成为中国原创品牌服装源头地和交易中心，以原创设计为内核，打破传统服装运营模式，高质量发展服装设计师品牌。

T11服装设计师品牌中心的推出，不仅一举打破海珠区中大商圈"有面料，无服装"的局面，还充分发挥位于全球最大最全纺织服装产业源头的产业优势，创新"前店后厂"服装企业总部模式，一站式提供设计板坊、展贸、集中订货专业服务，与中大门内的面料研发、制板服务、展示展贸等功能板块形成产业互促，让原创服装品牌真正赢在起跑线上，成为服装设计师创办品牌和实现品牌进阶的首选之地（图3-28）。

图3-27

图3-28

T11服装设计师品牌中心计划引入500多个原创设计师品牌，现已聚集200多个，包括中国十佳设计师13名，广东十佳设计师60多名。此外，丛时SHOWROOM、广州指南针原创设计师联盟等创新型订货展贸平台，也已把设计总部、展厅、供应链中心落户中大门。中大门齐全的面辅料供应链资源和中央板坊，让设计师品牌可以充分利用小单快反的柔性供应链优势，满足品牌日常开发、运营需求；此外，中大门又在展示展贸、设计出海、电商直播、电商运营等方面全方位赋能，助力品牌拓展销售渠道、提升销售额。

2. 展贸一体化，赋能中国原创设计做大做强

中大门持续集势蓄能，吸引了众多创新型服装展贸平台的加入。现下，定位全球中高端女装供应链中心的丛时SHOWROOM，进驻中大门两年来已经积累超过一万个服装商户赋能供应链，天天是订货日，每月13、14日是品牌私订会，联动超过200个设计师服装品牌、过千名服装设计师参与，带动销售额过亿（图3-29）。

图3-29

聚焦快时尚的广州指南针原创设计师联盟，2024年联动首批50多家快时尚设计师品牌进驻中大门，每年举办两届订货会、组织参与时装周和面料对接会，通过一站式高效对接中大纺织商圈强大的供应链资源，帮助中小型企业和设计师品牌降本增效、开拓销售渠道。

此外，依托红棉集团十多年积累的国际高端时尚资源优势，中大门又通过时装周、展会、品牌出海等形式，助力中国设计师服装品牌创造更大的商业价值。被列入中华人民共和国商务部"棉纺消费季"重点项目、每年举办两届并成功持续举办十三届的红棉国际时装周，每季联动2000多个服装品牌、500多家面料供应商、5000多位服装设计师、1000多位服装主播及时尚达人参与，助力企业抓住销售旺季、拓展销售渠道，加速行业复苏。

2024年2月和8月，T11服装设计师品牌中心又组织和支持SELAH、YOUWEI、JUNLI等中国设计师品牌亮相巴黎时装周和米兰时装周官方展会，并在意大利殿堂级买手店10 Corso Como开快闪店，发挥平台效应链接海外B端和C端资源，让中国服装设计师品牌深度接轨海外市场。

3. 数智赋新能，推动产业升级向更深更广发展

快时尚和快反能力是广州服装的强项，享誉国际的"中大速度"正是源于产业链各个环节的完整和靠拢。在此基础上，中大门于2023年全新定位中大门时尚港产业数智化平台时尚产业数实融合的新赛道上，跑出中大"加速度"。

快反的源头就是板房。中大纺织商圈集聚了约2000家制板工作室及超过7000家中小微型服装加工厂，但落后的作坊模式已不能满足行业发展的需求。中大门SOHO中央板房设有600家优质设计制板工作室、制板机构、数智化制板服务商等，推动作坊进工坊，致力打造柔性、高效的供应链协作平台。现已进驻500户，同时引入了设界智能制造整合服务商，并连接2000多个周边的面辅料工厂，形成产业上下游的数据流通，有效提升产业整合力。

除了柔性供应链，中大门深度聚焦互联网背景下的时尚商贸升级，积极帮助设计师品牌开拓线上渠道和跨境电商。整合和链接数智化资源与全产业链资源，在抖音平台的支持下中大门、毅播共同打造了纺织服装华南选品中心，对接SHEIN、TEMU、阿里国际等跨境电商平台，助力商户打通数字营销渠道。中大门现已进驻50多家电商企业，经营面积达到2万平方米。每周举办至少两场直播电商、品牌出海、垂直品类营销、商达撮合等实战类培训和对接会，提升设计师品牌的电商运营能力（图3-30）。

图3-30

同时，中大门积极携手全国产业集群、头部电商平台、领先的数智化企业等资源，2024年度举办了包括"2024中国纺织服装产业转型升级研讨会""中纺企协数智化管理专业委员会成立大会暨纺织全产业链数智化协同研讨会"等行业大会、高峰论坛、产业对接会等活动，并推进在地化的深度合作，推动中国时尚产业变革和新质生产力发展（图3-31）。

4．市场变商场，打造时尚产业潮流社区

2024年，中大门在已完成的产业板块升级基础

上，加快推进了C端时尚高端消费业态板块——生活美学街区城市之丘（THE HILLS）的升级改造工作，并于8月底完成硬件升级工作。至此，广州中大门新一轮的优化提升工作已全面完成。

城市之丘作为中大门创新时尚产业与生活美学商业街区融合发展的潮流社区，不仅打破了传统封闭式专业市场的格局，还通过探索式动线和多元业态的融合，创造了别具一格的消费新场景，是现时广州唯一一个以生活美学和青年文化为基础，集合时尚品牌、涂鸦文化、室内外运动场景和夜生活业态的街区式商业。时尚、艺术、生活方式、餐饮等共融在一个街区，不仅满足当下年轻人追求新鲜、个性的消费需求，更为这片传统商贸之地披上潮流新衣，吸引多元消费者。随着新晋精品咖啡茶饮、MAO Livehouse等顶流演出场所，ANNAKIKI等潮流策展零售的悉数进场，广州下一个潮流目的地即将在中大门诞生。

综上，广州中大门围绕"创新"做文章，通过市场变商场、作坊进工坊、展贸一体化、设计引潮流、数智赋新能等创新举措，先对上下游产业进行延链补链强链来"打好地基"，再以设计引潮流、多业态融合发展来"植树造林"，利用国际化接轨和数智化赋能实现"开花结果"，实现了生产端到消费端的价值闭环，为享誉全球的"中大速度"注入新时代的产业内涵，致力为行业"向新提质"打造出独树一帜的标杆示范区。

图3-31

品牌力量

比音勒芬：持续推进高端化、国际化、年轻化

一、国际奢侈品牌全面焕新

2023年，比音勒芬已完成了对法国奢侈品牌CERRUTI 1881和英国潮奢时尚品牌KENT&CURWEN的收购，并在法国设立创意中心，邀请奢侈品行业老将Daniel Kearns担任首席创意总监，整合全球资源以重塑品牌竞争力。2024年，两大品牌均开启了中国市场的新征程，开始从品牌定位、产品风格到营销策略的全面焕新。通过品牌间协同效应，比音勒芬将更快适应国际市场，提升品牌影响力和竞争力，进而实现多品牌战略布局，努力打造成为全球化奢侈品集团。

1926年，KENT&CURWEN创立的第一年便推出了专为牛津大学、剑桥大学、伊顿公学定制的英式斜纹领带。1932年，KENT&CURWEN将运动服与经典正装融合，生产出第一款条纹V领的板球毛衣，成为新学院风时尚的开创者。因此，在2024年9月，KENT&CURWEN以独特的英伦学院风重返伦敦时装周，并在此次2025春夏系列时装秀发布品牌历史上首个女装系列。其后，在2025年2月，KENT&CURWEN以"跨越界限"为主题，再一次闪耀亮相2025秋冬伦敦时装周。

2024全年，KENT&CURWEN已在澳门威尼斯人购物中心、深圳万象天地、重庆星光68广场等地开设全新概念门店，未来计划扩展到更多一线城市，包括北京、上海、广州、杭州和成都等地的高端购物中心（图3-32）。比音勒芬集团现阶段的重点是重建品牌的视觉辨识度和品牌基因，打造其成为全球Z世代消费者首选的具有英国传统的品牌，期待未来能够成为集团的第二增长曲线。

CERRUTI 1881拥有超过140年的历史传承，从生产高级面料起家，成为欧洲顶级面料生产商，并于1967年由创始人Nino Cerruti在法国巴黎创立为奢侈成衣品牌，成为20世纪时尚、电影和生活方式领域最具传奇色彩的品牌之一。CERRUTI 1881也在2024年的4月首度出席中国国际消费品博览会，正值中法建交60周年之际，CERRUTI 1881以传承与创新再现法国传奇色彩（图3-33）。

图3-32

图3-33

二、年轻化转型与品牌形象强化

在品牌升级方面，选择丁禹兮作为代言人，是比音勒芬品牌2024年年轻化战略的重要一步。而新Logo "Biemlofen"的推出，则标志着品牌高端化、国际化战略的全面启动。这些举措都显示出比音勒芬

在保持传统优势的同时，积极拥抱变化，主动适应新时代和消费者需求的决心。

另外，自2025年1月1日起，为进一步推进高端化、国际化、年轻化，比音勒芬、比音勒芬高尔夫品牌启用全新品牌标识"Biemlofen"，简化字母组合以适配数字化传播。原有的品牌标识"Biemlfdlkk"曾因复杂、难记影响了品牌与消费者之间的互动，此次Logo升级，向市场传递出比音勒芬致力于成为更加符合现代消费者审美和生活方式的高端运动品牌的决心（图3-34）。

图3-34

再结合比音勒芬其他诸多动作（会员体系完善、故宫联名款、苏绣文化联动、城市时尚大秀、明星营销、创意快闪店等），公司正在用行动证明，对技术的执着，对产品的热爱和对极致的追求，以及站在全新的战场上去拼搏，是比音勒芬坚持不变的品牌基因。

三、科技赋能，巩固"T恤小专家"

2024年10月，比音勒芬以其卓越的品牌实力与不凡的品牌魅力，成功入选CCTV《大国品牌》75年75品牌。比音勒芬始终坚持"三高一新"（高品质、高品位、高科技、创新）理念，整合国际资源，提升面料稀缺性与差异化，通过产品迭代与科技面料应用，不断强化高端化、年轻化的品牌形象。公司2024年发布了灵地思极细羊毛、BT-Jade黑科技系列、小领T3.0等特色产品，通过200多项专项专利与产学研合作提升产品附加值，进一步强化比音勒芬与高端T恤的强关联和场景联想。

同时，比音勒芬从2013年起就成为中国国家高尔夫球队的合作伙伴，从里约奥运到东京奥运，再到2024年的巴黎奥运，比音勒芬陪伴国家高尔夫球队南征北战，并在2024年助力林希妤斩获女子高尔夫奥运铜牌。以过往这3届奥运为例，从"五星战袍Ⅰ"到"五星战袍Ⅲ"，公司不断加大研发投入力度。一方面在产品面料上升级到防紫外线及热辐射的FULL STRETCH纱线，并搭配自研的两项高尔夫人体工程学专利板型，确保运动员在场上能够持久干爽、挥杆自如。另一方面，在设计过程中不断加深对中国元素运用的理解和心得，"五星战袍Ⅲ"此次就选用陶瓷白、中国红、龙胆紫的中国配色来做晕染，并将寓意"过五关斩六将"的五角星和六边形点缀其中。

四、威尼斯战略升级，锁定路亚

2024年，公司定位旗下威尼斯品牌以路亚为核心场景，围绕游山玩水打造山系、海系商品，瞄准轻户外赛道，满足中产人群度假旅游等着装需求。威尼斯品牌一方面抓住社交场景，建立社群，通过瀑降、骑行、路亚等新兴的户外运动吸引年轻用户群体；另一方面，威尼斯品牌还通过举办路亚巡回赛等方式，提升品牌在户外爱好者圈层中的知名度和美誉度，占领消费者心智和扩大品牌影响力（图3-35）。

图3-35

2024年，比音勒芬以高端化、国际化、年轻化为引擎，在品牌焕新、产品创新与市场拓展中实现突破，但亦需直面行业竞争与消费环境变化带来的挑战。未来，公司仍将锐意进取，力争实现营收超300亿元的目标。

真维斯：创新、提质、增效，实现高质量增长

一、企业概况

真维斯（JEANSWEST），1972年于澳大利亚创立，1990年被香港旭日集团全面收购并于1993年进入内地市场。2009年，为顺应市场变化发展，真维斯开启电商平台，逐步实现线上与线下的业务联动，通过联营合作及代运营等新模式进行多平台、多品牌扩张，完成了传统企业在互联网时代的转型，实现线上线下一体化的全渠道经营布局（图3-36）。

图3-36

近年来，真维斯在品牌发展上不断创新，推动品牌实现转型升级，陆续推出全新童装、跨界IP、Z+新世代等产品系列，并深耕细分赛道，打造出JEAN-SWEST Z+、JEANSWEST LIFE、JEANSWEST CLUB、JEANSWEST OUTDOOR等风格子品牌，力求更加贴近目标消费者需求，打造成国民休闲服品牌（图3-37）。

图3-37

二、创新做法

近几年，真维斯重新定义了核心业务，从"服装零售"转型为"品牌经营"。通过生产性服务业的策略定位，真维斯打造了新质生产力，构建了品牌生态圈，落实"高质量增长"的策略。公司内部也进行了业务形态重构，各部门从实体店时代的内部功能角色转变为向合作伙伴提供服务的角色，全面赋能各伙伴协同发展业务，包括品牌及形象策划、销售预算、渠道开发、商品开发及企划、供应链管理、质量控制、仓储物流、平台运营、IT支援、多维销售分析及绩效管理等。通过制度化、数字化的管理，结合"85后""90后"创业者的拼劲，共同拓展网购市场，最终激发活力，勇创佳绩。在发展的过程中，重点推进了"三项建设"，即品牌建设、管理体系建设和合作伙伴建设。

在品牌建设方面，签约顶流艺人王一博为全球代言人，通过高曝光广告和新媒体传播，大大提升了品牌热度和店铺销售。与内地最大直播电商"抖音"平台合作，借助第33届中国"真维斯杯休闲装设计大赛"打造"抖音电商真维斯超级品牌日"，推出"敦煌文化×真维斯"联名款系列，独家冠名内地最大综艺平台"芒果TV"的《真维斯小小少年》综艺节目并通过微博、微信、抖音、小红书等社交媒体与消费者进行互动。同时，参与与故宫、国际儒学联合会以及北京大学的合作项目，主流媒体多次对真维斯领军人物杨勋先生进行了深度访谈，大大提升了品牌在社会各

界的关注度和影响力。在品牌深化方面，进一步落实主品牌和各新品牌的风格与定位，构建了VI体系，逐步深化不同品牌在不同平台及店铺的形象及页面陈列工作，真正做到各品牌对不同顾客群进行差异化开发，进而实现错位发展。

为实现高效管理，真维斯在经营模式上引入平台思维，发展联营销售新模式，发挥多年来在线上线下已建立的品牌优势、顾客基础及数字化管理体系，与外界服装供应链合作方协同发展线上业务，以数字化赋能供应链合作方快速的产品开发及快速补货机制以捕捉市场热销产品，以最高的时效向顾客提供物超所值的时尚产品，形成崭新的"品牌生态圈"商业模式（图3-38）。以消费者为中心，通过数字化管理体系，实现信息共享、决策下放，由品牌方、平台方、供应链合作方三方直接分享供需信息，并以联合经营、利润分享机制，激发各方主动性，共担风险、共享利益。多年来从业务流程化、系统自动化逐步走向经营数字化及决策智能化。实现产品从市场调研、商品开发、品牌推广、加工制造、供应链管理、销售、售后端等全链路的数字化运营和管理。同时，与当地最高学府惠州学院共同成立"品牌生态圈协同创新中心"，展开多个校企合作项目，初见成效。下一步计划引入香港理工大学、北京大学深圳研究生院以及东华大学的优势资源作为相关项目的紧密合作伙伴，最终目标是构建一套完善的数智化品牌经营管理系统，提升未来的

核心竞争力。

坚持"双赢，让对方先赢"的原则。通过与合作伙伴的定期会议和持续培训，完善业务流程和加强系统应用，大幅提升合作伙伴在产品开发、供应链管理和业务运营三方面的核心能力。在业务开发方面，随着主品牌成人装渐上轨道，针对童装、新品牌及新品类进行重点开发，凭借对过去积累的实战经验形成了可复制的业务模式，发掘了市场上具备匹配能力的合作伙伴，携手在良好的品牌基础上实现了跨越式发展，形成了更为平衡、更为巩固的多品牌、多品类战略布局。

三、企业成果

凭借商业模式及质量体系的可复制性多向发展，数年间与合作方携手在各大主流网购平台开设网店，打造了"多品牌、多品类、多平台"的新业务模式，短短数年间通过模式复制，公司已由主营成人装发展至童装、内衣、箱包、鞋及18个拥有不同风格定位的品牌矩阵。

2018~2023年，真维斯全网销售从4.3亿元增长至41.38亿元，实现了9.6倍高速增长，成为各主要电商平台上销售额增量最大的服装品牌；2024年全网累计销售（确收）更在双十一期间突破50亿元，创出历史新高（图3-39）。品牌不断发展突破，多次荣获权威荣誉。2023年真维斯上榜"亚洲品牌500强"之

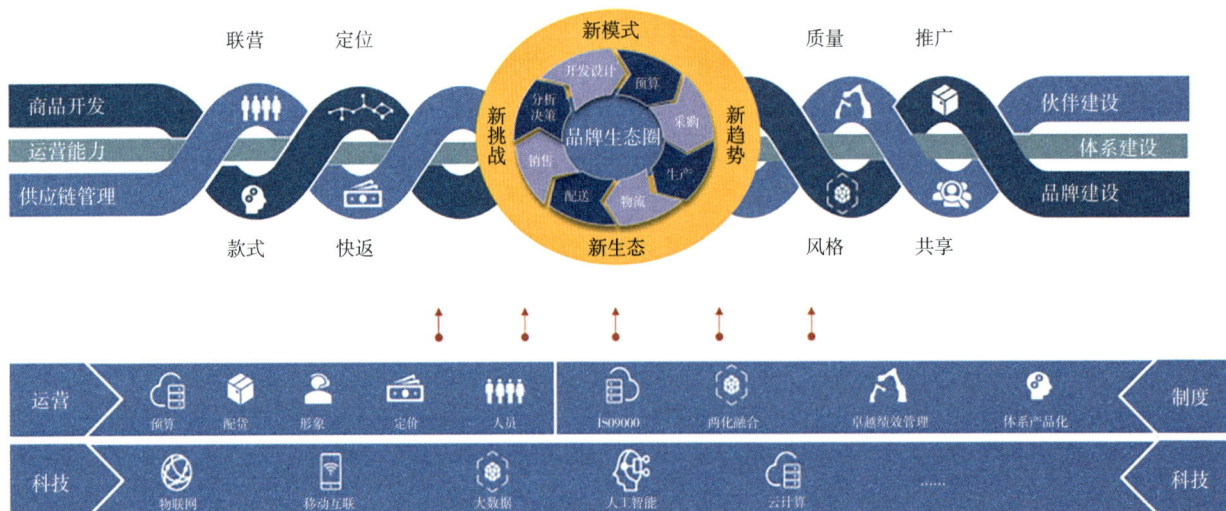

图3-38

列，并荣获2023年度"亚洲十大影响力品牌"称号；2024年"JEANSWEST""真维斯"商标被纳入"广东省重点商标保护名录"，荣获"2024中国纺织服装品牌竞争力优势企业"等称号。

图3-39

"穷则独善其身，达则兼善天下"是真维斯企业文化的重要体现。多年来，真维斯携手中国青少年发展基金会等权威机构，开展了援建希望小学、支持大学生志愿服务西部计划等公益项目，并长期关注对青少年的培养与发展，30多年来坚持举办"真维斯杯"休闲装设计大赛，深化校企合作，助力服装行业人才孵化（图3-40）。目前，真维斯的爱心足迹已遍布全国31个省份，多次荣获由民政部授予的"中华慈善奖"，并持续为中国公益慈善事业发展贡献力量。

图3-40

四、未来展望

真维斯发展生产性服务业，锻造新质生产力，共建品牌生态圈，夯实高质量发展。以锻造新质生产力赋能中小型企业发展数字化经营与管理，助推品牌持续成长。以真维斯董事长杨勋先生的决策逻辑及真维斯的管理体系为核心，以协同创新中心为载体打造一套适用于时尚产业的品牌经营数字化决策及管理体系。通过理论与实践相结合，管理体系将日益完善，业务将不断发展，实现"高质量"且"可持续"的发展目标，最终成为服装行业的标杆企业。

迪柯尼：精英男士的品位首选

在奋楫笃行的25年里，中国商务休闲男装领军品牌迪柯尼（DIKENI）以品牌创始人的初心为愿景，传承品牌基因，延续自然关怀，践行社会责任，深耕可持续时尚。2024年作为迪柯尼全新的起点，为品牌的可持续发展注入全新动力（图3-41）。

图3-41

一、迪柯尼可持续时尚：与自然共生，以可持续时尚守护未来

"忠于初心，尊重自然。可持续发展、环境友好以及匠心工艺，是我们构建可持续时尚愿景的理念。"

——迪柯尼品牌创始人许才君先生和郑雪芬女士

1．企业初心

可持续理念源于品牌创始人"与自然共生"的初心与社会责任。2021年起迪柯尼连续携手中国绿化基金会投身"沙漠锁边林行动"公益项目，累积修复荒漠化达45万平方米以上，在公益环保领域持续贡献力量。

2．可持续产品

同年，迪柯尼可持续时尚系列产品问世，探索全球环境友好型创新面料，以绿色环保循环概念匠心制衣，逐年增大投产比例，至今可持续时尚系列产品已达50%。

3．可持续时尚服务体验

2022年起，迪柯尼在沈阳中兴、南京金鹰、宁波东门银泰、广州机场、沈阳万象城打造可持续时尚PARK 30生态概念馆，将"REGREEN生态林"概念带到线下门店，坚持使用环保材质礼品及包装，并邀请VIP参与绿色活动。2024年迪柯尼西安万象城店全新升级PAKR 30可持续时尚概念形象，打造全国首家可持续时尚旗舰店，展现其不断精进的多元包容性以及行业引领性，也见证着DIKENI迪柯尼品牌升级的全新篇章。

4．可持续时尚未来

迪柯尼始终践行初心，2024年发布可持续时尚战略"长远计划"，倡导自然可循环概念，聚焦节能减排，保护生物多样性，践行环境保护和社会责任，以自身行动推动及守护可持续发展的未来。

二、迪柯尼GREEN全国首家旗舰店：精英男士的品位首选

围绕"可持续时尚"品牌理念展开，灵感源自"REGREEN生态林"，GREEN寓意着"与自然，新生"。地处千年古都西安中轴线，登陆城市地标级商业体西安万象城，作为"精英男士的品位首选"，用差异化模式服务全国旗舰店。

作为全国首家及西北大区会员尊享体验中心，从零售空间、购物体验与服务模式等不同维度进行革新突破，建筑面积达610平方米，将可持续城市绿洲式结构贯穿整体，构筑了一处集自然、人文、艺术、生活于一体的生态美学空间，擎领当代精英品位，焕启未来永续新生。

三、容系列：包容万象，向善致远；相融科技，温暖永续

迪柯尼2024冬季"容（RONG）"系列全新发布，全球探寻顶级珍稀衣材，优中臻选羽绒界的宝石冰岛雁鸭绒、绒中臻品匈牙利白金鹅绒、人道负责任

羽绒认证RDS安心绒、意大利OLMETEX可持奢华面料、美国eVent®BIO可持续科技面料。从"绒"到"容"，迪柯尼历经10年匠心打造，秉承可持续时尚理念，从都市多维视野及多元生活方式，兼容高品质、科技性能与自然暖意，打造全新一季"容"系列：涵盖臻选羽绒、甄选羊绒、针织套装、舒暖绒裤、轻暖绒衫、金奖羊绒、品质鞋履秋冬全品类，用有温度的高级感，带来高品质、有品位的全场景着装，打造精英男士的品位首选（图3-42、图3-43）。

四、全域数字化运营：线上线下全渠道坚守初心·匠心·同心

大道不孤，众行致远，同心，共创未来。迪柯尼凝聚团队力量，以客户为中心，整合线上线下场景资源，探索公域私域触点的一体化经营模式。从数字一楼的数字化客户资产、数字化门店到线上二楼的门店直播、门店分销、小程序矩阵、门店企业微信，兼顾平台三楼：零售媒体、生活媒体、社交媒体、内容媒体，实现全渠道全场景下的消费者链接、数据洞察与精准营销，实现"线上营销，到店成交，线下营销，离店成交"，实现消费者、门店、品牌数字化的全面升级。

图3-42

图3-43

欧定：用高弹引领品质生活新高度

广东领英科技有限公司成立于2013年，从2019年开始成为集研发、销售于一体的新一代全产业链互联网科技男装品牌公司。旗下有量品、觉衣、欧定三个品牌，分别提供商务正装、上门服务、团体装定制、高弹衬衫等不同产品与服务（图3-44、图3-45）。近年来，公司先后获得广东省高新技术企业、专精特新中小企业、广州市"定制之都"示范企业等荣誉。

图3-44

图3-45

商务休闲定制品牌欧定，以新一代科技高弹不塌领衬衫为主，满足新消费时代下高端男士穿衣需求和商务场景，为全球新世代中产精英人群提供"高弹不束缚面料、黑科技免烫面料、机翼动力学科技领型"的头等舱级高弹衬衫。欧定通过打通纺织原料、上游供应链、成衣生产制造和品牌运营全产业链，配套工业4.0现代化生产研发智能工厂、M端智能工厂，与意大利等全球顶级衬衫面料、定制面料、毛类面料等品牌合作，形成AI

量体下单、单件单裁定制、72小时顺丰交付一条龙服务。2020年底新生的欧定，仅用12个月时间即实现了0到1亿元的营收增长，用户量突破50万，线上500元以上衬衫品类销售TOP1，并在2023年下半年，欧定实体店开始陆续进驻一、二线城市核心商圈。

一、品牌设立：高弹哲学

欧定认为，每个人只要有梦想，就可以过上高品质的生活。欧定的诞生，就是基于"让人人尽享个性化的高品质生活"作为品牌使命，带着破解"男人困局"的目标，为用户提供高弹的松弛感衬衫。通过研发高科技、超舒适亲肤面料，十倍级提高全球用户的穿衣幸福指数。欧定致力于为全球男性群体，提供头等舱级的云端男装顾问服务。欧定一直坚守初心——解全球男士的三大"困"局：战袍之"困"、交际冲突之"困"、人生起伏之"困"，让全球的每一位商务男士不被着装"奴役"，高弹舒适；不被交际冲突困住，张弛有度；不被人生起伏挫败，高弹向上。

二、这是一件科技感十足的衬衫

欧定成立皮肤触感研究中心、高弹衬衫实验室、弹性哲学产品委员会，斥资超1亿元研发出领先行业10年的欧定衬衫，秉持"久穿久洗领不塌、弯手弓背不紧绷、百穿百洗不起皱、AI尺寸合体显年轻"的服务理念，200多位在线客服72小时提供一对一服务，实现无论何地都能三天内交付（图3-46）。

图3-46

同时运用"人工智能+大数据云计算",为全球不同地区、不同身材的男性提供在线一分钟"单件单裁"合体男装,满足消费者"商务通勤+休闲运动"的穿衣需求。其是以AI技术和自主供应链为依托的互联网定制男装品牌,开创了全球男装人体工学精算领域的新高度,拥有20多年的一线奢侈品男装服务经验。欧定品牌定位商务运动风格,聚焦社会精英男士群体,秉承让奢侈品级服装大众化的创业初心,欧定始终追求工匠精神,品控标准直接对标国际顶级奢侈品大牌,消费者直接对接供应链,去除了一切不必要的中间成本,为消费者带来了高价值的穿衣解决方案。

三、穿上欧定,会让你像乘坐飞机头等舱一样合体舒适

欧定"头等舱高弹衬衫"具有与众不同的六大核心优势(图3-47)。

1.高弹不束缚面料

欧定品牌独创了高针密织弹簧纱,8倍高弹面料,不紧绷不束缚,制订了1~5倍欧定男性合体弹度,力图为不同身高、三维的消费者带来"最适弹度护体",全维高弹的面料和板型科技相结合,穿着贴身舒适,即使个别部位走形发胖也能做到合体塑形。

2.免烫黑科技工艺

欧定亲肤高弹的科技面料,是品牌历时10年研发的结晶,让面料在保持高弹亲肤的同时还自然挺括,常穿常洗、折叠堆放也不易起皱,自然高级好打理,特别适合长时间差旅的商务精英人士。50次连续水洗,持久免烫9条衣骨平整支撑,衣身360度光滑如新。

3.机翼动力学科技领型

领座内外采用弧回弯工艺,支撑领型久穿不塌。领面领座使用独特缝合针法,使领尖挺括美观;黄金10厘米弹力支撑衬,衣领有型屹立不倒。欧定衬衫在衣领板型工艺中采用了机翼动力学仿生科技的结构,不仅衣领高挺大气,在领子与脖子的结合处还呈现出恰到好处地贴合曲度,带来一种恰如其分的自然美感。另外,欧定衬衫通过了洗涤实验,可以做到滚筒洗衣机百穿百洗依然不塌领,遥遥领先于服装业界。

4.AI在线量身定制

欧定建立了全球200万男性体型数据库,拥有33个部位120个制衣参数,为客户提供一人一板精准合体,还有人工智能模拟量体,克隆级舒适板型。

5.1V1专属服务

欧定为客户提供真人一对一在线服务,强专业有

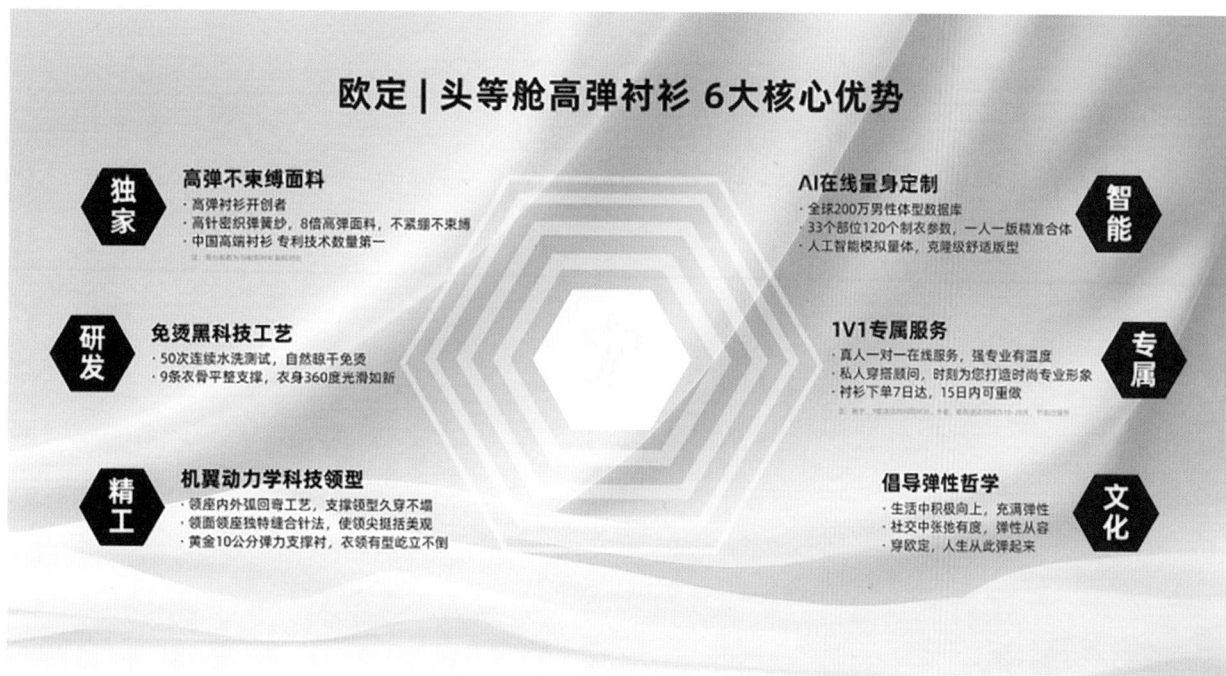

图3-47

温度，同时也配备了私人穿搭顾问，时刻为您打造时尚专业形象。欧定做到国内衬衫下单7日达，15日内可重做的管家式服务。

6. 倡导弹性哲学

欧定倡导的是积极向上，充满弹性的生活态度，在与人社交中张弛有度，弹性从容。

四、技术创新与人才保障

公司鼓励和大力支持技术创新与研发能力，建立健全企业相关技术升级、工艺改进、质量检测等方面的管理执行标准，目前已获得中国高端衬衫专利技术数量第一、高弹衬衫开创者、50次连续水洗持久免烫认证等多项荣誉，这些都是行业、市场、消费者对欧定品质的权威认可。

欧定也加强外部合作，与更多商协会、服务机构建立联系，共同推介优质的广东定制产品，实现共促共进共赢。多年来，公司与国内多所高校建立企校合作伙伴关系，促进校企合作与人才对接，深化产教融合培养行业人才，不断提升产业的专业化水平。同时加快产学研深度融合，以人才支撑强产业发展。

五、"中国欧定 畅销全球"

欧定2022年开始实行国际化战略，以中国广州为中心辐射全球市场，目前畅销全球56个国家，覆盖纽约、芝加哥、米兰、东京、圣保罗、巴塞罗那等1375座城市（图3-48）。现已成为中国高端衬衫全网销量第一，成为30万高端男士的商务之选。

图3-48

欧定未来五年要让中国300万、北美150万、欧洲及西亚中亚150万商务精英穿上高弹衬衫，实现国内超20亿元、海外约30亿元的营收，整体做到50亿元的体量。

跨境出海

特朗普再次当选对中国服装纺织业的影响

陈永森

东盟—中国工商总会副会长
广东省服装服饰行业协会副会长

2024年，特朗普再次当选美国总统，给全球经济尤其是中美贸易关系带来诸多变数。作为全球最大服装纺织品出口国，中国或将面临更高关税与更多贸易壁垒。不过，服装行业本身有着韧性与适应能力，挑战往往也是推动其革新的起点。

特朗普竞选时多次提及对中国进口商品加征60%甚至更高关税，若这一政策落地，中国服装纺织品在美国的市场竞争力将受直接冲击。价格上涨可能致需求下滑，美国进口商会将目光转向越南、孟加拉国、印度等国。中美贸易格局的改变，促使我们重新审视服装行业定位，探寻新的发展方向。

实际上，即便特朗普可能采取强硬措施，中国服装行业早已着手应对变化。以东南亚市场为例，我常去东盟国家谈业务，发现越南、马来西亚、泰国等地对中国服装产品的需求依然强劲，这得益于产品性价比高，以及企业在功能性服饰、环保材料研发上的投入，提升了竞争力。可见，走向多元化市场是应对单边贸易壁垒的有效办法。

国内市场潜力同样不容忽视。特朗普的关税政策增加了出口成本，可国内消费升级为企业提供了新增长空间。国潮品牌逐渐崛起，中产阶级对高品质服装有需求，都为行业增添更多可能。在服装制造方面，智能化设备虽不能完全替代人工，但已减少用工人数，让生产模式更灵活，使工厂能更快响应市场需求。

在此背景下，地方政府对服装行业的支持至关重要。如2024年11月21日在虎门举办的第二届世界服装大会开幕式，让我感受到虎门作为服装产业小镇，产业链基础扎实，也彰显了地方政府推动行业发展的决心。大会只是一小步，却是全球服装行业在复杂环境下前行的缩影。

回归特朗普政策的影响，其加速了全球服装行业区域化和多元化进程。从贸易战到技术壁垒，中国企业已习惯在不确定中找确定，这需要我们在市场开拓上更讲策略，也得重新审视行业价值观，从"出口为王"转变为"文化与创新并重"，认识到服装不仅是商品，更是文化与责任的体现。

未来挑战无可避免，但中国服装行业韧性强、潜力大。从技术创新到市场多元化，从文化传播到责任升级，在每次变化中都能找到新的发展契机。特朗普的政策虽是变量，却阻挡不了行业前进的脚步。

作为行业一员，我很荣幸见证服装行业在变化中寻求突破的过程。无论是国内消费升级，还是海外市场多元布局，每位服装人都在以各自方式为行业创造更多可能，相信未来能更好应对挑战，通过创新与协同，让行业发展之路更加光明。

广州纺织工贸企业集团：扬帆远航、链接全球，供应链集成服务者的出海出新

一、不忘初心，扬帆远航

大潮澎湃40年，与南粤大地一样，开放包容、崇尚实干早已刻入广州纺织工贸企业集团有限公司（简称"公司"）的基因。经济全球化的潮流浩浩荡荡，公司从青涩蜕变为成熟，从"传统贸易商"转型为"供应链集成服务商"，从扎根南粤到走向世界的舞台，迈入营收"百亿俱乐部"，位列2023年中国服装行业百强榜第15名。在每一轮时代浪潮中，公司都将保持初心，坚持以开放姿态、全球化视野打造新质生产力，提振"扬帆远航"的底气和动力，奏响纺织企业出海新乐章。

二、乘势而行，起锚出海

1978年，党的十一届三中全会正式吹响改革开放的号角，国家逐步开放自营出口，广东纺织外贸迎来了一个崭新的春天。千年岭南开放包容、崇尚实干的文化积淀，催生广东纺织业一派百花齐放的景象。公司在历史洪流中开启了自己的全球化征程，改革开放初期，属下广州纺织品进出口集团有限公司奔赴万里前往美国纽约参展（图3-49），正是公司出海之路的重要缩影。随着中国加入WTO，越来越多的中国企业走出国门，开拓海外市场。在充满碰撞与挑战的国际市场中，公司持续摸索着高质量"出海"路径。

图3-49

三、全球布局，格局再构

全球产业链供应链正在重构，外贸增长的背后，要求企业对市场保持高度敏锐、对需求实现快速响应。公司始终坚持深入参与全球产业链供应链合作，营造具有国际竞争力的开放创新生态。

走进136届广交会展馆纺织公司的展位，运动瑜伽服、休闲牛仔、健康内衣等一系列新品赫然映入眼帘，吸引众多外商驻足咨询。后疫情时代的到来深刻改变了消费者的生活方式和消费需求，消费群体追求运动与舒适的特征逐渐明显，公司敏锐捕捉市场潮流，加大力度开发运动休闲新品，成立了针织瑜伽业务单元，将打造成系列的品质潮服投放市场，成功打开国际市场大门。不仅如此，为了设计出更加符合消费者需求的产品，作为公司研发设计基地的TIT国际品牌研发中心设计团队，每年都会跟随业务一线出访参展，为产品差异化与创新设计保驾护航。以市场需求为导向，依托品牌中心的研发力量与速度，公司每个季度推出100~200款新品，对市场需求的敏锐洞察和创新供给，成为公司保持国际市场竞争力，获得稳定订单的基础与关键（图3-50）。

图3-50

在出海的过程中，能否更快、更好地完成产品的设计、打板、生产、物流配送等全链条服务，是纺织企业保持国际竞争优势的核心之一。在全球生产力布

局方面，公司早早进行谋划，陆续开发了位于孟加拉国、柬埔寨的生产基地，搭建了毛衫等领域的专业生产线。"欧美设计、亚洲制造、纺织公司集成、全球销售"的全产业链优势不断提升，保障公司"出海"之路更加畅通无忧。

与此同时，公司"走出去"的边界也在不断拓宽。新兴市场人口红利明显、消费增长迅速、供需不匹配等特征，对有着成熟供应链与产品优势的企业而言，无疑提供了新的商业机遇与广阔的市场蓝海。近年，公司也在不断加大自主开拓新兴市场的力度，提高供应链的抗风险能力。针对新兴市场客户的需求差异，公司提供了一种有别于欧美的市场策略与专属个性服务，向新市场传递纺织品牌的文化故事，"一带一路"沿线国家以及RCEP等国家和地区"朋友圈"也在不断扩大，中东、南美等一些新市场逐步打开，为公司业绩增长注入动力，实现纺织服装外贸业务的逆势增长。

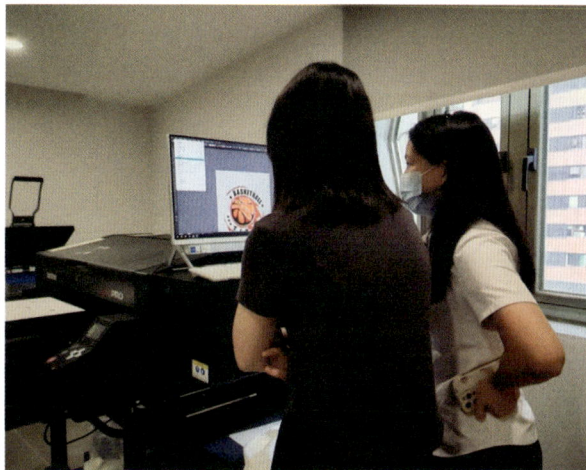

图3-51

四、数字赋能，创新突围

过去几年，小单快反、云经济等模式重塑服装行业商业形态，通过"数字化+工具"模式推动全链条效率提升和协同，打造服装产业链的赋能平台，这也是公司近年来的重点布局领域。

在纺织服装"快时尚"模式下，作为生产的前端环节，样衣制作的质量和速度直接关系最后的交易能否达成。2024年，公司引进了数码喷印技术，能够满足多批次、小批量、短周期的小单快反模式，这是公司实施业务流程再造、打造高效供应链的一个积极探索（图3-51）。与传统印染技术相比，数码喷印技术具有节能环保、小批量、多款式、低成本的优势，在契合纺织业商业底层逻辑的基础上，符合当下绿色环保的发展方向。除了智能化设备的升级，公司还专门成立了小单快反工作团队，构建从设计、开发、打板、生产到销售的一站式服务体系，目前已陆续开发了国际订单，开启了自主设计、小批量订单的国际市场模式。数智化改造是一项长期工程，尽管数智化转型之路任重道远，但必定是大势所趋，也是纺织企业在时代变革中突围、蝶变的最佳出路。

五、链上发力，共荣共生

"大河有水小河满，小河有水大河满"。企业、行业与社会从来都是唇齿相依、休戚与共的命运共同体，构筑"和平、发展、合作、共赢"的纺织服装产业生态是人心所向。在担任广州市时尚产业集群纺织服装分链"链主"企业期间，公司坚持与纺织行业开放合作、协同共进，积极参与政企交流活动，为行业发声，通过行业活动搭建行业交流平台。作为行业的一分子，公司践行"长期主义、价值共生"的生态体系，始终与上下游供应链保持互惠共赢的良性互动关系，构建具有抗风险性、可应变性以及长远价值的全球供应链体系，实现产业链的共荣共生。同时，公司始终肩负社会责任，贯彻新发展理念。近年来，公司加快绿色转型步伐，大力使用环保材料、引进分布式光伏发电项目、通过全球GRS环保认证等，大幅提升产业含"绿"量，以实际行动践行绿色低碳发展的社会责任。

六、2024年度获得荣誉

2023年中国服装行业"营业收入"百强企业。

2024中国服务业企业500强。

2024年广东企业500强。

属下利工民公司荣获老字号创意设计品牌奖。

"利工民汗衫背心制作技艺"入选荔湾区第八批非物质文化遗产代表性项目名录。

UR母公司FMG集团全球化进行时：跑出"时尚"加速度

在当今中国商业的主流叙事体系中，"不出海，就出局"已成为广泛认同的观点。定位为快奢时尚品牌的URBAN REVIVO（以下简称"UR"），自诞生之日起携带着鲜明的国际化基因，即"生而全球化"，品牌在创立之初便明确将自己视作全球时尚领域的参与者，与国际快时尚品牌并驾齐驱。

截至2024年11月，UR已在全球范围内开设超400家门店，其中在新加坡、马来西亚、泰国、菲律宾、越南等海外市场更是设立了10多家门店。此外，UR母公司时尚动势集团股份有限公司（以下简称"FMG集团"）旗下的另一定位于科技性能休闲服创领者品牌本来(BENLAI)也计划在年底正式迈出国际化步伐（图3-52）。

FMG集团之所以能在海外不断拓展疆域，既得益于其"生而全球化"的基因，也离不开集团内部持续的自我革新与"内功"修炼。在全球化的进程中，FMG集团追求的高价值范式，已成为出海企业学习的典范。

图3-52

一、品牌全球化，驶向更广阔的海域

FMG集团深刻认识到，要打造千亿品牌的梦必须进入全球市场。尽管全球化征途犹如大航海时代的探险，它要求的不仅是地理与市场的简单延展，更关乎品牌内核的本地化变革。

产品是连接不同地域与文化的关键桥梁。FMG集团董事长兼首席执行官李明光曾说道："产品的设计力和创意美学力是时尚类企业的长期发展和生存之道，更是品牌筑牢自身市场竞争力的关键所在，优秀的产品设计不仅是连接品牌与消费者的情感纽带，也是传递品牌价值观和生活美学的重要媒介。"正是在坚持以产品设计为核心的品牌理念引领下，FMG集团从创立之初，就专注于整合全球化力量，分别于欧美和亚洲设立两大设计部门，拥有超500位设计人才。UR以"快奢时尚"的商业模式，主打国际化设计美学，结合当地文化、消费者喜好、可持续发展理念等推出差异化产品，跨越文化壁垒。2023年，UR设计师系列"秋日来信"凭借大胆前卫的设计，荣获权威时尚媒体《时尚芭莎》杂志颁发的芭莎设计大赏"年度创新设计奖"（图3-53）。

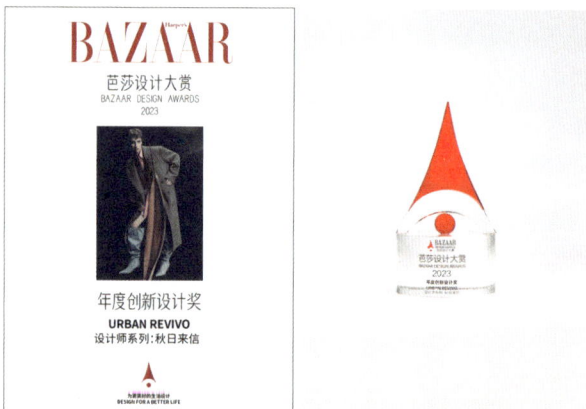

图3-53

而在海外渠道拓展方面，UR通过设立国际独立站作为线上业务的核心力量，同时入驻电商平台，实现"1+1＞2"的市场范围覆盖；线下延续国内"奢华大店"和"千店千面"的品牌策略，入驻当地最佳商圈，如UR泰国曼谷旗舰店占地三层楼、马来西亚旗舰店登陆首都吉隆坡地标性购物中心Pavilion Mall，本来海外首家门店在2024年12月落地于泰国曼谷市中心One Bangkok，利用时尚高地打造品牌势能，进而逐步渗透到其他国家、城市和商圈（图3-54）。

图3-54

柔性供应链的打造对于一个"生而全球化"的企业无疑是重中之重。FMG集团得益于强势的柔性供应链，能够迅速捕捉并响应市场需求，高效地将消费者喜爱的产品推向市场。通过小单快反模式，FMG集团不仅缩短了供应周期，实现了利润最大化，还有效降低了库存风险，保持了在激烈竞争中的强劲势头。不仅如此，集团还通过整合生态上下游资源，打造产业链协同平台，一直致力于推动服装产业的高质量发展。

此外，FMG集团利用人工智能（AI）和大数据构建了数智化决策体系，实现了智能化排产、生态化生产和常态化快返，确保产品的快速更新和市场竞争力。例如，门店的货品结构会根据全球不同地区的季节、温度等因素进行差异化调整，协助门店实现精准的商品管理，提升运营效率。FMG集团COO兼集团CFO汤章亮（Richard）在接受采访中表示："门店是'前线作战部队'，供应链是'后勤补给部队'，未来将在国际重点市场布局本地供应链，为全球消费者提供更优质的、更贴合需求的时尚体验。"

出海，是一场考验所有参与企业耐力与决心的持久战役。UR从"生而全球化"的品牌基因，到产品、销售渠道、供应链的出海，再到品牌全球化的战略路径稳步前行。

二、以变化应对变化，练就品牌底层"内功"

向外看的前提是向内求，中国企业在全球舞台上蓬勃发展的根基，深植于本土市场的沃土之中。经过十八年的市场验证，FMG集团已然凭借其前瞻的战略思维及长期主义，为自身的全球化征程奠定坚实基础。

FMG集团自2019年起便将"数字化"作为核心战略之一，全面推进企业的数字化转型。这一转型不仅驱动了集团的发展，也加速了产业的升级。在服装品牌领域，数字化转型已成为不可逆转的趋势。为了迅速把握市场动态、灵活响应消费者需求，FMG集团高效整合资源并实施数字化策略。通过自主研发商品数智化管理平台，FMG集团将商品企划、设计、生产、物流、销售等多个环节纳入数字化管理，实现了商品、全渠道和供应链管理的全链路数字化改革。这一平台能使FMG集团实时监控产品的生产进度和质量控制，显著提升了生产效率，确保了产品的高品质标准。

在竞争激烈的消费市场中，多品牌战略已成为企业扩大规模和增强竞争力的关键途径。2022年，FMG集团抓住时机，推出了科技休闲服创领者品牌本来，该品牌以性能科技和可持续面料重新定义休闲服饰，倡导舒适的穿着体验和高质价比，告别传统牛仔和棉麻面料，积极拥抱性能科技和环保理念，满足3~60岁群体在日常休闲、通勤休闲和轻运动等多种场景下的穿着需求（图3-55）。短短两年，本来已迅速扩张至全国，开设了近20家门店。

图3-55

中国企业在拓展海外市场时，不仅要增强自身的国际竞争力，也需要符合国际ESG标准。2019~2021年，UR连续三年推出环保胶囊系列，该系列采用国际GRS认证的REPREVE循环再生涤纶——由回收塑料瓶转化而成，有效减少水污染。同时，本来从创立至今，尤为注重材料的可再生性、环保性及低碳性，优选再生纤维素纤维、再生涤纶及含再生或生物基的优质原材料，例如与世界著名纤维生产商奥地利兰精集团旗下天丝™品牌莫代尔纤维携手，推出秋冬云柔系列新品，旨在从源头上减轻环境负担，为消费者创造更加绿色、美好的未来。凭借在可持续发展方面的卓越表现，FMG集团于2024年荣获第一财经主办的"绿点中国2024•可持续实践案例评选"中的"绿色先锋"称号（图3-56）。

面对大航海时代，FMG集团的应对思路是：专注修炼"内功"，夯实基础，将优势化为竞争胜势。正如俗语所说，"打铁必须自身硬"，中国在国际舞台上持续站稳脚跟的关键在于自我完善和追求高质量的发展。对于所有企业而言，走向国际市场不仅是重塑品牌形象、注入新活力的机会，也是品牌在新市场中重新讲述"本地化"商业故事的契机。中国企业从不缺乏出海的勇气和灵活应对的智慧。我们相信，在未来，像FMG集团这样杰出的中国企业，将以全球化的视野把握新时代的机遇，向全球讲述中国品牌故事。

图3-56

广东简绎服饰有限公司的全球化创新之路：
设计出海，以品质赢得市场

随着全球化经济的迅速发展，越来越多的中国企业开始将目光投向国际市场，寻求突破与创新。在这一过程中，设计与品质成了企业走向世界的重要竞争力。作为中国婚纱礼服行业的知名品牌之一，广东简绎服饰有限公司（以下简称"简绎服饰"）凭借其对中国传统纺织工艺的深入挖掘与创新性融合，成功打造了一条独特的"设计创新，文化出海"之路。

一、企业概况：以人才为重心设计与文化并行的全球化布局

广东简绎服饰有限公司成立于2009年，自公司成立以来，始终坚持"创新设计、文化传承"的理念，专注于高端服饰的研发和生产。公司秉承"匠心设计，品质至上"的理念，致力于通过创新设计、精湛工艺和独特的文化元素，打造具有全球竞争力的国际品牌（图3-57）。

在人才培养方面，简绎服饰投入了大量资源，定期举行培训，致力于提升设计技术人员的综合素质与全球视野。通过这种方式，公司不仅培养了一批本土设计人才，还吸引了大量国际化设计精英加盟，为企业的"出海"战略奠定了坚实的设计基础。

简绎服饰总公司地处粤东潮州市，对于公司精心培养的设计师离开潮州前往一线城市发展的申请，公司会投资其于所在城市建立设计公司；对于申请返回家乡或在本地创业且有能力独立管理工厂的生产技术人才，公司会投资场地与设备支持其建厂。通过孵化设计公司、工厂，避免公司核心设计技术人才流失的同时，也扩大了公司的规模与影响力。

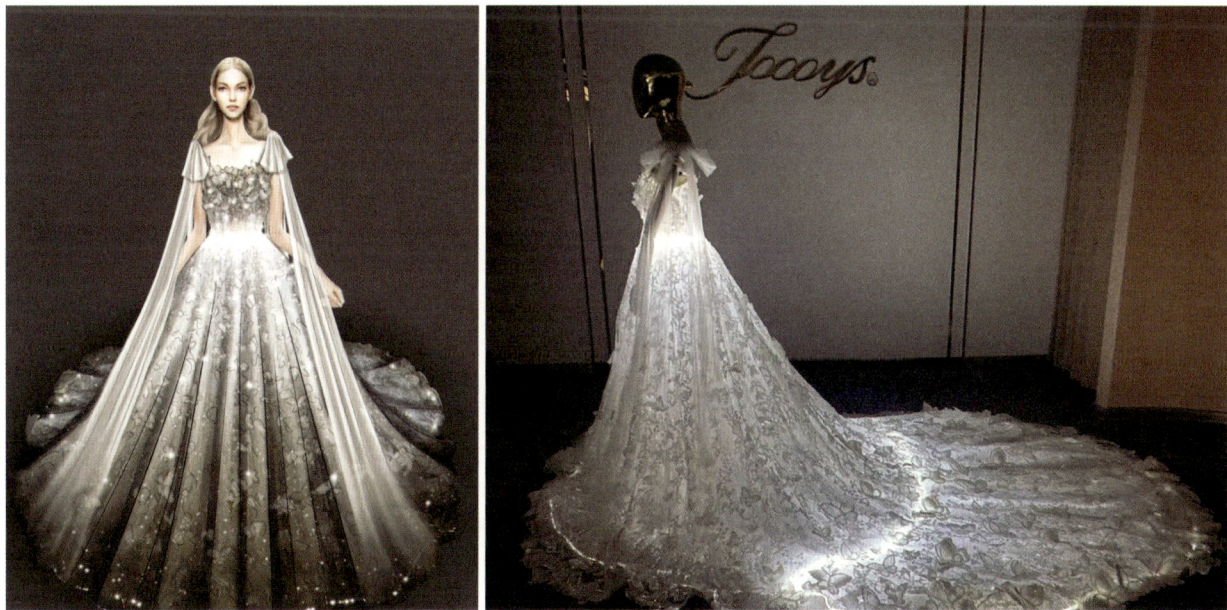

图3-57

二、设计出海：以文化为核心的创新举措

简绎服饰在全球化的过程中，始终坚持创新驱动，在非遗创新、文化融合、科技应用和绿色环保等多个方面做出了卓有成效的探索。通过深度挖掘和现代化再造中国传统纺织工艺，将传统技艺与国际时尚市场相结合，打造具有中国文化符号的时尚产品。简绎服饰在非遗技艺的应用和创新上，采取了以下几个方面的创新举措。

1．非遗创新与文化融合

设计理念上，简绎服饰注重将中国传统文化与现代设计相结合，尤其在非物质文化遗产（以下简称"非遗"）的传承与创新方面。公司与多个非遗工艺传承人合作，包括潮绣、珠绣、香云纱、宋锦、云锦，推出了一系列融合刺绣、织锦等传统工艺的服饰产品，不仅赋予了这些传统技艺新的生命力，还通过现代化的设计语言，展现了中国深厚的文化底蕴。

2．科技应用与智能制造

简绎服饰注重科技赋能，在产品设计、生产、供应链等环节都大力应用现代科技。公司引入了先进的CAD设计系统、3D模拟试衣技术，并通过大数据分析洞察市场需求，优化产品设计与生产流程。将发热面料、变色面料、光纤面料、迷你LED灯、环保染色、科技染色、激光雕刻、3D打印等科技材料与技术应用到设计中，简绎服饰在非遗技艺的创新应用中，注重将传统工艺与现代技术相结合。例如，通过数字化设计工具进行精细化的工艺图案设计、运用3D打印技术制作定制化的配饰，以及借助智能化生产线进行更加精准的刺绣工艺制作等（图3-58）。

3．绿色环保与可持续发展

随着全球环保意识的增强，简绎服饰积极践行绿色环保理念，在生产过程中，采用天然染料、环保面料以及节能减排设备，致力于打造低碳、可持续的时尚产业链。简绎服饰在设计创新、科技赋能的同时倡导循环经济，建立共享平台为消费者提供婚纱礼服租赁及改造服务。

图3-58

三、企业成果：文化价值与经济效益并重

简绎服饰在推广中国传统非遗技艺的过程中，取得了显著的成果。自2010年珠绣香云纱套装礼服系列深受加拿大市场欢迎以来，简绎服饰成功将传统工艺转化为具有市场竞争力的时尚产品，在国际市场中收获了丰厚的经济效益。近年来，公司产品已覆盖欧美、东南亚、澳大利亚等多个国际市场，出口额逐年增长（图3-59）。

简绎服饰通过孵化设计公司与工厂，带动了当地人才就业及经济的发展。公司与多家非遗传承单位和手工艺人合作，帮助传承人拓展市场，提升他们的工艺水平。同时，简绎服饰积极参与或组织国际非遗工艺文化交流活动，提升全球消费者对中国非遗技艺的认知和认同。

公司通过了ISO 9001质量管理体系认证，拥有多项发明专利、实用专利、外观专利及著作权登记，被

图3-59

评为国家高新技术企业，科技型中小企业，创新型中小企业，专精特新中小企业等。公司品牌JOOOYS被评为广东服装名牌名企评价项目"先锋设计师品牌"，曾荣获中国国际时装周婚纱礼服设计奖、抖音电商中国影响力品牌大奖、时尚深圳"创新设计大奖"、"匠心工艺大奖"、中法设计奖等多项荣誉，在国际上的知名度与影响力逐年提升（图3-60）。

图3-60

四、未来展望：以文化自信、科技创新推动全球布局

展望未来，公司计划加大对非遗技艺的研发投入力度，通过不断融合文化、科技、环保等多重元素，简绎服饰将继续秉承"设计出海"的战略，以品质与文化为依托，进一步开拓国际市场，推动中国非遗技艺走向世界。未来，公司将围绕以下几个重点发展方向展开战略部署。

1．持续创新与设计领先

简绎服饰将继续加大研发投入力度，打造更多符合全球消费者需求的高品质、个性化服饰。与全球顶尖设计师和创意人才合作，继续拓展国际市场、提升品牌的全球设计影响力。

2．全球化品牌建设与渠道拓展

在市场拓展方面，简绎服饰将加强与全球零售商、电商平台的合作，通过线上线下多渠道，与全球消费者紧密互动，提升品牌的全球认知度和市场占有率。

3．推动绿色可持续时尚发展

未来，简绎服饰将继续践行绿色发展理念，推动可持续时尚的发展，开发更多符合环保标准的创新产品，通过以服装租赁与服装改造为主要业务的共享平台，推广循环经济理念，推动全球服饰行业的绿色转型。

文化赋能

林栖三十六院：焕活非遗技艺，赋能乡村振兴

一、前言

每逢向外界介绍林栖三十六院的时候，都可以用一副不算太夸张的对联来形容它："偏乡水云间，僻壤桃花源。"

"偏乡"有多"偏"呢？它位于浙江之心的金华市东阳东，所有的交通要道和主干线，甚至是规划都成功地绕开了这个地方。

"僻壤"有多"僻"呢？它距离最近的现代都市东阳，都还要至少1小时的车程。

但是，就有这么一群术有专攻、锲而不舍、执着于传承传统手工的"守艺人"，通过创新与活化，在这里创造了乡村振兴的奇迹。

二、背景

中国乡村现今普遍存在农村空心化、农业边缘化、农民老龄化的"新三农"问题。留守的老弱妇孺成为从事农业生产生活的主要力量。少无所依，老无所养成为乡村建设的话题痛点。

人口流失，传统手工技艺失传，新乡村建设形象千篇一律，有温度的人情味在消散，人间烟火气渐逝。

希望通过"守艺人"新乡村建设项目，激活本土民间手艺基因，引进外来传统手工艺人，既能让他们拥有安居乐业、施展技艺的热土，也能充分结合当地境况，融入当地人文资源，助力村民对美好新生活的向往。

通过自己的双手实现个人价值，形成与自然和谐相处的良性可循环产业生态，实现乡村生产主体人群的转变重构。

双向奔赴，彼此赋能，重新回归理想的村落。

见人，见物，见生活。

三、理想的村落

三单乡，地处浙江之心金华东阳，依山傍水，四周环绕着青山绿水。村民们伴随着太阳的脚步，日出而作，日落而息，挥洒汗水，耕种于这片肥沃之地，过着古朴天真的男耕女织生活。他们的善良与纯朴，热情与好客，汇聚成这个村落最浓厚的人情风俗（图3-61）。

图3-61

这里，村民们的勤劳与智慧创造了一幅幅蓝白交织的记忆，世代相传的幸福愿景在此交织。三十六行、

三十六坊、三十六院共筑成一个独一无二的博物馆群落和手工艺度假村，让这片土地复兴繁荣起来，让村民们在家门口就能找到工作，让非遗和传统手工艺在这里焕发新的生命力。

四、向往的生活

在这个不起眼的小地方，悄悄坐落了一个博物馆艺术村——圣门潭博物馆艺术村。

林栖三十六院团队不断深挖三单乡的文化内涵，流转上百间村中的传统民居，保留传统民居的建造特点，并将其打造成非遗手工工坊集群的博物馆艺术村落，创新探索古村活化、非遗换新的未来乡村建设模式，吸引外来手艺人及年轻人入驻，以相互融合、共生共荣勾勒出一幅古今对话、人文与现代和谐共生的美丽乡村景象（图3-62、图3-63）。在时间的沉淀中，将新与旧、碰撞与融合的场景，体现出在地双生茁壮成长的蓬勃状态，一起用双手编织我们向往的生活。

"美学院"改造前后　　"蓝印花布传承之地内部"改造前后　　"圣门潭河岸"改造前后

图3-62

图3-63

五、圣门潭博物馆艺术村

在这个绿水青山亟待被重新发现的乡创新纪元，通过引进人才、项目、资金、资源，把原本荒废的、破旧的闲置旧屋和人迹罕至的传统古村落改造运营。

让东阳市三单村从曾经看不到希望的"山沟沟"，逐步蜕变为环境优美、"颜值在线"的传统手工艺度假村。

圣门潭博物馆艺术村，位于浙江省东阳市三单乡三单村，为浙江省财政厅一事一议财政奖补支持打造共富乡村试点项目的5个行政村之一。

以非遗手工工坊集群为特色，集生产设计、传播传承、展示展销、旅游休闲等功能于一体。布局非遗展示、民宿旅游、生态种植、研学基地、前店后坊等5种业态，涵盖手工工坊、大师工作室、博物馆、艺术馆、生活馆、非遗主题店铺等功能分区（图3-64）。

博物馆村采用"微改造"的"绣花"功夫，活化利用闲置旧屋，在保留三单村深厚历史底蕴和乡村文化记忆的基础上进行文化挖掘和创新。建成蓝印花布、传统纺织、银器等非遗手工共富作坊近20个，非遗展

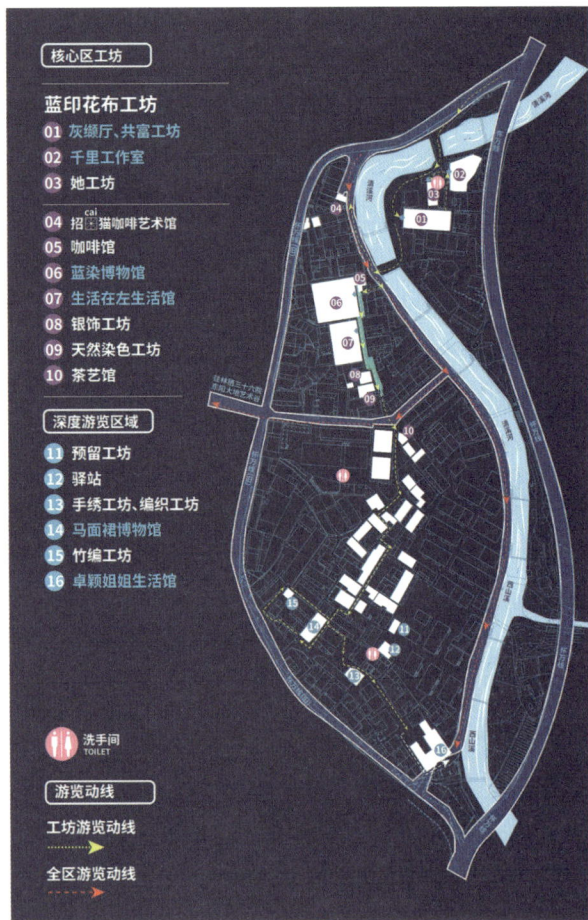

图3-64

示场馆及博物馆3个，非遗主题民宿20间，打造"招cai猫"乡村特色咖啡馆、乡村博物馆等乡村文化消费新场景。

构建"市场销售+场景销售+线上销售"三维销售平台，使藏于"深山人未识"的蓝印花布、传统纺织、银器等非遗手作，走出大山，实现非遗文化现代化转型和市场拓展，创新探索古村活化、非遗焕新的未来乡村建设新模式。

六、她工坊和她力量

在这个村落中，留守的妇女与老人成了社区的守望者。

针对如何跑赢乡村建设"下半场"的难题，全面打开闲人、闲地、闲房、闲文化、闲生态——"五闲"转化通道，真正实现了乡村振兴、共同富裕。

组织她们在完成日常家务之余，聚集于她工坊，在三十六院的手艺人的带领下，学习传统手工技艺。

忙时务农，闲时手工。她们或许并无手艺基础，但可在零碎的时间里，逐渐练就一技之长。她们在家是家庭的守护者，在工坊则化身手艺的传承者，用巧手编织生活，将古老的技艺继续传承下去，展现她们的不凡力量。

七、创始人林栖

农创客林栖，三单村归乡人，中国纺织非遗推广大使、中国十佳时装设计师、蓝印花布非遗传承人、林栖三十六院创始人，入选2022年度乡村文化和旅游带头人（图3-65）。

图3-65

2020年，在乡村振兴的召唤下，林栖带着对故土的深深眷恋与对传统文化的无限敬仰，踏上了归途，重返她魂牵梦萦的三单乡。

这里曾经是她一直想要逃离的山村。但对非遗的传承和创新，为乡村引来了游客和年轻人，也带给她许多创作灵感，让她的创业成果被更多的人看见。

林栖带着人脉、人才、技术、项目和资金，以及将非遗传承、创新与活化后，通过擅长的商业思维与营销转化形成的完整闭环，使国家级非遗蓝印花布得以活化，即蓝印花布活态博物馆的命名含义所在。

通过早已布局全国的成熟商业品牌产业链，将与蓝印花布传统手工有关的生产制作环节反哺到东阳三单村。修葺改造旧民居，筑巢引凤，引进天南地北的农创客或工坊主理人，培训村里的她工坊成员重拾基因中的传统技艺，足不出村，在家门口便能增加一份不菲的收入。

在她的带领下，三单乡依托得天独厚的生态环境，将聚焦三十六行，三十六坊，三十六院的林栖三十六院，打造成了一个集自然景观、乡愁老屋与非遗文化于一体的项目，林栖三十六院不仅成了三单乡的标志性创客项目，更成了非遗活化与乡村振兴深度融合的典范，实现乡民物质和精神的双富裕。

她不仅通过时尚服饰品牌实现了"一块土布，走向国际"的初心，而且仍志在通过林栖三十六院践行"把世界带回山坞，把山坞推向世界"的梦想。

曾有人问：投资回报是否有期限？她的答案是：终其一生，矢志不渝。

八、林栖三十六院

栽得梧桐树，引得凤凰来。

通过集聚"三十六行、三十六坊、三十六院"招才引智，吸引来自广东、湖南、湖北、贵州、云南、重庆等全国各地和当地的一大批青年农创客或工坊主理人等20余名在此就业创业。将新业态、新产业带进来，通过将产业带入乡村，带动周边村民就业和技艺传承，让乡村具备"自我造血"功能。

农创客或工坊主理人已成为领跑浙江乡村全面振兴的生力军，其"年纪轻、学历高、专业精、善创新"的鲜明特征可持续不断地在推动乡村产业发展、激发农村资源要素活力、带动农民农村共同富裕等方面创造附加价值。

三单乡"千万工程"的成功实践，亦离不开农创客或工坊主理人的鼎力支持。持续为三单乡注入生机与活力，聚力打造一个农创客或工坊主理人集聚、新老村民融合的新型乡村、众创乡村，实现创客产业年销售超3000万元，带动村民人均年增收超2万元，点燃乡村振兴、共同富裕新引擎。

如今，林栖三十六院已经成为一个联合三单村、

金航村、山背村、搭钩村、下西楼村5村，依托政府党建引领、村委村民参与、企业团队入驻，携手打造东阳市第一个"产能融合、非遗呈现、文旅互惠、共同富裕"等综合性乡村共富试点项目的样板定位（图3-66）。

图3-66

九、广阔天地，大有作为

通过多种方式的非遗展示、丰富地道的互动体验和持续不断的文化活动，致力于多元化、新颖化、深层次突出其蕴含的价值特色，助推传统乡村文化的现代化转型，在实现非遗活化的同时，赋予古村落建筑当代功能，焕活山乡经济。

从"理想的村落"秋季乡村休闲旅游节暨山谷风物市集、"我们的村晚"、中国诗人走进"林栖三十六院"暨自然写作研究中心挂牌、乡创英雄榜，到第九届青年创业创新大赛暨第三届电子商务短视频·直播大赛开幕，林栖三十六院在三单乡以公共文化服务活动为载体，开展大型线上线下品牌活动近20场，邀请四方宾朋，共享文化盛宴，助推打造东阳当地知名的乡村旅游知名打卡点。

2023年6月，中央电视台《新闻联播》和《焦点访谈》点赞三单村扎实推进共同富裕，三单村被作为浙江"千万工程"未来乡村典型范例重点报道。

2024年9月29日，借助"东阳大地艺术谷"暨2024三单乡乡村休闲旅游推广系列活动开幕。将"软乡村、酷农业、慢生活、融艺术"的理念嵌入其中，在浙中的东阳东，形成了一个高端定制、野奢臻享的内容新文旅板块。

十、后记

须知，这"人间烟火气，最抚凡人心"。

如今的新农村、新乡村、新山村，早已不再是过去我们记忆中破败落后的面貌，在原乡人、归乡人和新乡人的共同努力之下，正在以翻天覆地、耳目一新的剧变颠覆着我们的刻板印象，朝着赋能乡村振兴的阳关坦途砥砺前行。纵使前途漫漫，我们风雨兼程（图3-67、图3-68）。

非遗活化，引玉之砖。

乡村振兴，未来可期。

图3-67

图3-68

供稿：刘会明

云思木想：以传统底蕴重塑现代摩登东方美学

一件服饰的意义是什么。当我们的祖先开始有意识地用衣物庇体、抵御自然的时候，就代表了人类开始脱离野蛮状态，步入文明社会。"衣"是文明与野蛮的分界，是身份与地位的象征，从古至今，服饰的变化都映射着社会的发展与文化的变迁，而每一件衣裳都承载着特定时代的文化烙印与社会价值。云思木想一直秉承着"以时尚致敬和传承中国文化"的设计理念。以服饰为载体，试图寻找与历史、文化和社会的深度连接。

云思木想创立于2013年，品牌名取于《清平调》："云想衣裳花想容，春风拂槛露华浓。"云，代表变幻万千；木，代表坚韧内敛，吞吐柔美与坚韧的力量。深深扎根于本土，以东方文化为精神内核，通过灵动多变的创造力，将传统元素与现代时尚糅合，向世界传递摩登东方美学（图3-69）。

图3-69

云：风云际会之间总是变化万千；"云"是空气与水的暂时形态，它是流动的；"云"代表了变化之术，万千灵感，超乎想象的意识形态，它是融合又独立的辩证形态，它象征着中西文化碰撞的奇妙化学反应。

木：东方，木也，万物之所以始生也；"木"代表了神秘而敦厚的东方文化底蕴；"木"代表了神圣崇拜，建木、月桂、扶桑、梧桐；云思木想之木，东方之木。

2024年9月20日，广东时装周一春季秀场，品牌创始人兼设计师的丹丹仙带着她的作品以更成熟的姿态强势回归，以"彝山之灵"为主题，作为本次时装周的开幕首秀，在璀璨灯光的映照下，她们自信大方，每一步都踏出了当代女性的果敢与力量，身上的时装，不仅

是自由个性的展现，也是无声语言的表达（图3-70）。

图3-70

一、传承与新生，民族文化的现代演绎

彝族，是一个拥有悠久历史和灿烂文化的民族，其独特的服饰、纹样、色彩和工艺为时尚设计提供了源源不断的灵感，云思木想秋冬"彝山之灵"系列服饰，以独特的视角将传统与现代打破重组，把彝族文化中的经典元素：苍劲雄鹰、索玛花、日月星辰、羊角纹等进行现代化设计，融入现代服饰的剪裁与廓型，让东方的衣物上，留下我们对自然的敬畏和对美好生活的向往。从精致的刺绣到生动的印花，从细腻的面料选择到独特的色彩搭配，不被传统审美所左右，用新潮的设计尽情地展现自我。

文化与时尚相融，绝非简单的元素堆砌，而是一场对文化内涵与精神内核的深度探寻，在尊重与领悟的基础上进行创新和现代演绎，彝族文化承载着对天地万物与生命本质的思考，从图腾崇拜到自然信仰，从手工技艺到节庆仪式，若要让古老的民族文化在现代时尚的舞台上焕发出新的光彩，就要与当代人的审美、情感与文化认同上寻找共鸣。

面料之语，本系列选用真丝绒、醋酸、绣品、羊毛、棉麻、天丝等优质面料，作为肌肤之上的第二层语言，面料的特性决定了穿着的感受，自然舒适可以使时尚更有温度，高级感从来不是流于表面的美，而

是可被定在骨子里的精致。无论是轻奢复古的风格，还是张弛有度的美感，每一片面料都承载着云思木想对品质的执着追求（图3-71）。

图3-71

中国风不是被束之高阁的文化符号，而是要融入我们的日常生活，每一件衣服都在以不同的形式完成它的使命，它可以很轻盈，也可以很厚重，更重要的是，它镶嵌着我们对于传统文化的热爱与理解。

色彩之韵，彝族偏爱红、黄、黑三大色彩，红色是热情与活力的代表，黄色寓意着光明与希望，黑色则象征神秘与庄重。明艳跳脱的色彩，可以冲破寂静的枷锁，以强烈的视觉冲击释放蓬勃的生命力，每一抹亮色，都像是潮流与个性的宣言；光影中的黑色，内敛沉稳，是一种极具力量的存在，仿佛拥有无尽的深邃与包容，在它营造的肃穆氛围里，它不张扬却拥有强大的气场（图3-72、图3-73）。

图3-72

图3-73

二、塑造自我，时尚不止于美

在现代社会，全球化和多元文化的交融使得服饰的意义更加丰富，每一位女性都可以通过时尚展示自己的文化背景，找到属于自己的声音。从更深层次上来说，服饰远远超出了其外在的美感，它成为女性构建自我身份的关键，在不同的人生场景中，向他人诠释着独属于自己的标识。云思木想的摩登中国风设计，融合了东方哲学智慧与西方人道主义，使当代女性去勇敢尝试更多的可能，从服饰中汲取的精神文化内涵，可以成为她内在延伸的力量，一件西服可以使人在职场上建立起权威与自信，一条长裙也可以使人在社交场合中散发优雅与魅力。

中国风服饰在无声地传递着一种文化的深度与精神的厚度，东方女性之美是温婉而坚韧的，是内敛而富有深度的！这种力量不是外露的锋芒，而是内心的笃定与从容（图3-74）。

图3-74

三、坚守热爱，追梦前行

在追求时尚的这条道路上，云思木想坚守了十几年。创立之初，没有庞大的团队，也没有雄厚的资金，只有几位志同道合的朋友，凭借着对传统文化的赤诚与热爱而聚集在一起。但在那个时候，原创设计的匮乏使中国品牌在国际市场上缺乏话语权，欧美的高端奢侈品牌主导着全球时尚潮流，韩流文化凭借其独特风格席卷亚洲乃至世界，中国设计，仿佛只能在模仿与追随中寻求生存空间。云思木想不甘现状，坚持以原创设计做自己的摩登中国风品牌，中国服饰并非没有魅力，只是缺少一个能让世界看到其独特韵味的契机。

随着市场的发展与消费需求的不断变化，人们对中国传统文化的认同度逐渐提升，这是一个文化自信的时代，中国的服饰正在以多元化的形式走向大众，它使我们看到，传统文化并非静止的遗产，而是可以不断生长与演变的活态文化，可以通过设计与创新，在现代社会中找到新的表达方式。困境孕育新生，云思木想就像是凤凰涅槃，于灰烬中积蓄力量，在沉静中悄然觉醒（图3-75）。

图3-75

只有坚持原创，才能赢得尊重，只有立足本土，才能走向世界。若云思木想要在未来的激烈竞争中脱颖而出，就必须不断突破自我，提升品质与创新能力，继续保持对时尚的热爱与敬畏之心，在坚守中创新，在创新中发展。

萧娘香云纱：东方美学与高端时尚的融合

在时尚的长河中，萧娘香云纱如同一条生生不息的溪流，承载着品牌角色与品牌文化，致意东方文化，知悉浪漫灵感。萧娘香云纱以探究之心，打造有情感记忆的服装，裁剪利落大方，坚持寻找杰出的手工艺，包括苏绣、珠绣，以及高定立体手工花等手工艺，并将其应用到服装的生产制作中，实现高定时装日常化，使高端时尚触手可及（图3-76）。

图3-76

一、品牌初衷与理念

萧娘香云纱是中国文化的符号，是一种文化的传承、一种精神的体现。萧娘香云纱深信，服装不仅是外在的装饰，更是内在文化与精神的载体。每一件萧娘香云纱的作品，都是对传统工艺的致敬，也是对现代审美的探索（图3-77）。萧娘香云纱致力于将国家级非物质

图3-77

文化遗产——香云纱染整技艺带入现代生活，为高品质生活的消费者提供独特的服饰选择和生活方式呈现。

二、设计加持与时尚转化

原创设计与非遗传承是萧娘香云纱的品牌核心。萧娘香云纱坚持原创设计，通过申请原创保护，确保每一件作品的独特性。

萧娘香云纱不断探索香云纱这一传统工艺的时尚转化，使其在现代时尚领域焕发新生。系列产品采用利落大方的现代裁剪，使用绣花、珠绣，结合高定立体手工花等工艺手法，实现高定时装的日常化，在设计上融合了传统与现代元素，满足不同场合的穿着需求，无论是日常通勤还是特殊场合，都能为消费者提供合适得体的搭配（图3-78）。

图3-78

萧娘香云纱高度关注非遗人才建设，积极推荐设计师参与广东纺织服装非遗推广大使推选活动。叮当和楠秋作为非遗推广大使，积极承担文化传播者的责任，传递手工匠心精神，致力于让更多人了解香云纱工艺文化知识。未来，萧娘香云纱将持续壮大文化传递的人才队伍，使非遗文化不断层，推广非遗文化至世界各个角落，让每个人都能了解中华优秀传统文化（图3-79）。

图3-79

三、市场策略与新媒体平台运用

萧娘香云纱紧跟时代潮流，充分利用新媒体平台的影响力，借助直播和内容平台快速传播的优势，通过强大的用户基础和高互动性，使消费者更加了解千年非遗香云纱，让消费者亲眼见证每一件作品背后的匠心独运。

2025年，萧娘香云纱将进一步实现全渠道战略，逐步布局一线电商和线下等渠道，积极筹备开拓国外市场，让千年非遗香云纱扬帆出海。萧娘香云纱将通过与知名大师的合作和各种线下主题沙龙，与消费者建立更紧密的联系，传递东方美学的时尚理念，吸引年轻人的关注，实现品牌的年轻化和时尚化。

四、结语

萧娘香云纱以其深厚的文化底蕴、高端的市场定位、对非遗文化的传承与推广、对品质的不懈追求，成为值得推崇的高端时尚品牌。萧娘香云纱的成功不仅在于产品的美学价值，更在于对传统文化的传承与创新，以及在市场中的新商业模式探索。萧娘香云纱，不仅是一个品牌，更是一种文化的象征，一种生活的态度。萧娘香云纱将继续以探究之心，打造有情感记忆的服装，为世界呈现东方美学与高端时尚的完美融合。

影儿时尚：新质生产力重塑时尚产业可持续未来

新质生产力正在重塑时尚产业，并推动其朝着可持续发展的未来前进。新质生产力强调的是生产力从数量的增长到质量的提升的转变，它不仅代表着未来产业的发展方向，也是实现纺织大国向时尚强国跨越的重要动力。新质生产力以其先导性和示范性，正成为时尚产业发展的新引擎，不断推动产业朝着更高质量、更高效率、更加环保的方向发展，实现环境和商业利益的共赢。

一、科技创新助力企业可持续发展的转型

在时尚产业中，科技创新不仅体现为新材料、新工艺的开发应用，还包括数字化、智能制造等方面。这些技术的应用提高了生产效率，降低了资源消耗，推动了产业的绿色转型。影儿时尚集团运用SAP Hybris中台系统和WMS系统，针对全渠道商品库存管理及订单管理，进行精准定位，就近寻源发货，以最快的速度将最合适的商品送到顾客手中，实现优化库存、缩短运输时间、提升效率、降低能耗、节约成本的效果。

二、增强供应链透明度，倡导环保理念

可持续性已成为时尚产业发展的重要指标。新质生产力倡导环保理念，鼓励使用可再生材料，推广循环经济模式，减少生产过程中的碳排放和水资源消耗。通过技术工具，跟踪产品从原材料获取到成品的每一个步骤，确保供应链的每个环节都尽可能环保并对社会负责。

影儿时尚集团上下游供应链坚持可持续协同发展，并逐步构建柔性供应链体系。旗下品牌遵循环保和可持续发展理念，重点采用天然动植物纤维及可再生的材料进行研发，天然材料采用优质长绒棉、有

机亚麻、大麻、原色羊绒、5A+以上桑蚕丝纤维等（图3-80）。

图3-80

化纤材料重点偏向再生涤纶、锦纶等新型纤维和可降解的再生纤维素纤维，包括黏胶纤维、莱赛尔、SORONA（玉米植物聚合物）、RENEW（塑料瓶及女士化妆品包装材料回收，改变其分子结构，使其可持续应用）等，基础品类更多采用色纺、高效提花、色织等工艺，减少染色及后整理用水，提高织造效率，实现节能减排和水资源循环利用（图3-81）。

在印染工艺方面，严格要求供应商采用环保的染料及生产方式，并逐步推进无水染色、无水印花项目。

在生产用缝纫线方面，加大再生材料的使用占比，辅料大多采用天然贝壳纽扣、天然果实纽扣、无镍金属拉链等，在成衣的整体材料上突出天然、环保、可持续。

图3-81

三、通过精准研发和按需生产贯彻可持续理念

影儿时尚集团通过打造数百人的庞大研发团队，为将创意转换为生产力提供了持续不断的动力。影儿时尚集团通过市场洞察把握消费者需求，旗下品牌针对不同的细分市场有着清晰独特的定位，持续精简品牌SKU数量，提高样衣精准度，从商品企划端推动调整，倒逼产品的深度开发。精准研发与深度开发减少材料的浪费（图3-82）。

图3-82

四、可持续发展观的教育和传递也是可持续发展的一环

由于新质生产力的发展，企业内部不仅需要大量具备新技能的人才，在消费者方面也需要进行引导，提高消费者可持续时尚的意识，鼓励他们购买质量更好、更耐用的产品，并妥善处理不再需要的衣物。影儿时尚集团持续关注顾客在可持续消费领域的变化。在集团关于可持续发展理念的顾客调研中，84.0%的消费者支持绿色可持续的生活，58.0%会选择购买生产过程更环保、更绿色的商品；43.3%会购买有设计感的、用可持续面料制成的服装和手袋。"绿色消费"浪潮促使影儿时尚集团在选择产品开发方向时，越来越多地考虑环保原则（图3-83）。

图3-83

五、影儿时尚集团通过艺术跨界的方式传递可持续发展理念

2016年，影儿时尚集团与鲁迅美术学院跨界合作，开启"时空的艺术"创作艺术展，20位艺术家历时90天，将影儿时尚集团旗下6个品牌共约200件服装，转化为60余件纤维艺术和装置作品，使其焕发二次生命。

2018年，在"时尚与环保"的宏观主题引导之下，影儿时尚集团展出来自清华大学美术学院、深圳大学艺术设计学院、广州美术学院、西安美术学院、湖北美术学院、中南民族大学美术学院六大艺术院校的新生设计力量，利用影儿时装进行的艺术再创作。

2021年，影儿时尚集团旗下品牌向深圳大学艺术学部捐赠价值200万元的服装材料，用于深圳大学学子的艺术创作和产学研实践，助力学生的艺术梦想，这一合作目前也在持续进行。

影儿时尚集团与清华大学深圳国际研究生院以"重生"探索可持续时尚，2020年到2023年，连续四年开展"库存成衣和面料改造设计项目"，院校设计新生代从可持续发展角度切入，利用品牌的库存面料和成衣创作出全新作品。"重生——库存成衣和面料改造设计项目"践行可持续时尚，使学生树立务实设计观念，培养商业企划思维，为行业培养复合型设计人才。

六、可持续发展的是现代企业公民的社会责任

影儿时尚集团自2011年开始引入SA 8000社会责任体系，是至今行业内唯一一家通过此体系认证的企业，企业自我要求，确保公平的工资和良好的工作条件，建立更加道德的业务模式。同时，国家政策的支持对于新质生产力的发展至关重要。影儿时尚集团遵守和推广国内外关于可持续生产的法规和标准，并在2002年率先通过ISO 14001环境管理体系。

北江纺织：创建绿色供应链智能纺织新典范

牛仔面料制造业作为传统产业，在国内外的经营环境严峻低下，面临着竞争日益激烈、原材料上升、工人成本增加等挑战，尤其是广东作为牛仔行业大省，汇聚了众多与牛仔行业相关的产业链。北江智联纺织股份有限公司（以下简称"北江纺织"）通过不断探索和创新研发，逐渐摸索出一条智能一体化整合创新之路，为可持续牛仔行业打开新的篇章。

一、公司概况

1. 基本信息

北江纺织于2002年创立于广东省韶关市，是一家垂直一体化的面料及成衣制造商，集研发、设计、生产和供应链管理于一体，在中国和越南设立了两大生产基地，年产能近一亿码，产品远销数十个国家和地区，服务国内外1000余个服装品牌和成衣工厂客户。公司积极探索创新的环保数字化冷转移印花技术，应用于以牛仔为代表品类的纺织服装领域，为纺织印染行业从源头上解决能耗大、水耗大、污染严重等问题，帮助企业解决实际经营中"非标工艺"的痛点，实现传统牛仔服装成本低、工艺精、效果佳的理想结合。

2. 公司使命

北江纺织致力于为全球服饰品牌和零售商提供一站式、功能性、标准化并具有可持续发展属性的纺织面料和成衣解决方案。

3. 历年信息化工程与环保创新荣誉

2014年，公司被工信部授予"互联网与工业融合创新试点企业"称号。

2015年，入选中国纺织服装行业"十大创新企业"。

2016年，获国际蓝标认证，成为bluesign®系统合作伙伴。

2017年，公司获颁高新技术企业。

2018年，公司被韶关市生态环境局评为"环保诚信企业"（绿牌评级）。

2020年，被工信部评为"国家绿色工厂"。

2021年，被评为"广东省重点节水标杆企业"。

2022年，成功入选"2022年度省市共建高端牛仔产品低碳智造技术广东省重点实验室"。

2023年，被评为"广东省纺织行业能效对标先进企业"。

2024年，获颁"2024度广东省纺织科技奖科技进步奖"。

二、创新举措

蓝星数字纺织科技有限公司，是北江纺织旗下的重要业务板块，成立于2022年，专注于数字化冷转移印花技术在纺织领域的应用。项目位于广东省韶关市，于2023年底竣工，2024年4月投产运营。建筑面积约5万平方米，投资1.6亿元，年产能1200万米（图3-84）。

冷转移印花技术作为这一板块的核心技术，曾获"纺织之光"科技一等奖，北江纺织成功将数字化冷转移印花技术应用在棉、莱赛尔、麻等纤维领域的数字纺织应用技术。目前，北江纺织已为国内服饰一线品牌提供创新型冷转移牛仔产品，同时面向批发商、电商开创数字化小单快返模式，将数字化节能环保的可持续发展模式与传统的纺织制造业相结合，推动行业的升级迭代，助力国家构建绿色发展的经济生态圈。

图3-84

1．冷转移印花技术

冷转移印花技术是一种新兴的数字化印花技术，其采用精密的"点对点"印染技术，通过固定的转印载体进行间接印花，实现从中间媒介到面料织物的标准化印花转印过程，以高精度、高色彩饱和度和高层次感，呈现普通印花技术难以呈现的逼真效果。在生产中，采用环保水性墨水体系，自主研发专用设备，如低给液（cooltrans）与卫星机等设备，仅在织物表层染，织物内部、非可见部分均无须染料填充，按需上染，上染量恰当且固色率高，因此水洗耗水量少，产生的废水少。

冷转移印花技术主要流程：印花图稿设计—制膜—转印—成衣缉缝。整个工序相比牛仔面料制衣工序简化了很多，通过冷转移印花技术确保了印花的耐久性和质量，解决了涉及牛仔面料的前处理和后整理的关键问题，冷转移数字印花技术可以快速打印各种复杂图案，包括重复图案和渐变颜色，使得牛仔面料更加多样化和个性化。与传统数码印花相比，冷转移数字印花具有更高的精准度、更快的生产速度和更佳的色牢度。冷转移数字印花大大降低和减少了制造成本和生产时间，更加节约资源和环保。

2．数字化智能生产

（1）高精准度转印

冷转移引用印刷工艺，运用先进的设计理念，采用模组化的设计组合，高精度的加工制造，集电脑控制、自动化集成、数据通信于一体，利用分子扩散的原理将图案打印在转印膜上，通过点对点数位染色印刷技术，透过精密的像素点，还原图稿上的各种不同色彩。通过常温、湿布过机，用5~7吨压力辊将图案转印到布面上，由于膜比布料平整，喷溅过程中颜料也不会散开，这样转印出来的图案精准度更高，清晰度更好。

（2）生产流程数字化

在生产前期获取图稿，通过人工智能扫描仪及智能图像处理系统，将扫描而来的裤子先进行裁片化图像处理，通过传感器和自动控制系统，实时调节转移过程中的各个参数，保证产品的质量稳定性

和一致性。这种技术不仅提高了生产效率，还提升了产品的可靠性和品质。数字化冷转移技术可以将数据采集和处理与生产过程紧密结合。通过系统化的数据管理、分析和挖掘，可以更好地掌握生产过程中的关键点和风险点，及时发现和排除问题，提高生产的可控性和可靠性，降低生产成本。数字化冷转移技术可以在生产过程中实现全程监控和自动化控制，减少人为因素的干扰和误操作，提高生产安全性。

3．国际认证的节能环保技术

北江纺织冷转移采用的数字转移印花、卫星式转移印花技术，通过数码印花技术获得染色效果，是一项绿色制造技术，其可以在室温下进行染料转移印花，从源头上解决能耗大、水耗大、污泥量大等问题，达到清洁生产。本项目产品比传统产品能耗下降65%，水耗下降70%，污泥量下降50%，产品质量及价值提高，且设备自动化、智能化、网络化水平高、用工低、产出高、能效提升，完全符合印染行业的发展方向。

在全球可持续服装联盟的希格指数（环境友好指数）系统评价中，数码冷转移印花技术目前是全球所有印表工艺中对环境冲击最小的技术系统。指数越低代表对环境的冲击越小，即最低碳环保。评价指数如图3-85所示。

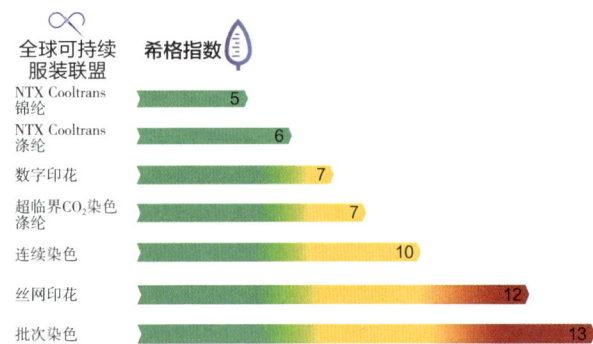

图3-85

4．中水回用系统

（1）打造废水"零排放"项目

北江纺织打造的零排放中水回收系统，一是要控制生产过程中不得已产生的能源和资源排放减少到零；

二是将不得已排放的能源、资源充分利用，最终消灭不可再生能源和资源的存在。废水"零排放"是指工业水经过重复使用后，将这部分含盐量和污染物高浓缩成废水进行回收再利用，无任何废液排出工厂。水中的盐类和污染物经过浓缩结晶，以固体形式将其回收为有用的化工原料（图3-86）。

（2）技术成果

2022年，北江纺织中水回用系统正式投入使用，产水2275立方米/天，水质达到GB 5749—2022《生活饮用水卫生标准》。这是国内印染行业膜法水处理领域首次应用能量回收技术。对内，北江纺织实现了中水回用的水量不低于处理水量65%的目标，节水节源实现了能源利用最大化；对外，国内印染行业膜法水处理领域首次应用能量回收技术，北江纺织打破了外界对于牛仔行业污染环境这一刻板印象，北江纺织坚持树立一个环保可持续发展的产业链，在韶关厂区的牛仔布后整理、成衣生产等垂直供应链上生产的废水都会经过中水回收系统。

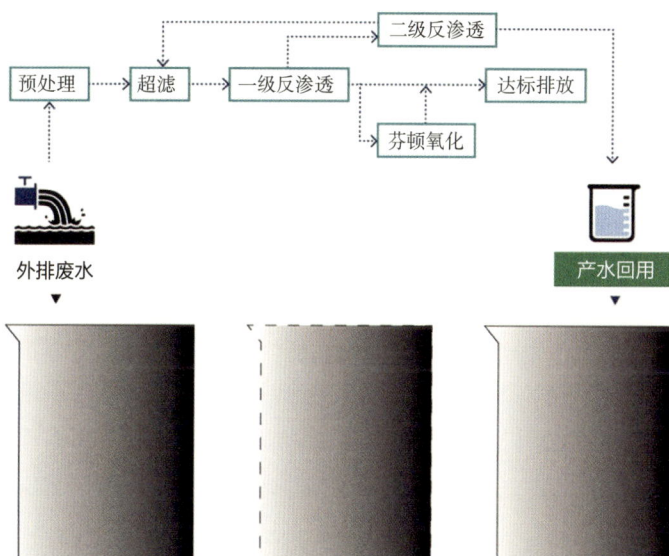

中水回用 变废为绿

RECLAIMED WATER SYSTEM

2022年，北江纺织中水回用系统正式投入使用，产水2275立方米/天，水质达到GB 5749—2006《生活饮用水卫生标准》，从而进一步降低排放，减少用水，让牛仔生产更环保。

PROSPERITY
TEXTILE
北江纺织

● **中水回用工艺流程**

图3-86

三、企业成果

1．专利与荣誉

（1）冷转移印花技术项目

冷转移印花技术在全球可持续服装联盟的希格指数（环境友好指数）系统评价中，被评定为全世界所有印染着色系统中对环境冲击最小的着色系统。该技术目前拥有150多项境内与境外专利，并获得阿迪达斯（Adidas）在内的众多国际品牌的认可。同时获得"纺织之光"科技一等奖，北京冬奥会的工作服和领奖服都使用该印花技术。

（2）中水回收系统

自2022年引入中水回收系统，企业的运营成本降低66%以上，节能关键指标超过进口同类产品20%~30%。本项目作为典型案例通过工业和信息化部专家组评审。该自调型能量回收系统创造了多项专利技术。

获得3项独立专利技术（实用新型），包括一种换热效率高的MVR设备(专利号208220033026.6)，一种新型螺旋线型超重力分离机(专利号2021234172618)，一种印染废水处理电絮凝斜板一体机(专利号ZL202123417142.2)；以及4项联合专利技术（工艺类），包括一种催化湿式氧化反应器（专利号2021208102846），一种废水零排放处理工艺（专利号2021104019059），一种分级湿式氧化MVR联合资源化合盐废水处理工艺（专利号2021104618662），一种印染废水零排放处理工艺（专利号2021104619006）。

2．合作关系

与国内外众多知名品牌建立稳固的合作关系，多次获得"最佳供应商"称号，蝉联多年"中国区卓越合作伙伴奖"，多次获得"一带一路开拓优秀奖"。

3．经济指标

2023年工业销售总值超过10亿元，在2023年中国牛仔布产品营业收入中排名第五，2023年成为中国棉纺织行业营业收入百强企业之一等。

四、未来展望

北江纺织作为面料及成衣制造业的创新者，致力成为一个从生产到产品的绿色纺织，围绕"坚持绿色发展、打造绿色纺织、承担社会责任"的经营理念，践行"专注面料领先技术研发，应用智能信息科技，建设共生互联可持续发展的全球供应链生态，全面提升时尚行业从设计源头到零售交付的效率"的企业使命，奋力成为绿色、环保、智能的纺织示范企业，使消费者体验到更绿色、更环保、更舒适和更酷炫的纺织服饰产品。

在技术研发方面，不断加大投入力度，引进先进设备与技术，利用智能信息科技，如在冷转移印花生产中实现数字化监控和自动化控制，结合人工智能扫描仪及智能图像处理系统，优化生产流程，提高生产安全性和产品可靠性，启示行业应积极拥抱智能化数字化转型，提升产业整体水平。在中水回用系统中，应用能量回收技术，确保绿色环保理念在公司整个生产链中贯彻实施，从生产到产品全流程履行环保责任，诠释绿色纺织，助力纺织行业的可持续发展。

未来，北江纺织将继续深耕创新冷转移技术在纺织领域的应用，推动环保节能的数字化生产模式，促进纺织行业的升级迭代，并与众多国际品牌建立和保持长期的协同共赢合作关系，持续提升中国企业在全球供应链中的竞争力（图3-87）。

图3-87

德永佳集团：可持续时尚的引领者

在时尚的浪潮中，德永佳集团以其卓越的可持续创新做法，成为广东服装行业的标杆企业。作为一家具有高度社会责任感的企业，德永佳集团始终将可持续发展理念贯穿于整个生产经营过程中，为推动广东服装产业高质量发展做出了积极贡献。

一、背景

德永佳集团面临着竞争日益激烈的商业环境及更加广泛的气候挑战。全球经济增长放缓，导致行业订单数量减少及库存积压。尽管受到外界环境因素影响，但凭借整个团队努力主动控制成本及发展自动化，德永佳集团仍能提高利润率。在波动的一年中，企业凝聚力使德永佳集团具备强大韧性，使时尚业以利于下一代及环境的方式更加可持续地发展。近50年来，可持续发展理念已融入德永佳集团的运营中，使德永佳集团能够满足社会不断提升的期望，并为客户提供卓越服务。德永佳集团将继续前行，以行动点燃希望，冀为行业贡献积极力量。

二、公司概况

1. 基本信息

德永佳集团于1975年成立，是集纺纱、染纱、针织布织造及染整、成衣制造及零售等于一体的大型纺织企业。1992年，集团于香港联合交易所上市。集团现有员工7000多人，年产值近50亿元，生产规模宏大，拥有世界级的先进生产设备及技术，产品品种丰富，产品质量长期稳定。通过深化管理升级，推动绿色生产，实现从传统的劳动密集型企业向高度自动化、精细化、节能环保型的新型绿色纺织企业的转变。

2. 企业使命与价值观

集团秉承"致力技术提升，推动行业发展"的企业使命，坚持"精诚合作、高效执行、学习进取、创新求变、爱岗敬业、忠诚感恩"的价值观，致力于为客户提供高品质的产品和服务（图3-88）。

图3-88

三、可持续发展实践创新

1. 可持续发展理念的深度融入

德永佳集团深刻认识到可持续发展对于集团和社会的重要性，并将其作为集团发展的核心战略之一。在集团的愿景和使命中，明确强调了对环境、社会和经济的可持续贡献。通过不断的内部培训和宣传，使可持续发展理念深入每一位员工的心中，成为集团文化的重要组成部分。

2. 绿色生产，降低环境影响

（1）节能减排

德永佳集团积极采用先进的生产技术和设备，不断优化生产流程，降低能源消耗和减少污染物排放。投资数亿元建成天然气分布式能源项目，实现热电冷联供，减少CO_2排放量；建设光伏发电，提高可再生能源占比。在工厂的设计和建设中，充分考虑能源利用效率，采用技术改进等节能措施。通过能源转型，推动对可再生能源的发展和应用，减少对化石燃料的依赖。同时，通过对生产过程中的余热、余压等进行回收利用，进一步提高能源综合利用效率（图3-89）。

（2）水资源管理

水资源的合理利用是可持续发展的重要方面。德永佳集团建立了完善的水资源管理体系，通过安装节水设备、优化生产工艺等措施，降低了生产过程中的用水量。同时，对废水进行严格的处理和回收利用，实现了水资源的循环利用（图3-90）。

（3）原材料选择

在原材料的选择上，德永佳集团优先选择环保、可再生的材料，如有机棉、再生纤维等。这些材料不仅具有良好的性能和品质，而且对环境的影响较小。同时，集团还积极与供应商合作，推动原材料的可持续生产和供应（图3-91）。

图3-89

图3-90

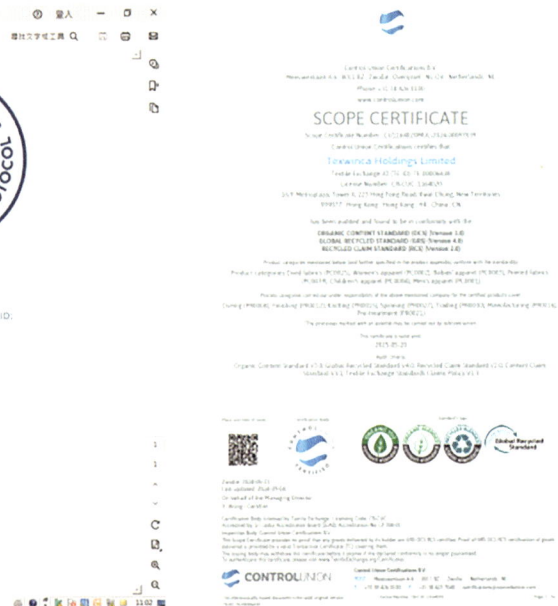

图3-91

3. 社会责任

（1）员工福利与发展

德永佳集团注重员工的福利和发展，为员工提供良好的工作环境和职业发展机会。集团建立了完善的员工培训体系，不断提升员工的技能和素质。同时，通过开展各种文化活动和员工关爱行动，增强了员工的归属感和员工之间的凝聚力（图3-92）。

图3-92

（2）社区参与

德永佳集团积极参与社区建设和公益活动，为当地社区的发展做出了贡献。集团通过捐赠物资、开展志愿服务等方式，关注弱势群体，推动社会和谐发展。

4. 创新驱动可持续发展

（1）产品创新

德永佳集团不断加大对产品创新的投入力度，开发一系列具有环保、时尚、功能性的产品。例如，推出了采用可降解材料制作的服装、具有智能温控功能的服装等。这些产品不仅满足了消费者对时尚和品质的需求，而且体现了集团的可持续发展理念（图3-93）。

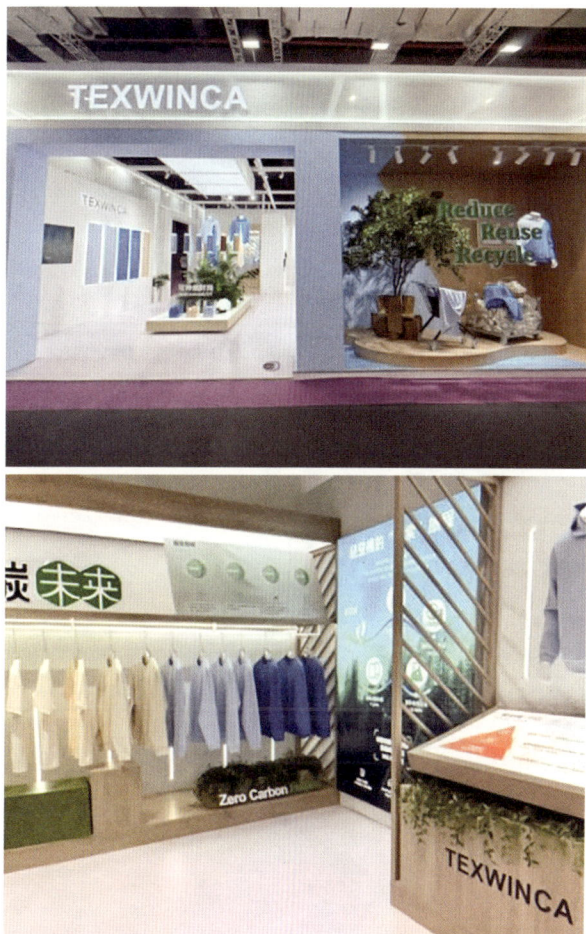

图3-93

（2）技术创新

在技术创新方面，德永佳集团积极引进和研发先进的生产技术和工艺，提高生产效率和产品质量。这包括但不限于无盐冷染染色技术、低碳超柔水柔棉生产加工技术、全程低碳环保涤棉/棉弹力面料生产技术、低碳环保特深黑加工技术、高牢度环保舒适针织牛仔生产技术、起绒类针织面料潮抓技术、生物基功能系列面料生产技术等，大大降低了工业用水量，达到节能减碳的效果；采用数字化设计和生产技术，实现了个性化定制和快速生产。同时，集团还积极探索新的环保技术和材料，为可持续发展提供技术支持（图3-94）。

绿色生产和循环经济的发展。同时，集团还将加强与行业内其他企业的合作，共同推动广东服装产业的可持续发展。

德永佳集团以其可持续创新做法，为广东服装行业树立了榜样。在未来的发展中，德永佳集团将继续发挥引领作用，为推动广东服装产业高质量发展做出更大的贡献。在管理上，强化在节能、低碳、绿色发展等方面的意识宣导，完善节能奖励机制，使之长期可持续地推动节能减碳工作开展；在技术上，大胆创新，深度挖潜，提升生产能力，通过光伏发电建设、天然气分布式能源项目建设，进一步挖掘主要耗能设备及辅助生产设备的节能潜力。

德永佳集团一直以来积极践行企业社会责任，致力于构建绿色供应链。德永佳集团在ESG方面的努力持续受国际权威性机构的认可，充分证明德永佳集团将ESG理念深度融入企业发展战略的持续努力。德永佳集团将永不止步，引领净零排放2050，透过提高能源效益来达到减碳目标，继续履行对社会和环境的企业责任，秉承对可持续发展的承诺，努力提升ESG表现，致力为社会创造更大价值。

未来，德永佳集团将继续加强环保技术的研发，推动可持续发展理念在企业内部的深入实践。德永佳集团不仅停留在产品层面的环保努力，更注重在企业文化中灌输绿色理念。通过员工培训、社区活动等方式，鼓励每一位员工积极参与环保行动，共同推动绿色生活方式，成为可持续时尚的引领者。

图3-94

四、可持续发展的未来展望

德永佳集团将继续坚持可持续发展理念，不断创新和完善可持续发展战略。在未来的发展中，集团将进一步加大对环保技术和材料的研发投入力度，推动

匡博智造：科技与可持续时尚

在当今时代，可持续发展已然成为全球瞩目的焦点，纺织服装时尚行业亦置身其中。正如美国设计师伊夫·圣罗兰（Yves Saint Laurent）所讲："时尚易逝，风格永存，而可持续的时尚将铸就永恒的风格。"声白集团，一家兼具年轻活力与深厚历史传承的企业，在这一领域积极探寻可持续发展的路径。它以蔡声白老先生命名，蔡老先生在 20 世纪初经营的上海美亚织绸厂意义非凡，中国最早的时装表演便诞生于该厂十周年庆典，他所开创的现代商业管理模式推动中国丝绸产业走向世界，其后代也始终在纺织服装行业深耕不辍。如今，第四代传承人创办的声白集团，旗下匡博创投专注于科技板块，既孵化自身科技业务，又关注并投资可持续、智能化相关的初创技术（图3-95）。

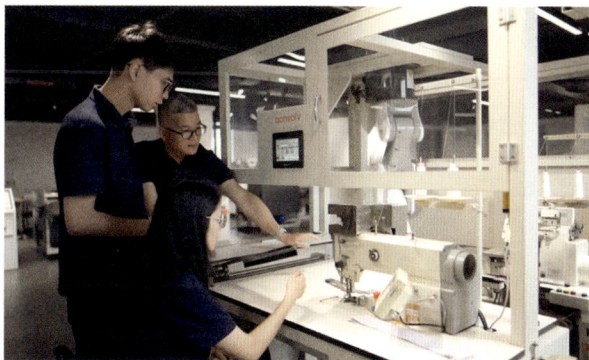

图3-95

从产业链全流程的视角来审视纺织服装行业，涵盖设计、生产（如纺纱织造、染整和缝制）以及零售等环节，绿色智能技术创新正加速各个环节的可持续变革。

一、设计环节的可持续创新

设计所面临的挑战在于如何迅速且低成本地将概念精准落地。英国设计师维维安·韦斯特伍德（Vivienne Westwood）曾言："时尚是一种表达，可持续的时尚则是一种责任的表达。"在传统的设计及开发流程中，面料和成衣从概念到确认样需要历经多轮工艺修改和样板制作，每轮至少耗时一周。如今，

AI 和 3D 可视化技术极大地缩短了这一过程。例如，Style3D 借助建模和渲染实现虚拟试衣，省去了物理样衣制作、运输以及真人试穿等流程。Symmpix 则侧重于面料方面，基于人工智能进行面料搜索，获取设计灵感，利用庞大数据库中的基础面料设计，快速实现从印花到条格的独特花型设计，并且与通用 CAD 兼容，能够导出 SVG 格式的矢量图，无缝衔接生产，将原本需要数月甚至半年的流程缩短至几天，为时尚行业降低成本、提高效率，让未来时尚能够所见即所得。这种创新的设计方式不仅提升了效率，还减少了因反复制作样衣可能导致的资源浪费，契合可持续发展的理念。

二、制造时尚的可持续变革

1. 印染技术的突破

在纺织服装生产过程中，印染环节因高耗水、高污染而饱受诟病。随着全球水循环失衡，水危机越发严峻，到 2050 年可能会致使全球一半以上的粮食生产面临风险。非水介质无水染色技术的出现给印染环节带来了希望。环保主义者大卫·铃木强调："我们并非从祖先那里继承了地球，而是从子孙后代那里借用了它。"我们有责任通过技术创新来守护地球的资源。

市场上主要存在两种技术路线，CO_2 超临界技术适用于涤纶等化纤产品，溶剂法适用于纤维素纤维，如棉、麻、莫代尔、莱赛尔等。溢维环境自研的溇可染™无水染色技术采用溶剂法，优势显著。染料在溶剂中与纤维的亲和力更强，上染率高于传统水浴染色，无须盐促染，且消除了活性染料的水解副反应，固色率更高，既节约了染料，又解决了排放污染问题，已被多个品牌采用，相关产品也已上市。

此外，溢维环境的靛蓝在线回用技术通过膜分离使靛蓝染料和水循环使用，循环率高达 95%，减少了染料浪费和污水末端处理的压力，在短时间内已在两家头部牛仔布企业应用。通过膜分离提纯技术还可处理高盐污水，使工业盐循环再利用，避免了土壤盐碱

化，节约了染化料成本，改善了染整企业周边的环境。

2．缝制环节的智能化升级

成衣制造的缝制环节原本依赖低价劳动力，自动化、智能化改造困难重重，但近年来一些企业取得了突破。例如，匡博智造的衬衣领子四合一联动工作站，运用了工业机器人、气动技术、传感技术和可程序设计控制器，实现了一体化工序联动，降低了劳动强度，缩短了生产周期，提高了生产效率。

其定制的机织衬衫联动生产线由机械手和自动化单机组合而成，覆盖4大单元，利用 8 套智能设备，实现了23个工序的缝制自动化。该生产线以硬件设备为主，应用了多种新技术，包括工业机器人、传感器、物联网、视觉检测等技术，实现了放料无人化、面料自动定位、自动抓取、自动输送等功能，为企业带来诸多效益，如消除非增值流程和传统手工操作的差异，减少了对个人车缝技能的依赖，提高了质量的一致性和稳定性，提高了生产计划的准确性，为员工提供了更有价值的工作岗位。这些智能化升级不仅提高了生产效率，还减少了对人力的过度依赖，有利于可持续发展。

三、零售环节的可持续举措

1．物联网技术的应用

随着物联网技术的发展，基于 RFID 的标签使每件衣服、裁片和面料都拥有唯一的身份证，品牌零售端实现了快速自助收银、库存盘点。艾利丹尼森（Avery Dennison）和参序（Summation Solutions）

等能够提供此类服务。在供应链管理方面，射频识别技术（RFID）解决方案能够高效读取数据，无须开箱即可进行即时验证，保障了全流程数据的准确性和可视性，解放了劳动力。

基于传感、定位技术的智能标签能够帮助品牌实现供应链追溯或材料溯源，结合 NFC 技术与消费者互动，传递可持续材料和工艺信息。例如，滦可染™无水染色技术通过与 Summation Solutions 合作，将相关信息通过供应链流传递给消费者，消费者通过手机触碰产品吊牌、洗唛或纽扣等即可了解产品背后信息，包括生产地点和节水情况等。这种互动方式不仅增加了消费者对产品的了解，也促使消费者更加关注可持续消费。同时，该技术还可用于高单价产品的防伪。

2．强调人与技术的和谐共处

技术成果转化为解决方案需要企业深刻了解行业痛点和需求。同时，要实现人机和谐、人机协调，保留人的创造性和灵活性，减少重复劳动和不增值部分，使人创造的价值为人所用，而不是被技术完全替代。正如苹果公司创始人史蒂夫·乔布斯（Steve Jobs）所提出的"科技是为人服务的，它应该让我们的生活更美好，而不是取代我们。"

纺织服装时尚行业正站在历史性的转折点上，绿色智能技术创新为应对气候变化提供了解决方案，重新定义了生产模式和劳动力结构。我们应当携手合作，拥抱变革，共同推动可持续时尚的新格局，因为这关乎地球的未来。

红谷携手云尚海洋共创蓝色可持续时尚新典范

在环保与可持续发展日益成为全球共识的今天，时尚产业正面临着重大变革与挑战，众多时尚品牌正积极探索转型之路，力求在保持设计创新与时尚表达的同时融入更多的环保元素。

红谷品牌与云尚海洋，作为可持续时尚领域的积极探索者，携手共创基于海洋主题的蓝色可持续时尚发展之路，于2024年11月合作推出的联名款手提商务旅行包，以其独特的创新理念和实践行动，为行业树立了新典范（图3-96）。

图3-96

一、品牌基本情况

红谷（HONGU）是专注于时尚箱包行业20余年的中国知名品牌，以其精湛的工艺、独特的设计和深厚的文化底蕴，在市场上拥有广泛的影响力。红谷在全国拥有近千家实体专卖店，覆盖全国各省市上百座城市，其天猫、京东、唯品会等电商平台线上旗舰店均为TOP商家，品牌拥有超过600多万个会员，乃中国轻工业百强企业、国家高新技术企业、中国箱包领先品牌，广受消费者喜爱。

海洋回声（Marinecho）是云尚海洋创立的自有品牌，也是一个致力于海洋保护的时尚品牌，其产品由滨海废弃塑料再生制成，每一个产品都承载着可溯源的海洋故事。旨在能让人们的蓝色可持续消费行为真实地减少海洋塑料，一起守护海洋生态，聆听海洋的美丽回声，让消费者在享受时尚的同时守护海洋生态，开启时尚与环保同行的璀璨之旅。

二、创新做法

1．材料创新：变废为"潮"的奇迹

HONGU & Marinecho联名款手提商务旅行包，在材料选择上独具匠心。核心定制面料采用了50%可追溯滨海再生塑料材料，这种材料的运用不仅有效地减少了对新塑料的依赖，降低了对环境的影响，更是将海洋塑料废弃物转化为时尚元素的一次大胆尝试。

该款产品由云尚海洋提供并通过海洋塑料（OBP）国际认证的海洋再生材料和全过程溯源管理服务，确保了其材料来源的可追溯性和处理过程的规范性，该类材料旨在减缓滨海区域塑料垃圾泄露到海洋环境，有力地支持了可持续的海洋减塑行动，实现"废弃物变时尚（waste to fashion）"的华丽变身。

2．设计创新：海洋灵感的融合

该联名款旅行包由红谷品牌提供产品设计、生产和质检，在设计方面充分展现了海洋元素与时尚美学的深度融合，保留了红谷品牌一贯的精致工艺与经典美学，同时巧妙地融入了海洋灵感。面料上，以"水分子"概念为核心，通过立体的水立方相互连接的设计，生动地展示了海洋的广袤无垠和包罗万象。这种独特的设计不仅赋予了产品独特的视觉效果，更通过海洋元素的展示，向大众传递了关于海洋环境的重要信息，引发人们对海洋保护的思考（图3-97）。

图3-97

3．数字化溯源系统：透明消费的新体验

为了让消费者更加透明地了解可持续产品的真实性，该款产品还引用了云尚海洋自主研发的数字化溯源系统。每一个联名款旅行包都配有独一无二的数字身份标识，消费者只需通过手机扫描包身上的二维码，即可获取产品从原料来源、生产过程到减碳数据等全生命周期的详细信息。这种透明化的呈现方式，让消费者能够清晰地看到自己购买的产品对环境的积极影响，增强了消费者对蓝色消费行为的认同与信任。同时，也使得消费者与品牌之间建立了更加紧密的情感联系，让每一次购买都成为对海洋环境保护的有力支持（图3-98）。

图3-98

三、成绩与荣誉

图3-99中，该联名款可持续包是全球第一款从海洋原材料收集到成品制作全生命周期信息透明化展示的时尚产品，为市场带来了融合时尚、环保与科技理念的全新产品，受到了行业的广泛关注和喜爱。通过材料创新、设计创新和科技创新，实现了废弃塑料的高效利用，减少了塑料垃圾对海洋环境的污染，为可持续发展作出了积极贡献。同时，通过数字化溯源系统的应用，为消费者提供了透明、可追溯的消费体验，有效提升了品牌的公信力，进一步筑牢了消费者与品牌间的忠诚纽带。

联名款产品核心面料采用通过 OBP 国际认证的再生材料，是红谷品牌与云尚海洋在海洋保护和可持续发展方面坚持环保理念的有力证明，为品牌在可持续时尚领域赢得了良好的声誉。

四、未来展望

此次HONGU & Marinecho联名包的推出，不仅仅是红谷品牌与云尚海洋双方合作的成果展示，更是对时尚产业可持续性、透明度和趣味性的一次深刻探索。它向业界证明了，即便是在追求速度与潮流的时尚界，也能找到与环境保护和谐共生的途径。后续，红谷品牌与云尚海洋将继续携手并进，解锁更多蓝色可持续时尚的适用场景，推出更多种类的环保时尚产品，以满足消费者多样化的需求。无论是在日常生活、商务出行，还是旅游度假等场景中，都能让消费者感受到可持续时尚的魅力（图3-99）。

未来，希望能鼓励更多品牌加入环保材料的研发与应用中来，共同推动时尚产业向更加低碳、可持续、负责任的方向发展，书写时尚与环保和谐共生的新篇章。

图3-99

数智升级

金鼎智造：从"制造"到"智造"，服装制造的数字化进阶之旅

传统制造业是现代化产业体系的基底，要加快数字化转型，推广先进适用技术，着力提升高端化、智能化、绿色化水平。这一重要论述为传统制造业的转型发展提供了科学指引和根本遵循。

一、传统制造困境催生转型决心

长期以来，金鼎智造和许多服装制造企业一样，面临着诸多挑战。生产流程烦琐，从设计、打板、裁剪到缉缝、整烫、包装，各个环节信息流通不畅，容易出现生产延误和错误。人工依赖程度高，不仅导致人力成本持续攀升，而且产品质量因工人技能水平差异难以保持高度一致。同时，市场需求日益多样化和个性化，传统的大规模标准化生产模式难以快速响应客户需求（图3-100）。

图3-100

面对这些困境，金鼎智造的管理层深刻认识到，只有进行数字化转型，引入先进的技术和管理理念，才能在激烈的市场竞争中脱颖而出。于是，自2022年起，新建产业园、规划布局数字化工厂，将企业向集研发、设计、生产和供应链管理于一体的服装智能制造企业转型发展，一场大刀阔斧的数字化变革在金鼎智造拉开帷幕（图3-101）。

图3-101

二、全方位数字化布局，打造智能生产体系

1. 设计环节：数字化赋能创意

公司将创新作为企业发展的核心驱动力，在广州、中山分别设立研发设计中心，建立鼓励发明创造的措施机制，取得各类专利30余项。通过对服装设计生产的深入研究，运用人工智能算法和大数据分析，精准设计和生产符合消费者个性化需求的服装产品，实现快速换款和柔性生产。例如，引入智能设计，优化样板车间及批核流程，新品研发从5~7天缩减至3~4天，样衣开发从4~5天缩减至2~3天，车间首件下线从3天缩减至0.5~2小时（图3-102）。

图3-102

这一变化，不仅满足了消费者日益多样化、个性化的服装需求，更为客户创造快速抢占市场的机遇，并创造更大价值。公司借此与国内外多家知名服装品牌建立密切合作关系，在竞争中脱颖而出。

2．生产环节：数智融合重塑服装生产新生态

公司着力从数字化、智能化、精益化三个方向发力，实现工厂的转型升级。大量智能设备的投入使用是金鼎智造数字化转型的一大亮点。自动化面料立库和裁片立库，多个关键部位实现无人化操作；自动化裁剪设备能够根据数字化设计图纸，具有边走边裁功能，大幅提高了尺寸精度，而且效能提升35%以上，

能耗降低60%；自动开简机、自动四下摆机等智能缝制设备则具备自动识别、自动调节针距和线迹等功能，不仅提升了产能，还降低了对工人技能的依赖。同时，金鼎智造定向研发精益管理系统，通过该系统对生产过程进行实时监控和管理。从原材料入库、生产任务分配、设备运行状态到产品质量检测，各个环节的数据都能实时采集和分析展示，生产管理人员及时调整生产计划，优化生产流程，确保生产的高效有序进行。经此，从裁片到成衣由原来跨楼层周转3天时间缩短至0.5~2小时即可完成首件下线，日产量由原来的3万/天上升到现在的10万/天（图3-103）。

图3-103

3．供应链管理：数字化协同提升效率

为实现供应链的高效协同，金鼎智造搭建了数字化供应链管理平台。通过该平台，与供应商等合作伙伴实现了信息的实时共享和交互。在原材料采购方

面，能够根据生产计划和库存情况，精准下达采购订单，以确保原材料的及时供应，同时也避免了库存积压（图3-104）。

图3-104

三、数字化转型初见成效，开启行业新征程

经过一系列的数字化转型举措，金鼎智造取得了一定的成效。生产效率大幅提升，与转型前相比，单位时间内的成品产量提高30%，客户满意度明显提升。在市场竞争方面，金鼎智造凭借数字化转型带来的快速响应能力和个性化定制服务，为客户快速占有市场份额提供了有力保障。

在各级党委、政府及工信等职能部门的指导支持下，金鼎智造于2024年成为中山服装行业首家数字化智能化示范工厂。同时践行绿色化发展，实施空压机余热回收、光伏发电、储能等技术，积极探索绿色环保解决方案，践行可持续发展与社会责任。

我们深知数字化智能化转型升级并非一阵风，而是一场持久战。金鼎智造秉持"匠心独运，为美好人生赋能"的使命，持续深化数字化与绿色化融合转型，往下扎根、向上伸展完善智能生产体系，期待与更多企业和团队携手共进，共建和谐、紧密的产业链供应关系，共享发展成果，为服装产业发展贡献更多力量。

丽晶软件："专精特新"发展战略，助力时尚行业信息化

广州丽晶软件科技股份有限公司（以下简称"丽晶软件"）初创于1995年，总部坐落于广东省广州市。作为资深的时尚行业信息化解决方案供应商，丽晶软件凭借对IT的深度掌握和相关行业应用的大量实践，致力于为客户提供涵盖数智门店、智慧营销、智能制造、企业中台、企业资源计划（ERP）的全链路数字化解决方案。目前，共有1万多个品牌、20多万个终端正在体验丽晶系统（图3-105）。

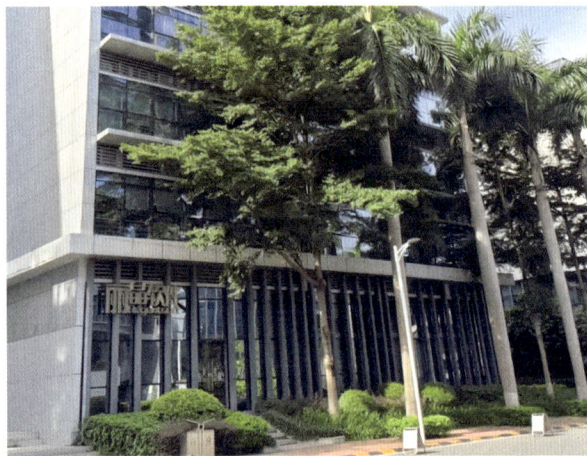

图3-105

丽晶软件确立了专业化、精细化、特色化、新颖化的"专精特新"发展战略。专注于时尚信息化技术开发与服务的细分市场，服务的客户涵盖服饰、运动、箱包、鞋履、母婴、家纺等各个行业，先后与影儿、歌莉娅、伊芙丽、伊美源、富安娜、比音勒芬、雅鹿、鸭鸭YAYA、lululemon、Ubras、ABC KIDS等头部品牌达成合作。

丽晶软件具有持续的创新能力，深谙云计算、大数据、移动应用、物联网、人工智能等高新技术，先后通过了华为、腾讯云、麒麟、南大通用等国产厂商以及信息安全管理体系认证（ISO 27001）等专业级认证资质，获得60+项软件著作权及多项发明专利；并获颁"高新技术企业""广东省专精特新中小企业""广州市优秀软件企业""广州市四化赋能重点平台""广东省名优高新技术产品"等多项殊荣。

一、商业模式创新

深耕服饰行业28载，面对行业变革和客户需求变化，丽晶软件不断重塑业务模式：从传统ERP服务商转型至中台服务企业，再到全链路产业互联网科技公司（图3-106）。

在服饰行业，库存积压与缺货并存是一个永恒的矛盾。丽晶软件致力于赋能每个时尚企业成为一个产业互联网公司：聚焦产业互联网的关键环节，融合大数据、人工智能和算法，帮助产业链各个角色之间完成高效的链接和协同，实现"人货场"的精准匹配，赋能众多知名品牌成功落地"预售+试销+快反"C2M模式——助力歌莉娅实现了面辅料齐套库存预售，售罄率从63%提升至96%，预售占比提升至30%；助力伊芙丽实现了生产线在制品预售，门店销售同比增长37%，客单同比提升44%；助力影儿智慧门店导购实现了线上代客下单，小程序全年商品交易总额（GMV）破40亿，预售金额占比超37.5%；从供应链降本提效，在销售端提质增效，实现以销定产、产销协同，从而驱动整个企业效益的提升（图3-107）。

二、产品创新及相关资质

丽晶软件创新性地在时尚行业引入云计算、内软件即服务（SaaS）部署、智能终端部署等新概念模式；借助物联网、AI、SaaS等新技术，打造产品服务矩阵，在国内同行中居领先水平。

丽晶软件自成立伊始，以国内标准规范及最佳实践为标杆进行企业管理，先后通过了信息安全管理体系认证（ISO 27001）、华为云GaussDB认证、华为鲲鹏技术认证、腾讯云产品认证、麒麟软件NeoCertify认证，保障信息安全，同时通过了第三方检测机构检测，并按照体系标准规范项目管理、质量管理、软件研发过程管理、信息安全管理、IT服务管理，以规范和标准为蓝本，为客户提供标准化、规范化、专业化IT服务（图3-108）。

丽晶软件凭借领先的产品和服务，多次获得业界

丽晶软件全链路产品图

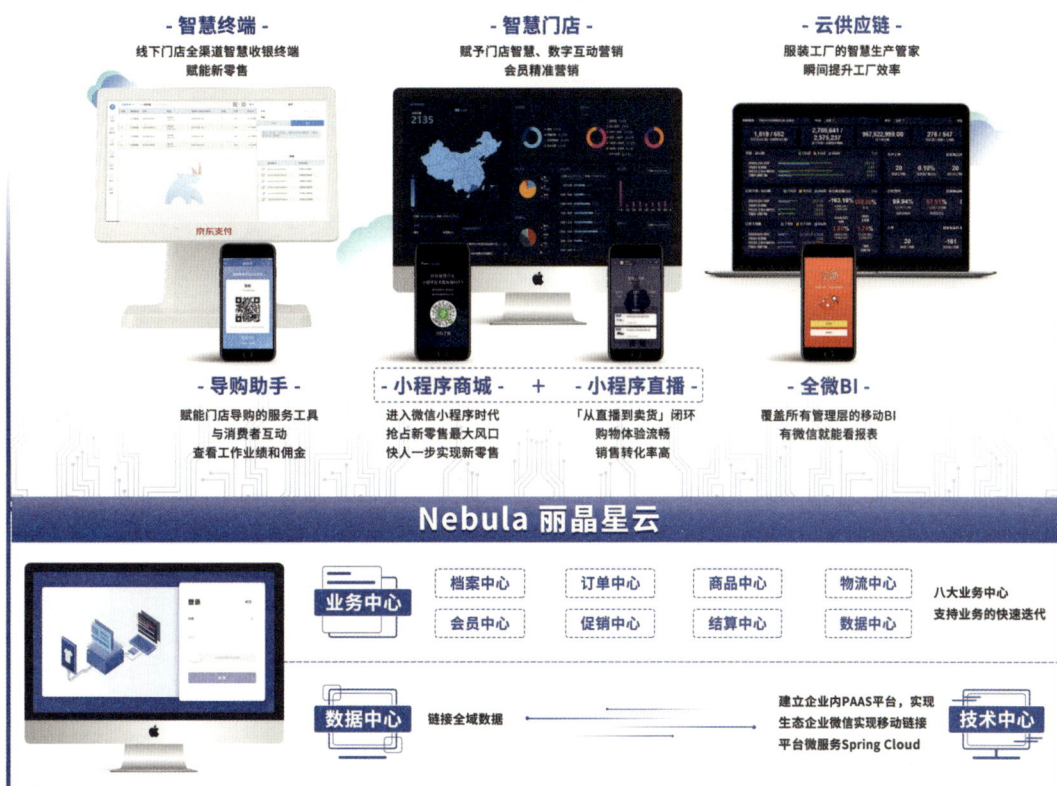

图3-106

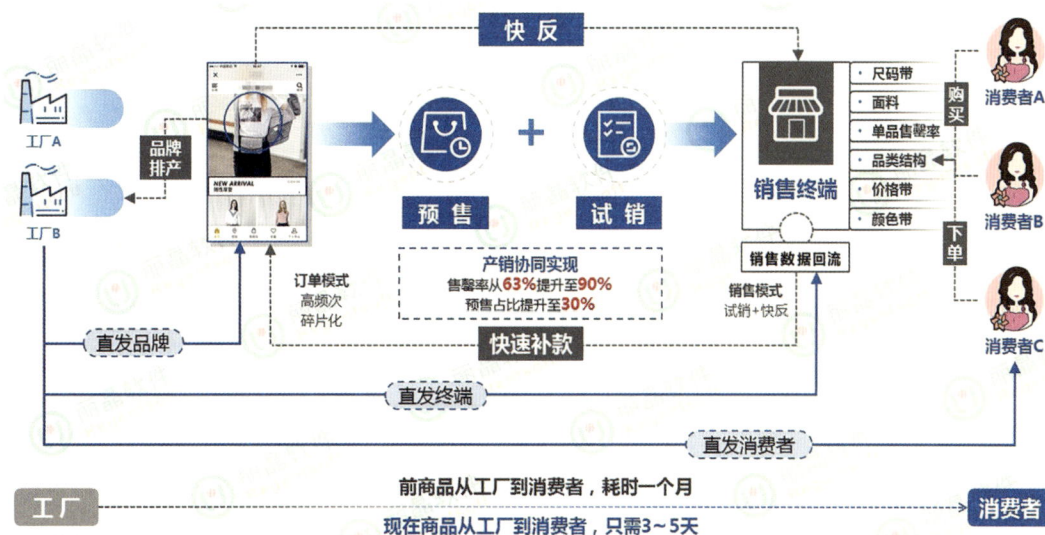

图3-107

的高度认可和肯定，获颁"高新技术企业""广东省专精特新中小企业""广州市优秀软件企业""广州市四化赋能重点平台""广东省名优高新技术产品"等多项殊荣。目前，已申请了发明专利3项，授权发明专利1项，各功能模块申请了软件著作权65项。

三、管理创新与人才优势

丽晶软件秉承渴望与尊重的人才观，网聚了多家知名高校人才，建立横跨零售行业与IT互联网行业的人才架构。

丽晶软件现有员工200余人，本科及以上学历人

图3-108

员占总人数的40%。各专业人员分配均衡，项目经理、架构师、方案顾问等占总人数的10%；研发工程师、测试工程师、运维工程师占总人数的45%；销售人员及实施顾问占总人数的30%；职能服务人员占总人数的15%；组成了一支IT精锐部队，为客户提供高品质的专业服务（图3-109）。

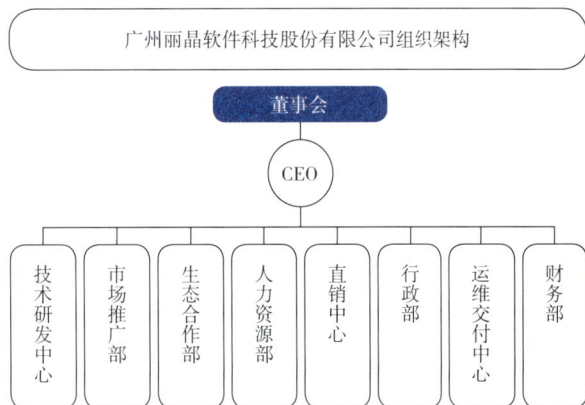

图3-109

核心团队成员已取得系统集成项目管理工程师、软件设计师、项目管理专业人员（PMP）等各种高级

和中级职称，具备专业的技术能力和丰富的项目管理经验。丽晶软件与清华大学全球创新学院（GIX）、香港理工大学等院校开展校企合作，依托各高校在大数据、人工智能和物联网领域的尖端技术，结合丽晶软件自身丰厚的行业经验，持续为企业赋能，共促产学研融合。

四、服务创新

丽晶软件以客户需求为导向，以产品质量为准绳，以成熟技术为依托，以贴心服务为基点，为客户提供从售前到售后的一站式专业企业服务。

丽晶软件在全国各地设立八大分公司，并设立了10多家渠道代理，由专人负责不同区域的销售和运维，提供高效稳定的本土化优质服务。

除在中国内地的市场布局，丽晶软件也在香港设立分公司，以及在新加坡、悉尼等地设立服务支持点，通过与生态伙伴合作，构建交付服务网络，不断打磨全球化产品，以满足当地企业的数字化需求，为客户提供及时、周到和专业的服务。

思创理德：RFID唯一身份加速鞋服全链路数字化发展

广州思创理德物联网科技有限公司（以下简称"思创理德"）成立于2014年，为客户提供软件、硬件、RFID标签及全链路数智化应用的集成方案。核心团队拥有20年时尚行业信息化经验及10年服鞋RFID解决方案技术应用经验，目前已为80多家头部时尚品牌构建数智化应用，拥有超过50个软件著作权与专利，获得广东省专精特新企业、高新技术企业、省级守合同重信用企业等荣誉称号（图3-110）。

图3-110

目前，思创理德以广州为总部，同时在杭州、北京、泉州、深圳设立了子公司，并覆盖北美、南美、澳大利亚、东南亚、非洲等海外大部分地区，为全球时尚品牌提供优质的方案与产品。服务的标杆客户有：耐克、斐乐、迪桑特、可隆、斯凯奇、lululemon、之禾、江南布衣、伊芙丽、雅莹、鄂尔多斯、朗姿、UR、衣恋、比音勒芬、迪柯尼、雅戈尔、报喜鸟等知名时尚品牌集团（图3-111）。

服务品牌

图3-111

对于服鞋品牌来说，高度依赖人工作业，数据采集准确性和及时性不高，常常导致信息不准确或延迟，这可能导致生产计划的混乱和产品质量问题、库存偏差和物流延误，而在门店销售环节，依赖于手工扫码盘点则会增加员工劳动强度和劳动时间，降低服务质量，从而影响消费者的消费体验。另外，随着市场的发展，时尚行业出现越来越多假冒伪劣产品，消费者难以分辨真假，给品牌声誉和利润带来了严重损失。

在这一背景下，RFID作为一种高效的感知识别技术，能够精准、高效地采集数据，成了推动时尚行业全链路发展的重要驱动力（图3-112）。

图3-112

一、解决方案与主要产品

1. 解决方案

思创理德围绕商品从"商品企划、供应链、库存管理、门店运营"的全生命周期，帮助品牌明确RFID需求，根据企业业务流程设计科学的RFID解决方案，并与企业现有IT系统整合，提供从RFID标签生产写码、硬件设备配置和测试及软件研发的一站式解决方案，解决企业痛点的同时，提升整体运营效率（图3-113）。

整体业务流程

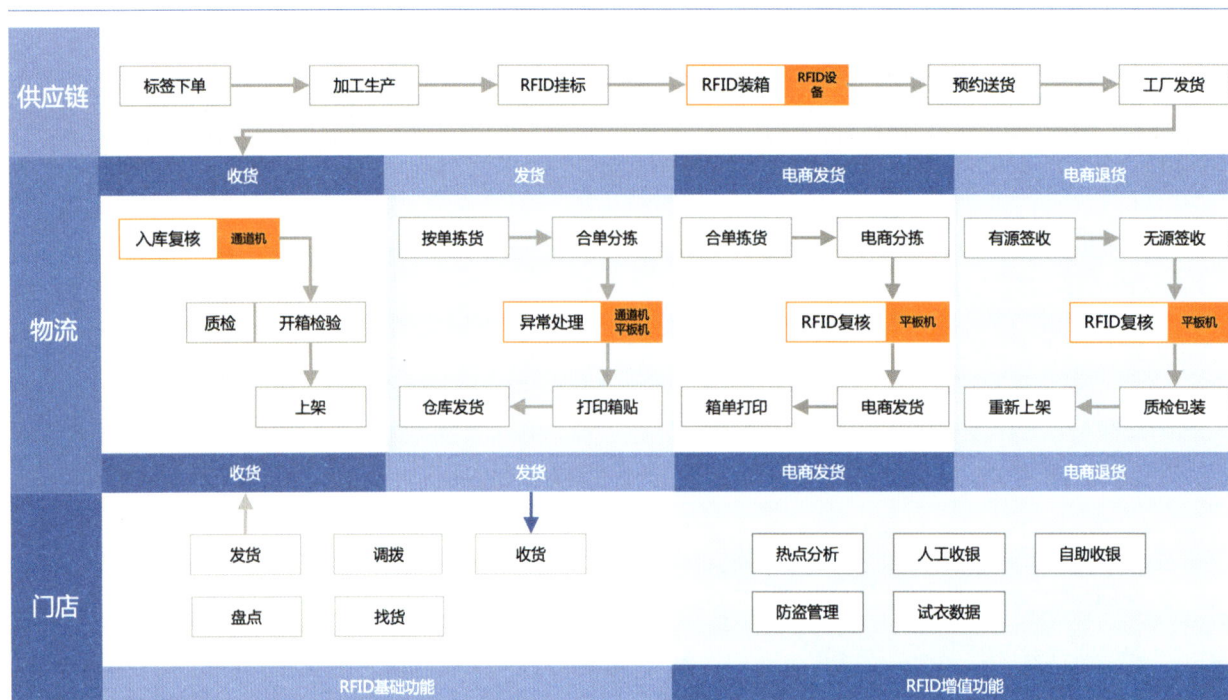

图3-113

2．主要产品

一般来说，RFID解决方案由三部分组成，即RFID标签、RFID硬件设备和软件系统。

（1）RFID标签

为每件商品赋予唯一的数字身份标识，以贴纸、吊牌、洗唛等方式，保障产品身份的唯一性和可追溯性，标签内嵌芯片，能够存储身份唯一信息，结合RFID系统为防伪溯源提供技术支持。

（2）RFID硬件设备

在供应链的各个环节，如生产、仓储、运输和零售，RFID硬件设备可以高效准确地读取大量标签，采集和更新产品信息，摒弃传统且低效的手工盘点，也无须逐一扫描条码，提高了数据采集的效率和准确性。根据场景用途和性能需求，硬件设备有不同类型，如手持机、平板机、通道机、打印机、试衣采集设备、自助收银机、防盗设备等。

（3）相关软件

思创RFID项目针对集团型企业，可根据客户个性化的业务需求定制化开发，涵盖标签管理、工厂、仓库及门店应用，经过多年迭代升级，系统稳定，响应

快速不卡顿。灵创RFID平台针对服鞋品牌业务开发，可按需配置功能模块，通过简化部署实现快速上线的标准化SaaS化RFID平台，满足需要快速实施的场景，操作简单，支持跨语言、跨平台，以满足不同国家和地区的用户需求。

二、应用价值

1．工厂和仓库端

工厂：每件商品附上唯一码身份，使用RFID平板机批量识别和异常排查，工厂发货准确率提升至99.9%以上。

仓库：收发货不需要开箱复核盘点，采用RFID通道机读取箱贴、商品RFID标签复核，可进行数量及SKU的双重校验，复核效率1小时超过500箱。

电商：采用平板机复核，效率提升10%以上，准确率接近100%。

2．零售门店端

门店收货：门店场景复杂，使用更灵活的手持机可以实现不开箱收货，效率提升10倍以上。

门店盘点：使用手持机快速盘点，效率提升3倍以

上，2000件商品仅需15分钟，支持全盘、抽盘，对于盘亏商品可进行批量补盘。

收银：通过读取唯一码销售，完成商品闭环。

自助收银：只需三步即可完成结算，全程自助购物。

防盗感应：结算门禁一体化，实时感应RFID标签，报警时店员可清楚看到被盗商品信息及出入时间，及时监控管理。

3．防伪溯源

赋予每件商品唯一的RFID数字身份标签，确保每件产品的身份唯一性，记录商品从生产到销售的全过程，并建立完整的数据档案，保障商品可溯源，从而降低窜货、假货率，提升合法渠道销售量。

RFID是一项系统性工程，对企业来说，需要从战略层面理解RFID技术的潜力，将其视为供应链和物流提效以及客户体验的长期投资。而方案服务商需要具备深厚的技术储备和实践经验、客户导向的服务理念和出色的项目管理能力，来确保客户实现期望的业务目标。思创理德凭借深耕时尚行业的专业性、强大的系统集成能力和成熟稳定团队，成为众多时尚品牌的首选合作伙伴，与80多家知名品牌建立了长期稳固的合作关系，通过持续的方案支持和服务更新，满足客户不断变化的需求，让零售创新更加成功。

产教融合

华南理工大学：数据赋能，AI创新

在AI技术高速迭代的背景下，使用AI工具导向服装行业创新，是不可规避的新趋势。人工智能生成内容（AIGC）发展的三个要素为算法、算据、算力。在我国"文化数字化"的政策引导下，发展本土服饰数字化数据，可以扩充算据的丰富性和特征性。通过轻量型、个性化数据模型训练，可以引导大模型算法更具有精确性和指向性。基于此，华南理工大学服装与服饰设计专业，一方面基于其工科院校背景和技术优势，另一方面服务于大湾区万亿服装行业需求。通过建立地域性民族服饰的数字数据库、训练地域性民族服饰轻量型AI模型、开发针对性服饰软件等方法，引导前端技术服务于服装设计、促进新质生产力的提升。

华南理工大学服装与服饰设计专业的"数据赋能 AI创新"教学及研究案例分"文化资源""数字资源""数据开发""产业创新"四个阶段进行。

在"文化资源"阶段，基于岭南少数民族的地域分布特征，进行了实地调研和桌面调研，对岭南服饰文化内容进行了梳理和总结，厘清不同服饰的物质表征，制作技艺，语义特征，以此作为数据资源建设的前提。课题组走访了粤、湘、黔、桂的苗族、侗族、瑶族聚居区域，参观了多家服饰博物馆，采集了两百余件岭南民族服饰作为数字化资源建设的材料，形成了实物外貌复刻、实物板型分析与复制、色彩提取、装饰元素复刻的基本研究范式（图3-114）。

在"数字资源"阶段，数字资源是支撑AIGC进行智能生成的基础算据，也是触动产业创新的核心动力。本阶段以支持AIGC技术创新为导向，构建专业性、垂直性的岭南服饰数字资源。对采集到的岭南服饰数字

图3-114

资源进行复刻和提取，在平面复刻阶段，主要采用Adobe Illustrator软件对民族服饰进行矢量化的再现，因为矢量图是使用数学公式描述的图形，由几何元素和对象属性组成。放大或缩小时能保持图像的清晰度和质量，不会失去细节或出现像素化。并且矢量图具有可编辑性，可以对其中的元素进行修改和调整，符合设计过程中高精度、易编辑的要求。

同时还尝试进行岭南地区民族服饰的三维虚拟建模。数字建模的方法可以更准确地观测服装制板的还原情况，以作为民族服饰仿制的先行实验，有效提高民族服饰设计制作的效率。还有助于服饰的动态虚拟展示，利用虚拟模特进行走秀演示，可以更清晰、直观地感受到服装的着装状态，有助于民族服饰文化的传播（图3-115）。

在"数据开发"阶段，建立岭南服饰数字资源的开源平台和AI模型，是"数据"向数字"经济"转化的基础。首先，基于采集到的数据训练专业性、垂直性的岭南服饰AI数据模型，提高以岭南服饰为主题的

智能生成内容的丰富性和准确性。并将模型开源提供给有需求的企业、设计师或研究者。在项目研究过程中，项目组基于Stable Diffusion软件，利用岭南民族服饰数字资源，进行轻量型模型的训练，设计并生成了系列服饰产品，并在"深汕时尚·龙潮涌动"论坛上，进行AIGC辅助设计的主旨演讲、设计发布和企业对接（图3-116）。

同时，针对研究过程中出现的问题，尝试自主开发设计软件。例如，针对岭南民族服饰研究中色彩的总结和提取问题，项目组发现现有的设计软件，如Photoshop和Adobe Illustrator中的色彩提取工具都只能对点取色，不具备色彩的总结性和分析功能。所以，项目组基于K-MEANS聚类算法开发了"AI智能取色、析色、赋色"系统。该工具以"识色—取色—赋色"为线索，可以对服饰中的色彩进行归纳和分析，总结出不同色彩所占的比例。对所总结出的色彩的关联性进行标识，分析服饰中的用色规律。并能将提取的色彩按比例自动赋色到不同的图片上，进行色彩风

图3-115

215

图3-116

格的迁移。

该工具已在网上面向公众开放，同时，该工具已提供给洪兴集团、卡尔丹顿服饰股份有限公司、广州真爱服饰有限公司等十余家公司使用，帮助其进行设计色彩的提取、归纳和赋色，使用效果较好（图3-117）。

在"产业创新"阶段，基于岭南服饰的AIGC技术，叠加广州时尚产业"多主体""全产业链"的产业支撑，联合企业进行产业创新实践。与广东鹏宝服饰有限公司（以下简称鹏宝公司）进行了联合产品开发，鹏宝公司总部位于香港，扎根汕头市潮阳区"中国针织内衣名镇"谷饶镇，鹏宝公司取得了"迪士尼（Disney）"公司的品牌授权。2024年8月，项目组与鹏宝公司基于该授权利用AIGC技术进行产品的设计，并将该设计和制作过程，在FDE时尚女装展（深圳）时尚设计现代服务体系展区展出。该时装展是LINK FASHION服装展会旗下子展，此次展会展出面积达3万平方米，吸引了236家优质企业参展，展会3天合计入场19689人次，具有较强的影响力（图3-118）。

利用AIGC形成较完整的时尚产品和产品的宣传物料，让消费者通过生成的图片进行订货，然后产业链能根据消费者的反馈，快速生产、制作出相应的服装产品，以这样的"定了再做"的方法，解决服装纺织行业的库存问题。AI还可以辅助"小单快返"模式进行，首先用AI快速生成服饰产品，先小批量生产不同款式的产品进行市场测试；其次通过终端数据反馈，对其中的"爆款"进行快速返单，减少库存风险。而企业以这种"小单快返"的形式，契合当下的时尚消费需求，提高企业的运作效率，减少前期成本的浪费。在FDE时尚女装展（深圳）上，项目组利用AIGC技术快速生成服装成衣效果图，在展会现场与多家制作企业合作，进行了服装面料设计制作、服装板型设计与修正、服装快速成型、虚拟展示等现代服装产业链的设计、制作、市场的快返式全链条演示，受到各界好评。

AIGC赋予了计算机强大的学习、分析和产出能力，在各个国家的各个行业，都在快速发展和落地。在AIGC技术下，坚持民族性、地域性的设计创新是学术界的共识。AIGC模型并不具备人类的价值

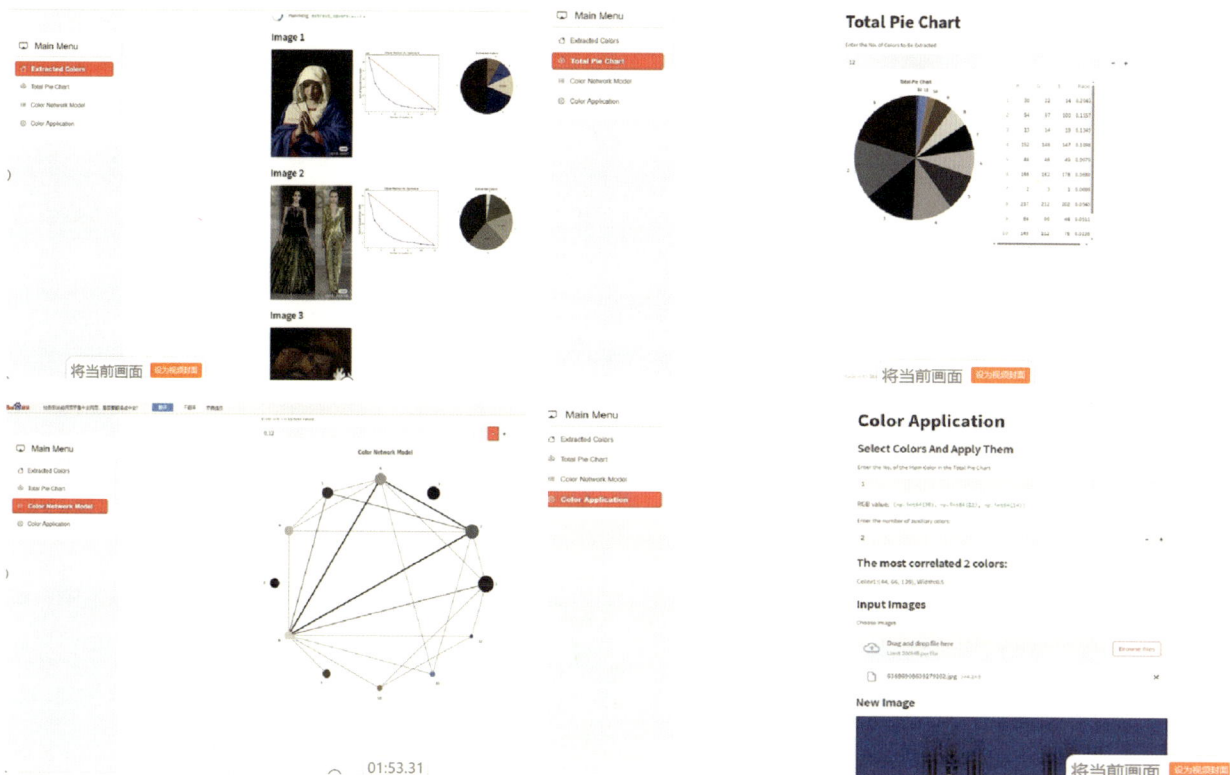

图3-117

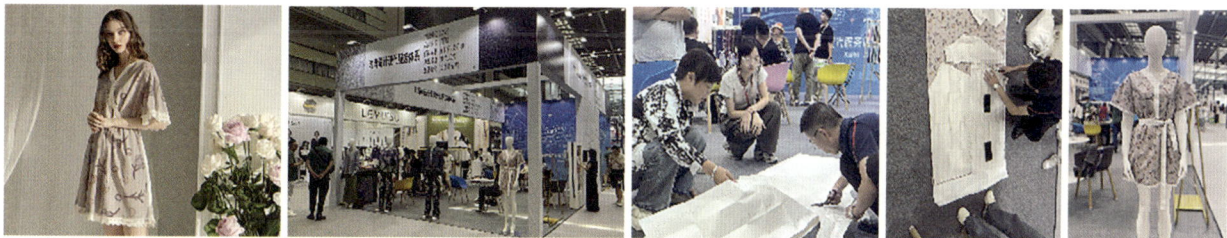

图3-118

观、情感与文化属性，这就要求在开发AI时积极使用本土数据、自主研发算法、嵌入中华优秀传统文化审美性。落地到时尚领域，通过中国传统文化数据的构建，促进AIGC技术更能"理解"中国文化，能生成更具民族特色的时尚产品。一方面符合在"文化自信"下，消费者的审美需求。另一方面符合国家"文化数字化"建设的大方针，有助于"文化强国"的实现。

供稿：华南理工大学设计学院　黄琴霞、秦臻

华南农业大学：产业需求引领，学科交叉融通

一、教学成果简介

华南农业大学艺术学院1996年开始服装设计与工程专业招生，是国内首个开办服装设计专业的农林类院校。教学团队充分利用农林类院校优势，依托省特色专业、省一流专业，以"产业需求引领，学科交叉融通"为不断深入改革的思路，按乡镇产业需求多学科交叉融通，出版或自编产业特色教材，搭建"线上线下混合教学资源"，构建"产学研融合"教学体系，逐步形成了"特色教材（规划教材、自编教材）+线上案例（慕课、哔哩哔哩）+实践体验（工作坊）+科研创新（大创、教师工作室项目）+思政育人（全过程）""五维融合"人才培养机制，从"增强底蕴，夯实理论、活跃思维、锤炼能力、提升素质"五大途径，培养"有思想、有专业、有实践、有创新"的高素质"四有"复合式应用型设计人才，服装与服饰设计专业

2021年被评为"广东省一流本科专业建设点"，2023年《传统工艺（植物染、刺绣）与时尚设计》获评省一流课程（图3-119）。

1. 重塑育人理念

以"乡土"文化及"非遗"视角开展思政，建立思政元素案例库。教学各个环节在专业理论讲解中，通过思政元素案例润物细无声，既增强学生底蕴，提高专业知识，又厚植其家国意识与"乡土"情怀。

2. 精准培养方向

随产业发展需求变化及时调整精准培养方向，构建"多方诊断—调整优化"的靶向人才培养模式。依托广东省乡镇的产业分工特色，以产业需求引领，凝聚不同专业方向，设置靶向课程，输出专精人才；随产业发展，顺品牌升级，注重学科交融，将艺术学、设计学、工程学、管理学、营销学等多学科交融，从

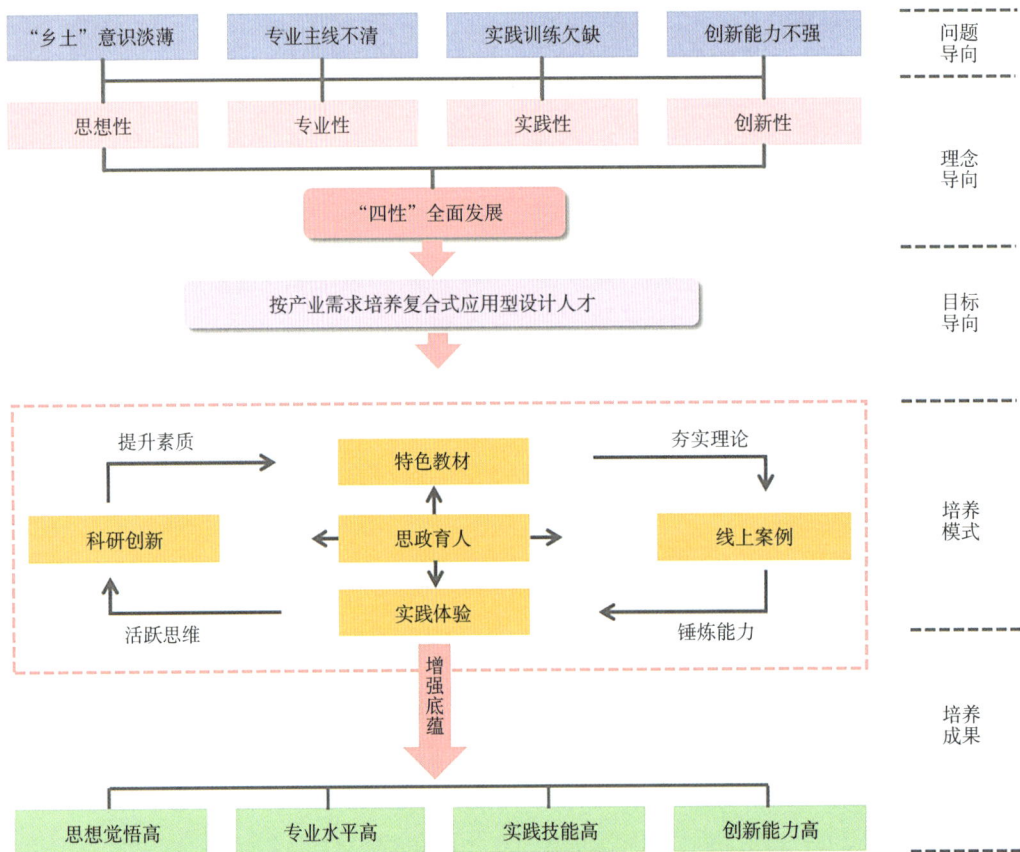

图3-119

品牌管理角度培养复合式设计人才。

3. 创新教学模式

以产业需求导向为突破口，改革教学体系，建设特色教材，产学研融合，形成兼顾思政与实践的线上线下混合教学模式。教学团队通过建设产业特色教材，网络案例配合，拓展学习资源。课程作业对接企业项目，产学研融合，提升学生发现问题、分析问题、解决问题的商业设计能力。

经过多年实践，学生的家国、"乡土"情怀与日俱增，文化修养高，学科竞赛成果丰硕，行业影响力逐年提高，为区域产业发展培养大量复合式应用型设计人才，示范效应显著。

二、具体举措

秉承"服务国家人才战略需求、以生为本开拓创新"的教学理念，以"产业需求引领、学科交叉融通"为思路，通过特色教材教学、网络案例教学、实践育人、科研育人、思政育人五个维度创新人才培养机制。

1. 产业特色教材+多元网络案例，创新混合式教学模式

建设产业特色教材，以适应乡镇产业需求，精准培养设计人才。从2007年开始共出版书籍14部，其中12部为教材（规划教材5部），都极具产业特色，如应外贸需要出版《服装外贸与实务》，顺产业升级需求，将设计学与管理学交叉融合出版《服装设计管理》《品牌服装产品规划》《服装跟单》等。建设了精品网络案例资源库，并于2020年开始大量使用慕课，充分利用线上资源，补充"乡土"文化（桑基鱼塘农业文化）、非遗工艺（香云纱、广州珐琅）、前沿理论和方法（可持续设计）、国内外发展动态（AI技术）等的学习，同时在课堂上以产业特色教材引领，进一步加强靶向人才培养，形成"线上线下混合"的教学模式。

2. 实践育人，培养学生能画、能做、能管理的复合能力

为解决学生理论与实践脱节的问题，不断优化专业课程体系和内容，增加"专业考察""工作坊"等实践课，并在专业课授课中引入企业项目，通过"引进

来、走出去"，邀请设计总监、设计师等在企业现场教学，让学生了解时尚产业、前沿技术和品牌发展模式，真正将课堂搬进车间、搬进店铺、搬进企业，使学生们充分认识行业需求。

3. 科研育人，培养学生顺应行业发展的创新能力

服装系实行教师工作室制，便于产学研融合。一方面，鼓励学生参与教师科研项目，在提高学生创新能力的同时，培养本科生科研能力，打通本研通道，形成以研促学模式；另一方面，方便教师指导学生双创项目，培养学生的独立研究能力和创新创造能力。同时还设置"参赛"课，由任课教师指导学生参加各项大赛，以赛促学。

4. 思政育人，培养学生家国意识与"乡土"情怀

为提高学生对本土文化的认知感和自豪感，团队教师创建"乡土文化+非遗"思政教育案例库，将思政嵌入人才培养的全过程，通过案例传导匠人精神（非遗传承人事例、非遗手工艺）、乡土文化自信（桑基鱼塘农业文化中的古人智慧）、家国情怀（丝绸文化中的设计智慧），在专业学习的同时增强学生"三农"意识及爱国情怀，在设计中更好地融入传统文化，以顺应"国潮热"的市场变化。

三、教学成果的创新点

1. 重构人才培养体系

依托农业院校优势，构建以专业镇（乡村）为导向的相关课程组，确立设计人才培养新体系。首先，创新设计并实施"三阶递进式"细分人才培养。第一年打通培养"乡土文化"素质；第二、第三年设计类学生按服装、服装配饰、纺织品方向划分学习专业课程，并选修产业细分课程，如针织、牛仔、礼服、玉石专题设计等，掌握专精知识；第四年学生面向企业自主选择毕业设计方向。其次，注重学科交叉融通，将设计学、工程学、管理学等学科交融。开设服装设计管理、服装商品企划、品牌服装产品规划、时装品牌视觉识别等课程并出版产业特色教材，如"十三五"部级规划教材《服装设计管理》是国内首个该领域新形态教材，创新课程体系，培养有品牌管理能力的复合式应用型设计人才，靶向就业。

2．创新思政育人模式

以培植家国及"乡土"情怀为核心，创建"乡土文化+非遗"思政教育案例库，用思政育人顺应产业升级。乡土文化是地域文化的根基，从思想性、专业性、实践性、创新性全面融入乡土文化学习，用思政解决产业升级问题。随产业发展，设计的核心由"形式"扩展到"文化"，"面向未来"与"文化传承"成为设计的两大核心任务。在乡土文化和非遗技艺学习中，通过思政案例传导匠人精神、家国情怀，既增强学生"乡土"意识，又顺应"国潮热"的市场变化，用设计强化品牌的文化标签。

供稿：华南农业大学艺术学院　彭梅

惠州学院旭日广东服装学院：
产教深度融合，培养"163"应用型人才

惠州学院旭日广东服装学院创建于1985年，是华南地区最具影响力的高素质应用型服装人才培养摇篮。学院现有服装设计与工程、服装与服饰设计、表演三个专业，涵盖服装工程、智能织造、内衣产品、时尚管理、服装设计、皮具设计、模特表演等七个方向。学院坚持"学工一体，学以致用"的办学理念，40年来一直坚持与旭日集团等知名企业开展校企合作，实施产教深度融合的综合改革，形成了"产教深度融合协同育人"的特色优势。学校及旭日集团对学院专业发展和人才培养模式进行了深入探索与论证，并总结出了创新、有效的"163"应用型人才培养模式。

一、"163"应用型人才培养模式

"163"应用型人才培养模式以产业需求为导向、以学生为中心、以能力培养为核心的教育模式，旨在培养学生的专业技能、创新能力和市场适应能力（图3-120）。

1. 一套多方共建、共管、共享、共赢的校企合作长效机制

学院通过建立一套深融合、多层次、多主体、常态化功能齐全的董事会制度，将行业发展需求、合作企业发展战略、学校发展规划有机结合，共同制订人才培养方案、规划专业方向、完善课程体系，从体制机制上确保学校人才培养供给侧与产业需求侧紧密对接。

2. 六个共同协作的人才培养路径

学院和企业通过共同研究与规划专业发展方向、共同制订人才培养方案、共同开发专业课程与教材、共同实施"双进双挂"工程、共同搭建"企业+实验室"实践平台、共同开展学生学业能力评价等6个路径，全方位强化学生实践创新能力培养。

3. 三项提升教师工程实践能力的校企融合教学改革

学院与企业协作开展了"课程内容+职业发展"的模块化教学内容改革、"专业教师+企业骨干"的嵌入

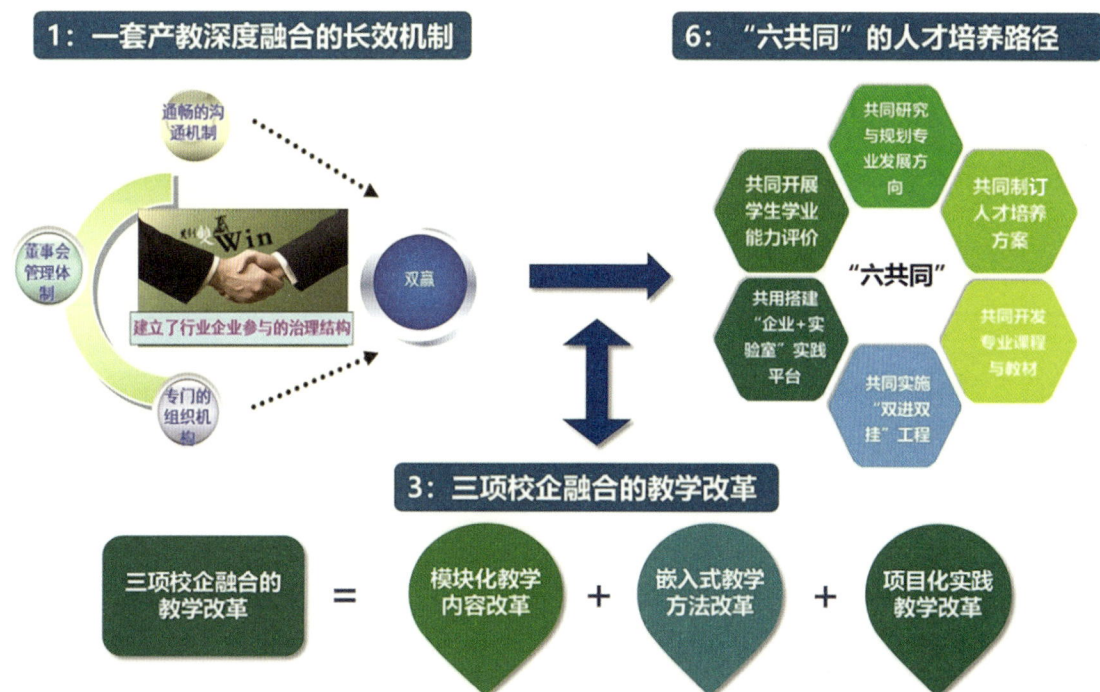

图3-120

式教学方法改革和"师生团队+企业课题"的项目化实践教学改革等3项改革,形成了产教深度融合的战略联盟和汇聚社会教育资源的人才培养机制。

二、"163"应用型人才培养模式的实践

1."三互"校企合作模式

学院构建了董事会与惠州学院二级学院互融的管理架构,构建了由学校主导、学院建设和企业深度参与教学管理的"互动、互促、互惠"的校企合作模式,有效地促进了教育内容与产业需求的紧密结合(图3-121)。

2.校内专任教师+企业兼职教师联合培养专业人才模式

学院实施"双进双挂"工程与师资互聘,常态化教师进企业挂职和企业进大学讲堂。学院专任教师中90%以上具有丰富的企业挂职或工作经验,为学生提供了与实际工作紧密结合的专业知识。学院聘请了55位具有丰富行业经验的企业专家作为兼职教师,涵盖了设计、生产、贸易、零售、管理、工艺、跟单、电商、陈列、品牌、买手、采购、仓储、供应链等服装产业链的关键环节,以确保学生能够接触到行业前沿的知识与技能。

3.校企合作专业课程建设

学院结合行业发展及企业需求优化课程结构,与行业企业合作开发了35门课程,专业主干课实践环节不少于30%,实战化、项目化、模块化课程实践环节不少于50%,实现嵌入式教学的课程占专业课程的90%以上。至2024年底,学院教师在企业的支持下已出版服装类教材70多部,被全国80多所高校选用。

4.校企合作开展实践教学

学校与企业协同建设实验室,实现1个实验室至少有1个企业支持,目前已建立了真维斯RFID智能店铺模拟实验室等15个"实验室+企业+学生团队+双导师"多功能实践平台。学院先后与30多家企业建立了稳定的实践教学基地,并不断拓展新的实训基地,实习内容涵盖服装设计、生产、贸易、零售、电商、管理等各个环节。

三、"163"应用型人才培养模式实践成效

1.人才培养成效

学院拥有国家级大学生实践教学基地、省应用型人才培养示范基地、广东省大学生校外实践教育基地、广东省纺织行业职业技能培训基地,以及广东省普通高校工程技术研究中心、广东省服装协同创新发展中心、广东省服装工程实验教学示范中心、广东省工程技术研究开发中心、广东省服装三维数字研发中心等国家级和省级产学研服务平台。学院获批广东省试点学院建设单位、首批广东省示范性现代产业学院,并先后被评为"中国纺织行业产教融合先进院校""中国纺织行业人才建设示范院校""广东省纺织服装产业人才培养共建单位"等称号(图3-122)。

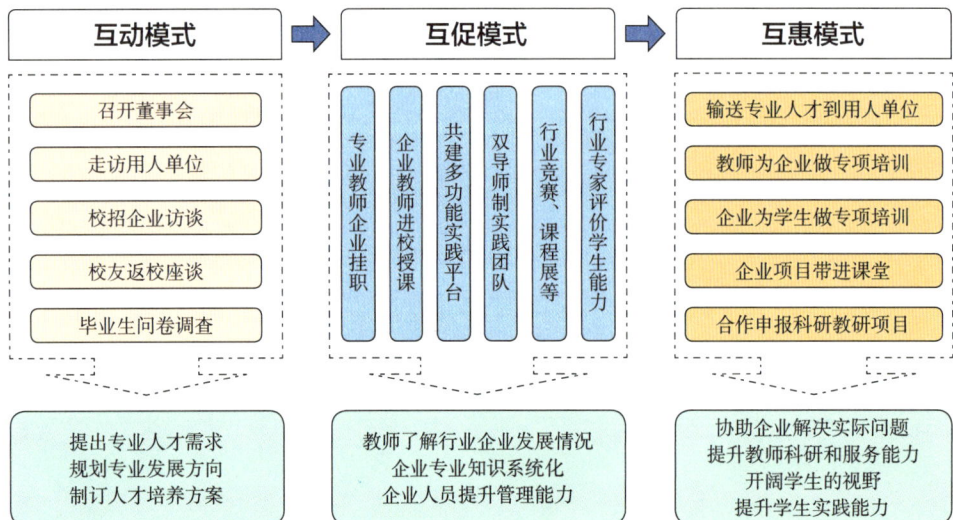

图3-121

学院的产教融合人才培养教学成果连续获广东省高等教育教学成果奖特等奖1项、一等奖3项，获中国纺织工业联合会"纺织之光"教学成果奖一、二等奖各1项，并出版应用型人才培养相关专著2部（图3-123）。

近5年学院学生获国家级、省级学科竞赛奖项240余项，毕业生首次就业率均在95%以上，90%以上在相关产业就业，其中香港旭日集团有限公司总部员工的25%、高层管理的25%来自学院。学院涌现出多名优秀毕业生，如2021届毕业生叶诗婷获得了全国皮具技能大赛专业组一等奖的第一名，获

"全国技术能手"称号。

2．产教融合成果

学院近5年与企业累计开展50多项产学研合作项目，其中与旭日商贸（中国）有限公司合作获得3项科技成果奖项，助力真维斯品牌业绩从2019年的6亿多提升到2024年的60多亿。与佛山市安东尼针织有限公司合作获得1项科技成果奖，助力中小型企业提升经济效益。与贵州省册亨县签订的贵州省黔西民族服饰项目2项，合计110万元，推动当地民族服饰产业化发展。学院教师主持广东省地方标准1项、参编国家标准6项、参编国际标准2项；近5年获授权发明专利30多项，其

图3-122

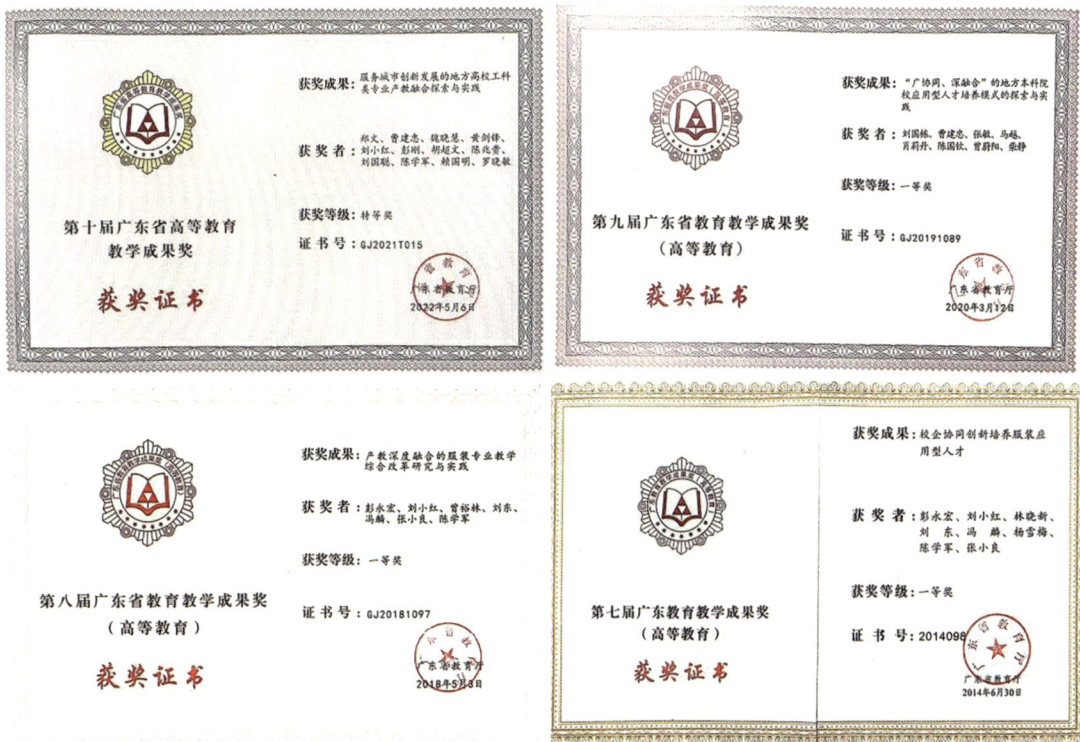

图3-123

中《一种两色浮线提花的编织方法》专利转化60万元（图3-124）。

2023年12月旭日商贸（中国）有限公司投入1000万元，携手学院共建品牌生态圈协同创新中心，开展跨学科合作研究，围绕企业和产业链发展的需要完善人才培养体系，助力企业和学校的高质量发展（图3-125）。

图3-124

图3-125

度融合的经验，主动应对科技革命和产业变革，综合政校行企多方力量，努力建设成为大湾区一流的服装学院，服务广东省纺织服装产业集群走时尚化、高端化、品牌化、数智化、低碳化、国际化和总部经济集聚地、创意设计策源地、服贸会展新高地的"六化三地"高质量发展路线，培养适应和引领现代服装产业发展的高素质应用型、复合型、创新型人才，持续为产业转型升级提供人才支撑。学院会加强与行业及企业合作，进一步提升学院服务企业、服务地方的能力，为企业排忧解难，提升企业竞争力，共同促进大湾区服装行业的高质量发展。

四、未来展望

惠州学院旭日广东服装学院将会总结校企产教深

供稿：惠州学院旭日广东服装学院

陈学军、徐丽丽、刘海金

广东白云学院：四链融合，打造湾区时尚教育新高地

在粤港澳大湾区时尚产业转型升级的关键窗口期，广东白云学院国际时尚设计学院院长王家馨表示以"逆向思维"破局传统教育模式，创新构建"产业链—课程链—人才链—创新链"四链贯通的产教融合体系。广东白云学院拥有广东省一流专业服装设计与工程、服装与服饰设计、服装表演等三个专业，近三年毕业生就业率持续保持高位以上，斩获省级以上设计大奖127项，在国家一类竞赛获奖实现零的突破，2024年更成为广东省唯一包揽中国国际时装周人才培养成果奖与亚冬会"最佳组织贡献奖"的高校。2024年广东省大学生优秀服装设计大赛斩获本科组唯一金奖（图3-126、图3-127）。

图3-126

图3-127

一、破界：逆向突围，构建"需求驱动型"课程体系

面对产业数字化变革需求，学院首创"逆向课程开发法"，从头部服装品牌企业的128个真实项目中提炼典型任务，重构"服装智能制造"等5门核心课程。推行"双师三课堂"教学模式，行业导师深度参与项目式教学，企业真实案例占比达65%。2024年建成大湾区首个时尚产业化应用型科产教融合基地，集成3D服装设计中心、智能制造实验室等前沿教学场景，成功入选国家纺织服装教育学会首批3D数字化设计认证站点，获批"中国纺织工程学会科普教育基地"荣誉（图3-128）。

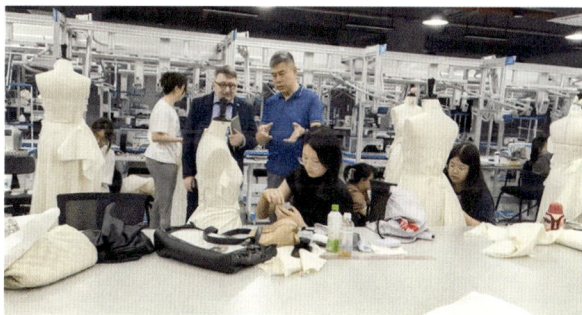

图3-128

据中国服装协会发布的《2025智能服装技术趋势白皮书》，及时更新智能可穿戴技术等教学内容。2025年计划开发"虚拟服饰设计"等前沿微专业，建设服装数字孪生教学资源库。

二、智变：数字引擎驱动教学革新

实施"数智时尚2030"计划，构建"数据+智能"双轮驱动的教学矩阵，开发服装智能定制系统、虚拟仿真设计平台等教学工具，实现服装设计、制板效率提升40%。与以AI+3D技术为核心驱动力的国家高新技术企业浙江凌迪数字科技有限公司校企共建的"数智融合背景下服装专业育人模式研究"项目获教育部供需对接就业育人项目，与布络维科技（上海）有限公司等头部企业联合的3D智能设计及板型数据库已投

入教学应用。2024年JOOOYS×广东白云学院"云程万里"成人礼·礼服文化发布会登陆广东时装周主会场，被央视、新华网、中国日报等主流媒体专题报道，开创高校成人礼礼服文化时尚教育成果直通产业先河（图3-129）。

图3-129

三、铸魂：党建引领强根基，构建三维"党建+"育人新生态

创新实施"党建+学科竞赛""党建+项目攻关""党建+社会服务"三维驱动模式组建党员先锋教学团队，在智能服装研发中心设立"党员创新工作室"，将红色文化元素融入"服装创意设计"等核心课程。由广东省文化和旅游厅、中共广州市委宣传部指导，广州市文化广电旅游局主办的"红色乡村 绿美发展"广东省青少年红色旅游产品宣传设计大赛。服装设计作品荣获仅有的2个"一等奖"（图3-130）。

图3-130

四、育才：四维能力重塑产业工匠

首创"设计思维×工程技术×商业素养×文化传承"四维能力模型，打造"工作室—工坊—企业"三级实践平台。精益生产实验室引入服装MES系统，构建"设计—智造—营销"全流程仿真体系，学生作品在2024年大学生服装设计大赛中斩获本科组唯一金奖。推出的"时尚新匠人"计划，建立"企业出题—教师解题—学生答题"的产学研闭环，获得中国国际时装周人才培养成果奖，将联合广东省服装服饰行业协会等开发"智能设计与敏捷制造"等3门产教融合课程，2025年将开设融合AR/VR技术的虚拟服饰设计微专业（图3-131、图3-132）。

图3-131

图3-132

五、致远：四链融合擘画发展蓝图

国际时尚设计学院以"聚焦、积累、跟进、提升"为发展纲要，实施三大攻坚战略：构建"学科带头人+青年骨干+行业导师"三元梯队，推进交叉学科人才链师资组群共享机制，打造数字时尚与国家品牌战略融合的三大创新实验室集群；建设服装数字孪生教学资源库。计划到2027年建成3个重点服装实验室，为湾区时尚产业输送具有国际视野的复合型人才（图3-133、图3-134）。

图3-133

图3-134

站在教育教学审核评估新起点，学院将持续深化"以产定教、跨界融合、逆向突围"改革路径，通过"教育链对接产业需求、人才链支撑创新发展、产业链反哺教学改革、创新链驱动转型升级"的四链融合生态，全力打造粤港澳大湾区时尚产教融合创新标杆，为新时代中国时尚教育高质量发展提供"白云范式"。

供稿：广东白云学院国际时尚设计学院院长、教授 王家馨

新质智造

华慧服饰：专注牛仔时尚，打造华慧特式柔性供应链系统

广州市华慧智造科技有限公司是中国牛仔ODM生产知名企业，是一家集时尚流行资讯、款式研发设计、牛仔面料开发采购、成衣生产销售为一体的时装牛仔ODM制造服务全产业链式综合性供应商，尤其擅长上衣类、时装裙类产品，特别是在拼接、蕾丝、雪纺、棉衣等组合生产上有技术专长和优势。总公司坐落于钟灵毓秀，交通便捷的广州番禺莲花山港和地铁四号钱石基站旁，交通十分便利。拥有现代化花园式生产基地，占地23000平方米，生活配套设施完善，现有在职员工980人，是国内优秀的时装牛仔上衣工厂的设计生产企业，是国内外众多一线知名服装品牌战略核心供应商（图3-135）。

图3-135

广州市华慧智造科技有限公司成立于2002年，从刚开始的10人牛仔研发工作室运营至今，目前拥有香港华慧、广州华慧服饰、广州华俊服饰、湖南华慧服饰、嘉信洗水车间、元丰纺织（牛仔面料开发）工作室等股份制子公司。全公司共有32条中央处理器（CPU）单件流吊挂车缝生产线，22条CPU尾部后整查衫线，年产牛仔服装380多万件，销售额4.5亿元，获得"武汉纺织大学就业创业实习基地""高新技术企业""产学研协同工匠基地"等多项荣誉（图3-136）。

图3-136

公司愿景是"做中国时装牛仔服装的最佳供应商"。公司注重面料、款式、洗水工艺的开发，拥有专业资深的设计开发团队，与欧美及韩日最时尚的流行款式同步，季度开发新品平均达到300个款式，订单的单款数量为1000~8000件，爆款翻单20000件以上（图3-137）。

图3-137

2008年全面导入单件流生产流程进行生产，采用精益生产管理模式。

2013年引入完善的科学的绩效考核体系和股权激励制度，实行事业部制运作。

2016年上旬引入"阿米巴"经营模式，在公司的平台上人人力争上游，争取佳绩，是"客人个性化、公司平台化、员工创客化"的创新型公司。

公司专注于"时装类"牛仔服装生产，尤其擅长上衣类、时装裙类产品，特别是在拼接、蕾丝、雪纺、棉衣等组合生产上有技术专长和优势，能够为适应市场的快返订单需求（图3-138）。

图3-138

2016年下半年成立"快时尚车间"团队，对于有备料的1000~20000件快时尚牛仔订单，反应时间为下装12天完成交货，上装21天完成交货。

2017年安装了最新的智能排单和ERP系统，让大货的生产数据一切皆在轻松掌控之中，打造华慧特式的柔性供应链系统。

2023年尝试进行管理方式变革，引进"凤凰计划"合伙人模式，合伙人作为关键岗位的奋斗者，共享公司的发展成果。2023年执行"凤凰计划"1.0合伙人以来，在管理层和员工的努力下，各事业部的产量、日台产明显提升，每位员工的日台产达到44件，员工收入也大幅度提升，形成组与组之间互相学习促进成长的氛围。取得这样的成果离不开公司给予的平台和现场管理的方法、激励机制。

2023年博采众长，开拓创新，公司业务架构分为三个板块，分别为新材料板块、医疗器械板块、时尚服装板块。

2024年，公司专注于技术研发和品牌设计，推进时尚服装和医疗健康产业向智能制造快速发展。同年公司成功申请了15亩工业用地，计划投资1.8亿元打

造番禺石棋总部基地，产值6亿元以上，在番禺区石棋镇年纳税额从575万元增加至1500万元（图3-139、图3-140）。

图3-139

图3-140

公司具备强大的设计开发能力和丰富经验的研发团队，聘韩国、中国香港著名服装设计师指导。为客户提供产品设计、生产整套解决方案，每年研发产品资金投入达1500万元，在国内本行业具有较高的知名度。

公司始终实行富有挑战性的提成奖励制度及晋升机制，并为不同成长阶段的员工提供针对性的培训。公司倡导"诚信""进取""创新""共赢"的文化价值观，用优厚的工资待遇和愉悦的工作环境回报员工。华慧公司秉持"以客人为中心"的创新服务理念，精诚合作，共筑美好平台，打造良好生态，共创美好事业共同体。

供稿：广州市华慧智造科技有限公司

广东尊珑服装有限公司：臻品立世，和合共赢

在时尚产业蓬勃发展的浪潮中，广东尊珑服装有限公司以卓越的实力和独特的魅力脱颖而出，成为行业内的佼佼者。公司主力从事高端牛仔、户外休闲裤、时尚针织服装的研发和生产。自2007年创立以来，公司凭借对品质的执着追求、对创新的不懈探索以及对市场趋势的精准把握，迅速在服装牛仔领域站稳脚跟，不断拓展业务版图，赢得了众多客户的信赖与赞誉，成为众多知名品牌信赖的合作伙伴（图3-141）。

图3-141

图3-142

一、强大产能，保障供应

广东尊珑服装有限公司研发总部坐落于广州天河区，工厂位于广东河源，一期建筑面积12000平方米，占地面积广阔，生产车间布局合理。目前公司已建立了规模化、标准化的生产体系，配备了先进的生产设备和流水线，多个独立的洗水车间以及专业的防护服无尘车间，能够满足各类服装产品的大规模生产需求。同时公司拥有员工400多名，其中包括一批经验丰富、技术精湛的技术人才，涵盖了服装设计、制板、工艺、生产管理等各个领域，他们以专业的素养和创新精神，为公司发展注入源源不断的动力（图3-142）。

二、创新研发，引领潮流

在竞争激烈的服装市场中，研发设计是企业的核心竞争力之一。广东尊珑服装有限公司深知这一点，因此组建了一支由资深设计师和专业研发人员组成的精英团队。团队成员时刻关注国际时尚潮流趋势，定期参加国内外的时尚展会和研讨会，不断汲取最新的设计灵感。同时，公司注重与客户的沟通与合作，深

入了解客户的品牌定位和市场需求，为客户提供专业的个性化的设计方案，从面料的选择、款式的设计到细节的处理，每一个环节都精益求精。公司还积极投入研发资源，不断探索新的面料和洗水工艺，致力于打造具有独特风格和高品质的服装产品。例如，在牛仔布料研发上，广东尊珑服装有限公司取得了多项技术突破，使得产品在舒适度、耐磨性和时尚感上都达到了行业领先水平（图3-143）。

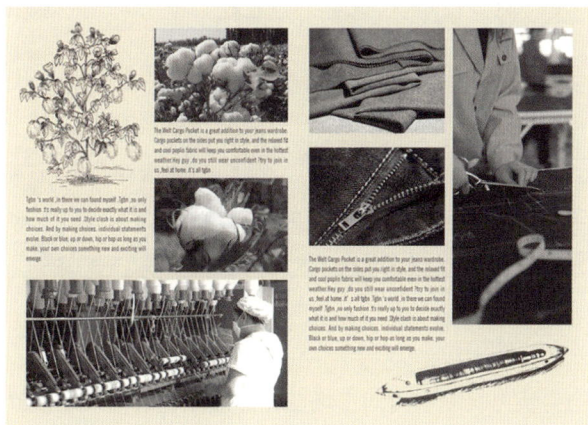

图3-143

三、严格品控，塑造品质

品质是企业的生命线，广东尊珑服装有限公司始终将品质管理放在首位。公司建立了完善的质量管理体系，从原材料采购、生产加工到成品检验，每一个环节公司都严格把关（图3-144）。

在原材料采购环节，公司与国内外众多知名面料供应商建立了长期稳定的合作关系，各主料（针梭布料）均来自拥有先进生产技术和良好商业诚信度的知名企业，从源头上保证了产品的高品质。在生产过程中，公司制订了严格的生产标准和工艺流程，要求员工严格按照标准操作，每一道工序都要经过严格的检验，确保产品质量的稳定性。

公司还设立了专业的品控部门，配备了先进的检测设备和专业的检测人员。品控人员对每一件成品进行全面细致的检验，包括尺寸、色差、面料质量、工艺细节等方面，只有符合高品质标准的产品才能出厂。通过严格的品控管理，广东尊珑服装公司赢得了客户的高度认可和信赖，树立了良好的企业口碑（图3-145）。

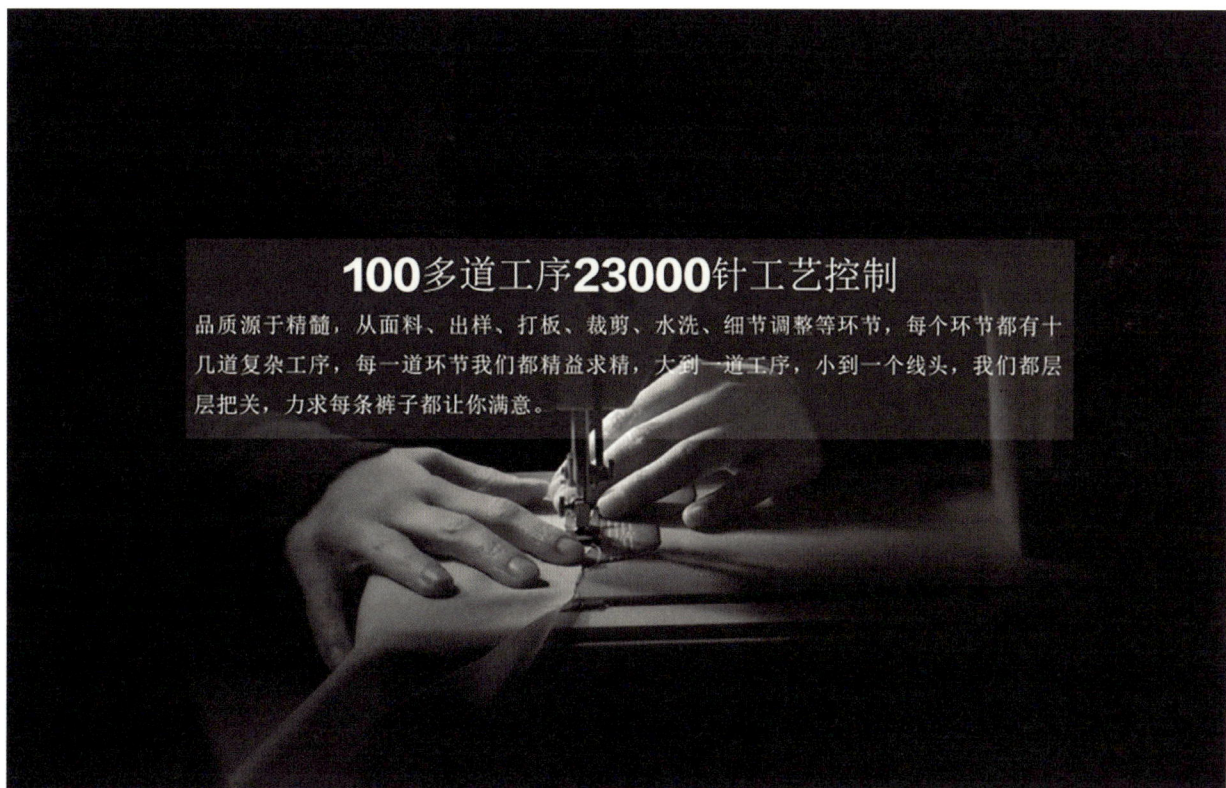

100多道工序23000针工艺控制

品质源于精髓，从面料、出样、打板、裁剪、水洗、细节调整等环节，每个环节都有十几道复杂工序，每一道环节我们都精益求精，大到一道工序，小到一个线头，我们都层层把关，力求每条裤子都让你满意。

图3-144

图3-145

四、广泛合作，开拓市场

多年来，广东尊珑服装有限公司凭借出色的产品与服务，与国内外众多一线品牌建立了长期稳定的合作关系，为这些品牌提供从设计研发、生产制作到物流配送的一站式服务，满足了不同品牌的多样化需求，成为众多知名品牌信赖的长期合作伙伴。

后期，广东尊珑服装有限公司将继续秉承"品质至上、创新驱动、合作共赢"的经营理念，不断提升自身实力，积极应对市场变化。后期也会继续积极参加服装展、面料展等各种活动，与同行分享经验、交流技术，展示公司的最新产品和技术成果，共同推动服装行业的发展。同时，加强与国内外知名品牌合作，积极与供应商、合作伙伴建立长期稳定的合作关系，实现互利共赢，努力成为具有国际竞争力的服装企业，为消费者提供更多时尚、高品质的服装产品（图3-146）。

五、未来理念，AI智能应用

数字化浪潮下，AI智能正在深度融入服装圈，服装生产智能和企业管理智能，为服装行业带来了全方位变革。公司后期也会顺应时代变化，引入AI智能生产，包括智能化设计、智能生产、智能管理、智能销售等。未来这些智能化应用，将会实现创新加速，降本增效，绿色可持续发展，这也是广东尊珑服装有限公司的发展理念。

图3-146

供稿：广州尊珑服装有限公司

KCT多隆拉链：以冠军品质为基，开启全球服装辅料新征程

广州市多隆服装辅料有限公司（以下简称"KCT多隆拉链"）成立于2010年8月1日，公司成立同期创立KCT品牌，是一家集自主研发、设计、生产、销售、服务于一体的中大型制造企业，主营隐形拉链、金属拉链、树脂拉链、尼龙拉链等全品类拉链。公司向来秉持"品质第一，客户第一，服务第一"的经营理念，不断追求更高的质量标准，增强环保意识和社会责任感，以赋能更多服装品牌，立志打造为跨境电商最优质的一站式服务供应链（图3-147）。

图3-147

KCT多隆拉链在生产过程中采用先进的自动化设备和严格的质量控制体系，确保每一件产品都能达到国际标准。公司不仅注重产品的质量，还非常重视产品的创新设计，不断推出顺应市场趋势的新款式和新功能，以满足不同客户的需求。此外，KCT多隆拉链还积极开拓国际市场，通过跨境电商平台，将优质的产品和服务推向全球，与国际服装品牌建立了良好的合作关系。在品牌建设方面，公司投入大量资源进行市场推广，与知名射击全满贯冠军陈颖合作代言，提升品牌知名度和影响力。KCT多隆拉链正以坚定的步伐，朝着成为全球领先的拉链品牌迈进（图3-148）。

金属拉链   隐形拉链

尼龙拉链   树脂拉链

图3-148

一、品质铸就品牌，服务赢得未来

KCT多隆拉链的品质管理不仅仅局限于生产过程，还延伸至供应链的每一个环节。公司建立了完善的供应商评估体系，确保原材料的质量符合严格的标准。在产品出厂前，每一款拉链都会经过多道质量检测程序，设立实验测试房，包括酸碱度（pH值）测试、环保过检针测试、反复拉测试、色牢度测试、盐雾测试、平拉力测试、镍擦拭测试、蒸汽测试等，进行不定期测试，确保产品到达客户手中时处于最佳状态。每一个拉链头都经过精细打磨，确保手感舒适，无毛刺（图3-149）。

图3-149

公司坚信未来将不再是手艺高的匠人的天下，而是靠精良机器制胜的时代；公司果断进口全自动机器，提高了拉链的生产能力，使得KCT在拉链行业中占有一席之地。此外，公司还不断研发新型拉链，以满足不同服装设计的个性化要求，如防水拉链、特殊材质拉链等，满足消费者多样化的需求（图3-150）。

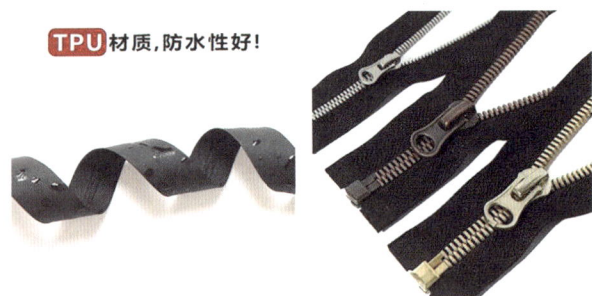

图3-150

在售后服务方面，KCT建立了完善的客户反馈机制，确保客户的问题能够得到及时解决。有专门的司机在广州内送货上门，提供免费打板服务，匹配专业的服务人员解答消费者的疑惑，让消费者感到方便。定期对客户进行回访，收集使用反馈，不断优化产品和服务，以满足客户不断变化的需求。通过这些细致入微的服务，KCT拉链赢得了客户的广泛赞誉，并在拉链行业中树立了良好的品牌形象（图3-151）。

图3-151

二、冠军代言开启新篇章

于2023年5月15日成功与射击全满贯冠军陈颖签约战略合作，以冠军精神塑造冠军品质拉链，提升KCT品牌的知名度和美誉度，助力多隆拉链的发展与

壮大。公司将以不断创新的精神和独特的经营理念，在全球市场上始终保持领先地位（图3-152）。

图3-152

未来，KCT将秉持冠军品质的理念，为消费者提供更多优质的产品和服务。将拉链的品质做成冠军级别。KCT的冠军代言策略不仅提升了品牌形象，提升了产品的市场竞争力，还进一步巩固了其在消费者心中的地位。通过与陈颖的合作，KCT拉链与奥运精神相结合，传递出一种追求卓越、不断超越的积极态度。

三、跨境电商"跨"出新机遇

公司精准把握市场动态和消费者需求，及时调整产品线和营销策略，积极拓展国际市场，以"小单快返"的模式进入跨境电商领域，与全球各地的服装品牌建立合作关系，与希音、赛维、子不语等跨境电商、亚马逊头部公司深入合作，实现了产品和服务的国际化。同时，不断优化供应链管理，提高物流效率，确保产品能够快速、准确地送达全球客户手中。

KCT还注重与国际标准接轨，产品符合欧盟等其他国家和地区的环保和安全标准，这为品牌赢得了国际市场的信任（图3-153）。

面对未来，KCT多隆拉链将继续坚持创新和品质并重的发展战略，不断探索新的市场机遇，加强与国际合作伙伴的交流与合作，致力于成为全球服装辅料行业的领导者。

图3-153

四、迈向未来，挑战与机遇并存

KCT多隆拉链将不断加强研发，投入更多资源用于新材料和新技术的开发，以确保产品在设计和功能上处于行业前沿，满足不断变化的市场需求。同时，公司计划扩大全球市场的布局，通过与不同国家和地区的合作伙伴建立更紧密的合作关系，共同开发适应当地市场需求的拉链产品（图3-154、图3-155）。

公司通过参加国际展会和论坛，展示创新成果，同时吸收全球行业内的先进经验和技术，以促进自身和整个服装辅料行业的共同发展，为全球服装辅料行业的发展贡献自己的力量。

供稿：广州市多隆服装辅料有限公司

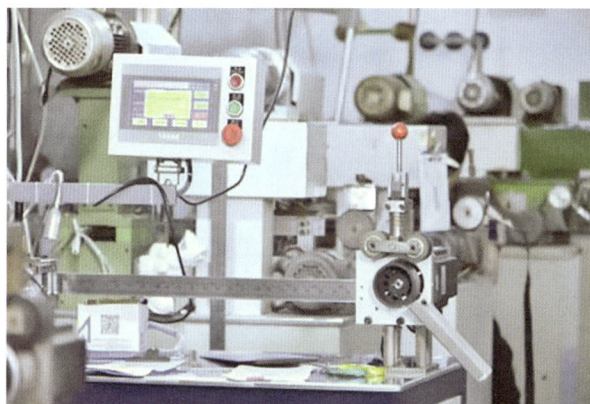

图3-154

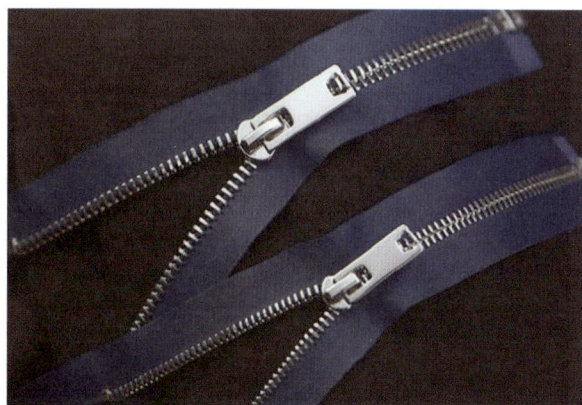

图3-155

第四部分
行业荣誉

第24届广东十佳服装设计师

人才是第一生产力。2000年,广东省服装服饰行业协会、广东省服装设计师协会推出了首届"广东十佳服装设计师",紧盯产业发展需求,强化服装产业人才支撑。多年来,"广东十佳服装设计师"推选活动始终倡导行业重视设计创新、重视设计人才,在服装产业发展的不同历史阶段,对广东省服装设计创新发展都起到了积极的推动作用。

历经23届的积淀,"广东十佳服装设计师"推选活动已成为持续挖掘和培育高层次设计人才的重要手段,依托广东时装周的展示平台作用,为中国服装产业培养了许多顶尖设计人才和品牌领军人物,孕育出以黄刚、林姿含等为代表的设计名师,以比音勒芬、以纯和歌莉娅等为代表的知名品牌,在服装产业发展的不同历史阶段,对广东省服装设计创新发展都起到了积极的推动作用。

为世界美好设计,为人民生活设计,设计是改变世界的力量,具有创造美好的责任。在《关于进一步推动广东纺织服装产业高质量发展的实施意见》发布的背景下,"广东十佳服装设计师"推选活动将成为挖掘和培育高层次设计人才的重要手段,为现代化服装产业发展提供人才支撑,以人才兴助产业强。

2024年9月29日,2024广东时装周一秋季闭幕式上,刘晓波、Silver Lin、彭灵宁、邓小燕(希琳)、李代军、熊轩轩、代柏林、付平、于芳、李子晔、张天获得第24届广东十佳服装设计师的荣誉(图4-1)。作为新一届的"广东十佳服装设计师",他们将背负新的使命与责任,砥砺前行,为广东服装行业乃至整个时尚行业增光添彩,为推动全行业的发展贡献自己的创意力量。

图4-1

刘晓波

衬衫老罗产品研发总监

个人简介

毕业于辽宁美术学院，始终专注男装开发，尤为擅长时尚、极简风格。从纱线到面料再到成衣，积累了丰富的从业经验。

深谙在矛盾中才能创新。了解事物的两面性原理，不追求单纬度的极致。懂取舍，最终达到一种平衡状态。

品牌简介

衬衫老罗是江西谦许集团旗下品牌，创立于2021年，是新一代高端衬衫专家品牌。衬衫老罗拥有高端衬衫领域专研16年的经验，重视每一次与用户的沟通，敢于颠覆创新，以推动衬衫品类革新，让中国男士拥有私人定制般的衬衫穿着体验为品牌使命。

设计作品

衬衫老罗发布了"总裁出行""总裁休闲""总裁办公""总裁约会"和"商务行政"等五大主题系列新品，打破传统商务装束界限。基于对中国男性在服装需求的深刻理解，融合日常与商务风格，从材质选择到剪裁设计精心考量，将基础款做到高级简约，兼具实用性和舒适性。同时，色彩、面料和肌理质感的巧妙变化为成衣增添魅力，引领了极简化与舒适化的时尚革命，更为现代职场人提供了时尚与功能性兼具的着装选择，各系列应用场景广泛，满足了不同消费者对生活和工作场景的全面着装需求（图4-2）。

图4-2

Silver Lin

SEE ALSO 品牌创始人

品牌简介

　　SEE ALSO是一个独立设计品牌，旗下主要包括服装、鞋包等产品。以质感与实穿为基础，多样元素融合来营造出无性别的独特的服装视觉印象，而细节上的处理则增添了服装本身的品位，得到了很多顾客的喜爱。

品牌理念

　　SEE ALSO认为，一件成衣的完成不仅从面料到出品拍摄都要一一斟酌、细选裁定，且在最大程度上首选面料昂贵质感较好的，最终在自有工厂加工后出品。相信有一天所有年轻人都能找到适合自己风格的服装，拥有自己独特的生活方式。品牌运用强烈碰撞和大胆剪裁手法营造出独特的视觉观感，同时通过细节处理增添服装本身的玩味。

设计作品

　　本季，SEE ALSO将时装与CleanFit等风格解构，再加以重构，同时兼容时尚文化，以简约时尚的态度呈现服装文化精髓。品牌将国际化的时尚灵感与时尚穿搭相结合，设计出极具破圈度的时尚产品，为潮流服饰穿搭赛道打开新窗口（图4-3）。

图4-3

彭灵宁

云喜纱华品牌设计师

品牌简介

"云喜纱华"作为云纱故里顺德的本土品牌，坚持制作结合传统工艺与现代设计的香云纱面料及服饰产品，举办相关的文化展览和活动，传播国家非遗香云纱文化，秉承"文化铸魂，匠艺赋能，与时代同步"的设计理念，以"真、礼、智、慈、雅"的天然属性为美，以文创、服饰为媒，促进传统工艺在当代的传承与发展。

品牌理念

借《郑风·风雨》中的一句"既见君子，云胡不喜"之意，作为品牌文化根源与初心，表达我们对本土非遗文化一眼万年的尊重和热爱。生命熙熙攘攘，来而复去；既已遇见，心生欢喜，必将共谱传奇故事。

设计作品

本次发布以"山河秀色"为主题，暗喻了香云纱面料从山（泥）与河（水）中反复淬炼而来的传统工艺特点，更表现了祖国大好河山的自然与人文色彩，大胆突破香云纱给人的暗沉、保守与古板的传统印象，以红、黄、蓝、绿、紫色系的搭配，结合当时代人们生活方式的结构造型，既展现了香云纱服饰的实穿性，亲肤性，又不违和现代工作生活场景，体现了香云纱面料华丽天然、阳光美好的一面，同时展示了品牌最新的季节趋势、色彩搭配、面料创新以及原创设计理念，为香云纱行业提供了丰富的视觉体验和灵感来源（图4-4）。

图4-4

邓小燕（希琳）

希琳服饰品牌创始人

品牌简介

希琳Celine D品牌源于中国广州,自2019年成立，致力于为女性打造高级有质感的穿搭。每件成衣采用上乘珍稀面料，配以非遗匠心工艺。将宋代风雅颂——宋锦与香云纱融合现代极简化板型设计，化至繁于至简、至臻，向世界呈现富丽雅致的高端中式美学。坚定文化自信，坚持传承弘扬中华文化，让承载千年古韵的瑰丽织物成为新风尚，不囿于方寸之境，无畏表达自我。

品牌理念

品牌以极简设计唤醒香云纱的现代灵魂：立体剪裁凸显面料的天然骨感，解构廓型通过光泽渐变演绎水墨意境，独创"透莨"工艺在0.3毫米间创造光影戏剧，令古老技艺焕发先锋气质。从宋代风雅到当代生活，非遗不再是博物馆的标本，而是流动的文化语言。

设计作品

本季将宋锦与香云纱融合现代极简化板型设计，不囿于方寸之境，无畏表达自我，向世界呈现富丽雅致的高端中式美学，坚定文化自信，坚持传承弘扬中华文化，让承载千年古韵的瑰丽织物成为经久不衰的新风尚（图4-5）。

图4-5

李代军

Cher Ami品牌主理人

个人简介

从事服装行业十几年，对行业保持着一如既往的热爱。生来平庸，也生来骄傲。比起尽我所能，我更喜欢全力以赴。迎风奔跑，热爱是唯一的理由和答案；山高路远，看世界，悦人，悦己。

品牌简介

向内生长，向外绽放，以诚挚之心，领岁月教诲。Cher Ami名字缘起于凡尔登战役期间的一只英勇军鸽，传递了12条重要信息，被授予了英勇十字勋章。为这样的忠诚和勇敢而感动，正如我们每个人内心里都有着坚定的不被左右的灵魂。在法语中，Cher Ami的意思是"亲密的朋友"，我们期待的最美相遇是"你在寻找，我刚好在"。可以不万丈光芒，但不要停止自己发光。我们不需要完美，我们只需要勇敢。愿每一位女性都能活出自己，精彩绽放。

设计作品

本季以"未来感的力量与柔情"为设计理念，设计风格采用更具底蕴的未来感大女人风，凝结了女性潇洒、自由、独立的魅力，创新性将羊绒材质和极简风、朋克风融合，突显刚与柔的力量平衡，既是服装搭配的智慧，也是大女人人生智慧的体现。在几何摩登直线条的单品中融入闪亮金属元素，以及曲线的灵动与温柔，展现出大女人的丰满人格，而暗黑系利落飒爽又优雅温柔，外在的气势，内在的体贴，大女人都能在这样的衣服里兼顾（图4-6）。

图4-6

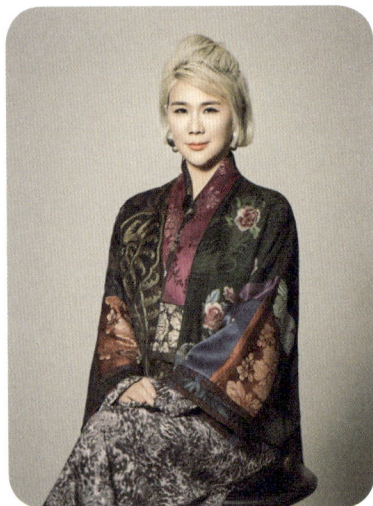

熊轩轩

熊轩轩·佰年旗袍主理人

品牌简介

佰年金慧旗袍以面料为灵魂，勾勒出女性独有的细腻故事，让每一位女性都能在香云纱的轻抚下，优雅绽放本真之美。品牌融合非遗服饰的精髓与当代剪裁的巧思，创新演绎女性着装的全新篇章，重塑女性特质，彰显独特韵味与时代气息。

品牌理念

坚持采用质感丰富的面料，融合设计师的原创精神与独特视角，巧妙地将深厚的民族文化精髓注入现代时尚之中。通过这一创新融合，旨在打造一个跨越国界、引领全球化的时尚品牌，让世界见证文化的多样性与时尚的无限可能。

设计作品

作为生态时尚的引领者，我们坚信时尚设计的核心在于人与自然的和谐共生。香云纱，中国传统生态面料，是我们对可持续生活方式的深刻理解与表达。我们承袭古法工艺，融合西方美学，创造出新中式非遗服饰（图4-7）。

图4-7

代柏林

柏艺婚纱董事长

公司简介

广州柏艺服饰有限公司是一家集设计、生产和销售于一体的公司，旗下拥有婚纱品牌Royal Muse和礼服品牌Kizrctr鼎昱礼服。公司主营产品为中高档婚纱、礼服、伴娘装及头纱。公司拥有10年的生产经验，产品畅销世界各地。

品牌理念

柏艺以注重精致的手工缝制，保留婚纱美丽传统的同时，提倡摩登前卫化的设计，融合了国际时尚流行元素和东西方女性的审美倾向。从面料、蕾丝再到珠饰都是精挑细选，严格把控质量，做到对婚纱礼服的精心设计和专注做工，让每一个款式都显得独特和不凡，呈现出最美的样子，将高贵与不平凡的奢华完美结合。

设计作品

柏艺推崇高贵典雅的设计风格，灵感来源于中世纪欧洲皇室成员的衣着风格，大方、得体、端庄、高贵不失美丽，大胆前卫的时尚设计理念与传统的国风着装碰撞，令每一个设计都产生了独特美丽的火花，既追求时尚美感，又适合国人的审美需求（图4-8）。

图4-8

付 平

LIMN・描写品牌创始人

个人简介

　　2001~2006年任广州大学纺织学院服装系教师，2010年创办广州合越服饰有限公司，2023年成为广东白云学院计文波国际时尚设计学院的企业导师。

品牌简介

　　LIMN・描写是广州合越服饰有限公司自有品牌，定位于中高端女性服务市场，集设计开发、销售、生产于一体，展现了对时尚的深刻洞察和对市场需求的精准把握。"LIMN・描写"不仅是一个品牌，它还代表了一种生活态度，一种对美的追求，一种对时尚的诠释。

设计作品

　　"沌・相~大地之息"系列灵感源自广袤无垠的自然界，LIMN・描写设计师们深入探索大地母亲的温柔与力量，将这份感悟融入每一件服饰之中。该系列以"沌"为始，寓意混沌初开，万物生长，象征着女性内在力量的觉醒与释放；而"相"则指万物之相，通过服饰展现女性多面而独特的魅力，与大地同呼吸，共命运（图4-9）。

图4-9

于 芳

TPARK初自原创设计师

个人简介

在服装领域深耕了20多年，担任珠海市工艺美术协会名誉会长、珠海市服装协会副会长、深圳市时装设计师协会副会长。2024年与珠海市钧策商业贸易有限公司合作成立"T PARK ONSTAGE"设计师中心商业项目。

品牌简介

创办于2014年，始于设计师于芳的初心。品牌始终秉承着"匠人"精神，在设计风格上紧跟世界潮流，将精致发挥到极致。极度契合的板型，简约利落的剪裁，让每一件衣服与每一位女性契合，只为彰显女性的魅力与品位。

设计作品

本次设计灵感来源于蝴蝶，从卵到幼虫，再到蛹，最后破茧成蝶，这一过程也可以象征着女性的成长、变化和重生。它强调了女性在社会、文化和个人层面上的转型和自我实现，通过设计来传达女性的力量、美丽和多样性。于芳认为，捕捉潮流趋势并将其融入个人风格是创造出独特而时尚作品的关键。同时，不断探索，能为设计注入源源不断的活力（图4-10）。

图4-10

李子晔

COCO ZONE设计主理人

品牌简介

COCO ZONE诞生于2021年，以"重构新时代下女性时尚品牌"和"赋予当代女性以美丽平权"为使命愿景，依托"环球设计、极致响应、专业协同"的产品研发优势，以经典时尚传统为基础，注入前卫创新的理念，造就品质兼具舒适、轻奢兼具极简的产品，精心打造适应社交媒体新一代时尚追随者的独特故事。

品牌理念

COCO ZONE严格挑选优质面料，始终注重保持高品质的服装手感，并致力于实现美观与舒适的完美结合。无论是材料的选择、工艺的创新，还是设计的创新，始终坚持追求卓越，为客户带来优质的穿着体验。COOO ZONE始终坚信品质不仅体现在产品的外在美观，更体现在每一次触碰到细节之处无论是材料的选择还是工艺的精细，我们都不断追求卓越，希望每一位选择COCO ZONE的顾客都能感受到我们的用心与专注。

设计作品

COCO ZONE以18世纪的温莎古堡为本季时装的绚丽背景，营造出无缝连接的时代感，演绎英式复古的传世经典，以标志性设计经典款式打造隽永风格，追逐现代审美与经典复古的多元碰撞，勾勒出不同于以往的独特视觉体验，以经典诠释现代美学（图4-11）。

图4-11

张 天
比音勒芬设计经理

公司简介

比音勒芬集团2003年成立于中国广州，目前全球员工总数超过5000人。以"责任与极致"为企业核心文化，比音勒芬专注于服饰的研发设计与品牌营销，2016年在深圳证券交易所上市，是中国高尔夫服饰第一股，也是广东本土服饰品牌名片之一。集团坚持多品牌发展战略，目前已拥有比音勒芬、比音勒芬高尔夫、CARNAVAL DE VENISE、KENT&CURWEN和CERRUTI 1881五大品牌，可一站式满足中产及以上人群多场景的着装需求。

品牌理念

作为中国高端运动时尚服饰品牌，比音勒芬始终秉持"三高一新"——高品质、高品位、高科技和创新的研发理念，致力于为消费者创造美好生活。未来，期待比音勒芬继续用行动践行品牌自信、文化自信，讲好中国故事。

设计作品

本季，比音勒芬通过五星战袍系列、故宫宫廷文化联名系列以及王牌产品小领T系列展示了追求极致匠心、传承东方文化的品牌理念。中国红，是炽热信仰，是丹辰永固，是热血不止，是东方独有的浪漫，是中国不屈的精神外显。比音勒芬将中国传统文化的精髓与现代时尚潮流相结合，展现了中国品牌的独特魅力和文化自信，承载着对国家繁荣昌盛、民族复兴的美好祝愿（图4-12）。

图4-12

第五届广东纺织服装非遗推广大使

广东省有着瑶族刺绣、广绣、潮绣、小榄刺绣、珠绣、香云纱染整技艺、抽纱、墩头蓝纺织技艺、客家服饰、钉金绣裙褂制作技艺等丰富的纺织服装非遗项目。近年来，以广东时装周、湾区（广东）时尚文化周为重要展示平台的"非遗新造"项目，已成为备受瞩目的行业盛会。前四届广东纺织服装非遗推广大使自觉践行光荣使命，为纺织服装非遗融合创新作出了积极贡献，并带动了越来越多的设计师、品牌及企业不断在设计中运用传统非遗手工技艺，通过"服装"这个最直接、最明显、最易被大众触及的介质，让更多人感受到泱泱中华千年文脉的博大与璀璨。

为深入学习贯彻习近平总书记关于非遗保护工作的重要指示精神，推动非遗与"岭南衣"的融合发展，鼓励和支持更多设计师及相关从业人员加入非遗双创队列，广东省服装服饰行业协会、广东省服装设计师协会共同于2024年5月启动第五届广东纺织服装非遗推广大使申报工作。2024年9月22日晚，由广州国际轻纺城"时尚源创平台"独家特约支持，在第五届广东纺织服装非遗推广大使联合发布会上，熊轩轩、刘春芝、希琳（邓小燕）、林俊亿、汤世芳、楠秋（徐华银）、严芳妮、王掌柜（王琼芳）、丁伟、关淑敏等十位获颁"第五届广东纺织服装非遗推广大使"荣誉称号（图4-13）。

收百世之衣裳，采千载之遗韵，开产业之生面。作为新一届广东纺织服装非遗推广大使，他们积极倡导文化自信，以服装为媒介，通过不同形式对粤绣（广绣）、粤绣（潮绣）、粤绣（珠绣）、香云纱染整技艺、香云纱（坯纱）织造技艺等非遗项目进行创新组合，用时尚赋能非遗，以非遗点亮时尚，让更多人认知和感受到非遗独特的时尚魅力，既与传统共生，又与时代共鸣，让非遗瑰宝背后承载的人文精神感染与振奋更多人。

图4-13

熊轩轩

熊轩轩·佰年旗袍主理人

个人简介

出生在旗袍世家，自幼年起便对旗袍情有独钟，祖爷爷熊乾当年是京城享有盛名的裁缝巨匠，作为佰年金慧旗袍第四代传人，她选择了旗袍事业作为自己人生的航道，立志使金慧旗袍这一百年老字号的辉煌与故事，在新时代绽放更加璀璨的光芒。

非遗理念

以"融合艺术美学"为理念，探寻无尽之美；以"生态艺术"为核心，与自然和谐共生，享受健康舒适的生活体验，拉近传统文化与日常生活的距离。佰年金慧旗袍的设计，是对传统华服的致敬，展现了中华文化的深厚底蕴，更让"文化无边界，时尚无疆界"的理念得以生动呈现，华丽而不失内敛，让人在举手投足间尽显风雅。

非遗作品

本季，设计师熊轩轩以其独特的视角和匠心独运的设计，为香云纱这一古老面料赋予了新的生命，巧妙地将香云纱的质朴与高雅融入设计之中，通过现代设计理念与精湛工艺的结合，通过流畅的线条、简约的剪裁以及精致的细节处理，展现了女性独有的柔美与力量，也让传统美学在当代社会焕发出更加耀眼的光芒（图4-14）。

图4-14

刘春芝

云喜纱华品牌设计师

广州生息香云纱创始人

广州市麻棉衣舍服装有限公司董事长兼设计总监

个人简介

非遗香云纱生态设计师，《广东省莨纱莨绸行业绿色晒莨与涂泥技艺指南》起草人之一，拥有38年丰富从业经验。她以巧妙融合传统与现代的设计理念，创造出与时间等值的作品，展现了独特的艺术魅力。

非遗理念

坚持传承千年传统工艺，在创新时代展现智美东方，让云喜纱华成为本土连接过去与未来的文化纽带。

非遗作品

她的设计理念秉承自然、舒适、简约，勇于突破传统，并致力于让每一件作品成为时代的见证。刘春芝作为一位用心灵裁制每一件作品的服装设计师，不仅传承着非遗技艺，更为当代服装设计注入了深厚的文化内涵（图4-15）。

图4-15

邓小燕（希琳）

希琳服饰品牌创始人

个人简介

　　毕业于广州美术学院，主修服装设计，从小对传统手工艺中的香云纱情有独钟。她的设计，注重将传统与现代、东方与西方的美学元素相融合，通过独特的剪裁，把香云纱面料运用精细的工艺处理，打造出既符合市场趋势又充满个人特色的香云纱系列。

非遗理念

　　希琳追求的是那种"穿在身上的艺术品"，让每一件作品都能讲述一个故事，触动人心，希望通过努力，让更多人感受到这份古老工艺的独特魅力。

非遗作品

　　2024秋冬系列"万物生"源于老子《道德经》：万物之始，大道至简，衍化至繁。从原始的手工缫丝到商周的罗、绮、锦、绣，再到明清年间的平纹织物——绸，从古至今，从无到有，从零到一。由简到繁，由繁至简，万籁瞬息，创造新中式古典韵味，做内核坚定的闪耀女性。至臻呈献宋时风雅美学，细绘尽抒厚重明艳朗姿（图4-16）。

图4-16

林俊亿

林俊亿设计有限公司创始人

个人简介

　　国家一级皮具设计师，出生在中国台湾一个以手工业为生的家庭，多年来一直致力于土家织锦、广绣、苏绣、香云纱、侗锦、苗绣、蜀锦等非遗文化传承项目的继承和发展。所创的品牌响云丝以"传承与创新，让非遗之美走进生活"为核心理念，致力于将香云纱这一传统面料与现代设计语言相融合，创造出符合当代人审美需求的文创产品。

非遗理念

　　作为新一届广东纺织服装非遗推广大使，林俊亿将继续通过设计创新、市场拓展和文化传播等多种方式，让更多人了解并爱上香云纱这一中华瑰宝。在这个快速变化的时代，响云丝品牌坚守匠心，织就非遗新风尚。让我们携手并进，在传承与创新中共同书写中华文化的辉煌篇章。

非遗作品

　　本次发布，林俊亿以香云纱为画卷，以非遗为媒，千丝万线密密缝，绘就两岸同胞深深情。作品系列中香云纱的天然色泽与壮锦图案华丽映衬，既具传统韵味又不失现代感；台湾太鲁阁织锦的独特色彩与香云纱的深沉底蕴相互呼应，营造浓郁台湾风情；东乡绣娘的精湛绣艺结合敦煌研究院授权九色鹿图腾，展现出香云纱细腻而独特的艺术魅力；广绣的红橘相间与香云纱的沉稳古朴相映成趣，色彩的对比与融合，展现独特的艺术美感（图4-17）。

图4-17

汤世芳

广州巨隆纺织品科技有限公司董事长

个人简介

　　巨隆致力于推广中国非遗纺织品，推动非遗纺织品的创新和各非遗品类的融合，搭建一个荟萃中国非遗纺织品的平台，以非遗面料为载体，让世界惊叹中式审美。

非遗工作

　　巨隆依托广州国际轻纺城这一具有独特优势的一站式集采平台，打造非遗品牌集合旗舰店，将世界级/国家级顶尖的非遗面料齐聚于巨隆纺织，通过专业直播平台迅速向全国及全球展示国家级和世界级的非物质文化遗产工艺。以香云纱为例，巨隆通过展厅中的香云纱晒莨标本，直观展示其独特的纯手工工艺。巨隆与国际设计师合作，将香云纱融入中东服饰，拓展全球市场。同时，展厅利用中文、英文和阿拉伯语三语推广，深入展示香云纱的历史与制作过程。通过面料溯源扫码系统，消费者可以追踪每块香云纱的生产过程，确保品质正宗，提升全球信任度。

非遗理念

　　顾客在巨隆，既能一览世界顶级非遗产品，又能感受产品非凡的文化价值。针对高净值客户提供定制化服务，让每个家庭都能拥有独具匠心的中国奢侈品，传递新时代中式美学的尊贵与魅力（图4-18）。

图4-18

楠秋（徐华银）

萧娘香云纱联合创始人

个人简介

多年任职世界500强公司，有其独特的品牌建设和推广见解，主导多个知名项目的规划和落地，喜欢中国传统文化，热衷非遗文化的推广和传播。萧娘香云纱，坚持传统古法香云纱工艺，致力于香云纱非遗和匠心工艺的传承，让真正好的香云纱产品走进千家万户，登上国际舞台。

非遗理念

"匠心织梦，传承千年香云古韵"，以匠心和初心，用心做好每一件衣服，让真正好的香云纱产品走进寻常百姓家，让千年非遗焕发新生，登上国际舞台。

非遗作品

2024秋冬"锦瑟华年"系列，是萧娘对东方美学的又一次深情致敬，也是对现代女性成长历程的一次深刻诠释。该系列以古代乐器"锦瑟"为名，寓意着女性在时间的长河中不断成熟、绽放，如同锦瑟般悠扬动听。每一件服装都精心设计，旨在满足现代女性对时尚与实用性的双重需求，将中式美学意境与西式时尚剪裁完美融合，在自然与工艺的形意之间，呈现文化与时尚的交融，让她们在忙碌的生活中也能轻松展现自己的东方韵味（图4-19）。

图4-19

严芳妮

AMBRE DU SUD品牌创始人

个人简介

　　出生于人杰地灵的南通，又成长于开放包容的广州，从事服装行业20多年，2013年创立AMBRE DU SUD并成立"敏求"设计工作室，取自《论语》的"我非生而知之者，好古，敏以求之者也"，意即"勉力以求"。AMBRE DU SUD法语意为"南方的琥珀"，寓意凝结的琥珀如时间的礼物，历经弥新。高级、轻盈、经典、出新是品牌的核心设计理念。

非遗理念

　　以古为徒，以美载道。西式剪裁与中国传统长衫缝制工艺巧妙融合，以精湛的手工艺致敬温软时光，致力于让女性焕发出东方光芒。

非遗作品

　　本季，AMBRE DU SUD甄选香云纱、宋锦、罗等国粹非遗面料和重磅真丝、三菱醋酸、羊毛羊绒等进口高端面料，以人为本，从传统美学中提炼和优化，借自然界的优美结构，必要时使用多元切割来塑造人体三维空间，重构衣服的柔和与张力，质朴与灵动，秩序与自由（图4-20）。

图4-20

王掌柜（王琼芳）

广州唐缘服饰有限公司创始人

个人简介

　　香云纱非遗第四代传承人，师承大城工匠、纺织大工匠张绍景老师，潜心研习香云纱古法制造工艺，一手创立了"华韵唐缘"香云纱传统服饰品牌。作为唐缘服饰的缔造者，王掌柜以弘扬香云纱传统服饰文化为己任，坚持新中式时尚产品理念，在设计中运用传统非遗手工艺，通过服饰这个更具当代审美和使用价值的产品，让更多人感受到中华千年文脉的传承和魅力，以东方美学重新定义潮概念，让非遗绽放更加迷人的风采。

非遗作品

　　本次发布的高品质香云纱传统服饰，展现对非遗文化的传承，源于对传统服饰文化的热爱。设计的初心是让香云纱这种富有底蕴的面料，配上非遗纯手工制作工艺，给热爱传统文化的人们展示独特的千年东方文化艺术（图4-21）。

工作展望

　　作为广东纺织服装非遗推广大使，王掌柜将专注香云纱传统服饰研发生产，秉承"唐缘服饰——让生活更精彩"的理念，守正创新、古韵今风，为顾客打造高品质香云纱，传播东方美学，让中华传统服饰文化绽放迷人的风采，让中华女子更加优雅自信、尽显芳华。

图4-21

丁 伟

广州市纺织服装职业学校服装系主任
广东十佳服装设计师

个人简介

担任广东省服装设计师协会理事，广东省艺术与设计专业指导委员会副主任，全国中职服装专业指导委员会委员，广州市教育学会艺术教研会主任，广州市美术家协会教育分会秘书长等职务，获得多个设计大奖及专业教授奖项。

品牌简介

专注新中式时尚设计的品牌——云裳，以非遗传承为丝线，以文化为基石，以艺术为灵感，以独特创作为力量，将古典艺术与大胆的时尚创新相结合，不仅自主开发和创新非遗面料，还将如香云纱这些传统元素巧妙地融入现代时尚设计中，实现了古典与现代的完美碰撞交融。传达出"时尚与古典艺术"新概念，显示中国传统服饰在正式场合的新态度。用创新擦亮非遗，打造非遗艺术，走在华服业界最前沿，引领华服新时尚（图4-22）。

非遗理念

作为服装教育工作者，我认为"非遗"与"时尚"之间存在着紧密而复杂的关系。这种关系既体现了传统文化的传承与保护，又展现了现代时尚的创新与发展。非遗是时尚的重要灵感来源，时尚是非遗传承与创新的重要载体。

工作展望

作为广东纺织服装非遗推广大使，丁伟将在非遗产教融合方面重点开展构建非遗教育体系、搭建设计交流平台、加强非遗文化传播、促进非遗发展等四方面工作，深化广东纺织服装非遗的产教融合，推动非遗文化的传承与创新，促进非遗产业的繁荣发展。

图4-22

关淑敏

芸想品牌创始人
广东十佳服装设计师

个人简介

  芸想（LAFAVEUR）品牌是由世界杰出华人奖得奖者、香港保威集团董事长、香港纺织商会名誉会长关淑敏博士于2015年创办。关博士出生于广州，从事纺织及制衣业三十多年，对业界有着深厚的感情，锐意创建中西文化融合、中国都市女性高贵优雅的专属品牌。

非遗理念

  作为芸想品牌创始人、高定时装设计师，关淑敏在针线之间以精工造梦，用现代高级时装致敬中国文化的传序与新生。在她看来，非遗是历史的瑰宝，是民族智慧的结晶。非遗不仅仅是古老的技艺和传统，更是连接过去与未来的桥梁。它承载着先辈们的创造力、审美观念和生活智慧，是我们文化传承的重要载体。每一项非遗技艺都蕴含着独特的工艺和情感，通过世代相传，延续着民族的记忆。

非遗作品

  本季，关淑敏运用潮绣、珠绣、苗绣等非遗技艺，演绎品牌独具一格的繁花美学，将传统与现代、非遗与时尚完美融合，一件件高级又充满中式韵味的作品，是芸想近年持续深耕中国传统文化的最佳呈现（图4-23）。

工作展望

  作为广东纺织服装非遗推广大使，关淑敏将通过参加更多活动的推广，努力将非遗之美展现给更多的人，让更多的人了解和认识非遗的价值。只有让更多的人参与到非遗的保护与传承中来，才能让这些珍贵的文化遗产在新时代绽放出更加绚烂的光彩。

图4-23

第五部分

产业政策汇编

产业政策汇编

工业和信息化部办公厅、商务部办公厅印发《关于开展2024纺织服装优供给促升级活动的通知》
工信厅联消费函〔2024〕131号

扫描二维码可查看原文

广州市番禺区科技工业商务和信息化局关于印发《广州市番禺区推动时尚产业高质量发展行动方案》的通知

扫描二维码可查看原文

工业和信息化部办公厅、商务部办公厅印发《关于开展2024"三品"全国行活动的通知》
工信厅联消费函〔2024〕132号

扫描二维码可查看原文

深圳五部门联合印发《"时尚新品"跨界融合发展行动计划（2024—2025年）》
深工信〔2024〕53号

扫描二维码可查看原文

广东省工业和信息化厅发布《关于2024年开展"穿粤时尚潮服荟"打造纺织服装新质生产力行动方案》

扫描二维码可查看原文

东莞市人民政府关于印发《关于加快推进新型工业化 高质量建设国际科创制造强市的实施意见》的通知
东府〔2024〕1号

扫描二维码可查看原文

东莞市工业和信息化局《关于印发东莞市纺织服装产业集群培育发展行动计划》的通知

中山市市场监督管理局关于印发《中山市推动现代时尚产业高质量发展行动计划（2024—2026年）》的通知

中市监〔2024〕218号

扫描二维码可查看原文

扫描二维码可查看原文

附录

附录一　广东省纺织服装产业集群名单

（2024年12月）

广州越秀"服装商贸"产业集群

广州海珠"纺织时尚"产业集群

广州番禺"纺织服装"产业集群(国家级中小企业特色产业集群)

广州增城新塘"牛仔服装"产业集群

深圳龙华大浪"品牌服装"产业集群

汕头"纺织服装产业基地"

汕头澄海"工艺毛衫"产业集群

汕头潮南"内衣家居服装"产业集群

汕头潮阳谷饶"针织内衣"产业集群

汕头潮南峡山"家居服装"产业集群

汕头潮南陈店"内衣"产业集群

汕头潮南两英"针织"产业集群

佛山南海西樵"面料"产业集群

佛山南海大沥"内衣"产业集群

佛山禅城张槎"针织"产业集群

佛山禅城祖庙"童装"产业集群

佛山顺德均安"牛仔服装"产业集群

惠州博罗园洲"休闲服装"产业集群

东莞大朗"羊毛衫"产业集群

东莞虎门"女装、童装"产业集群

东莞茶山"品牌服装制造"产业集群

中山沙溪"休闲服装"产业集群

中山大涌"牛仔服装"产业集群

中山小榄"内衣"产业集群

开平"纺织产业基地"

开平三埠"牛仔服装"产业集群

清远"广东省纺织服装产业有序转移重点支持建设主平台"

潮州"婚纱礼服"产业集群

普宁"纺织产业基地"

普宁流沙东"内衣"产业集群

附录二　广东省纺织服装外贸转型升级基地名单

（2024年12月）

广州市增城区新塘国家外贸转型升级基地（纺织服装）

广州市番禺区快时尚服装基地

深圳市龙华区大浪国家外贸转型升级基地（服装）

汕头市纺织服装基地

东莞市大朗国家外贸转型升级基地（服装）

佛山市南海西樵纺织基地

揭阳市普宁国家外贸转型升级基地（内衣）

中山市沙溪镇休闲服装基地

惠州市惠东县国家外贸转型升级基地（鞋类）

潮州市婚纱晚礼服基地

附录三　广东省纺织服装非遗项目

（2024年12月）

☆广州市海珠区、番禺区：粤绣（广绣）

广州市花都区：中式服装制作技艺（钉金绣裙褂制作技艺）

广州市越秀区：广州戏服制作技艺

☆汕头市：抽纱（汕头抽纱）

☆佛山市顺德区：香云纱染整技艺

☆韶关市乳源瑶族自治县：瑶族刺绣

河源市和平县：墩头蓝纺织技艺

梅州市梅江区：中式服装制作技艺（客家服饰制作技艺）

中山市小榄镇：粤绣（小榄刺绣）

清远市连南瑶族自治县：瑶族刺绣（连南瑶族服饰刺绣）、瑶族扎染

☆潮州市：粤绣（珠绣）

☆潮州市：粤绣（潮绣）

☆潮州市：抽纱（潮州抽纱）

注　☆为国家级非物质文化遗产项目。

附录四　广东省各地纺织服装商协会名录

1. 广东省服装服饰行业协会
2. 广东省服装设计师协会
3. 广州服装行业协会
4. 广州市服装制版技术学会
5. 广州市越秀区服装商会
6. 广州市天河区服装商会
7. 广州市海珠区中大国际创新生态谷纺织产业联合会
8. 广州市海珠中大纺织产业商会
9. 广州市番禺区服装服饰行业协会
10. 广州市荔湾区儿童服装用品商会
11. 广州市白云区服装服饰产业促进会
12. 广州市白云区服装皮具鞋业商会
13. 广州市白云区裘皮协会
14. 广州市增城区新塘商会
15. 广州市增城区服装设计师协会
16. 广州市增城区新塘牛仔服装产业促进会
17. 增城区新塘牛仔纺织服装行业协会
18. 广州白马服装商会
19. 深圳市服装行业协会
20. 深圳市时装设计师协会
21. 深圳市服装供应链协会
22. 深圳市服装设计协会
23. 深圳市龙岗区服装商会
24. 珠海市服装服饰行业协会
25. 珠海市香洲区服装设计师协会
26. 汕头市纺织服装产业协会
27. 汕头市澄海区纺织品与服装协会
28. 汕头市潮阳区谷饶镇纺织服装商会
29. 汕头市金平区服装服饰商会
30. 海丰县服装行业商会
31. 陆河县服装协会
32. 佛山市纺织服装行业协会
33. 佛山市禅城区张槎针织服装行业协会
34. 佛山市南海区纺织行业协会
35. 佛山市南海区盐步内衣行业协会
36. 佛山市顺德区纺织商会
37. 佛山市顺德区纺织服装协会
38. 佛山市高明区纺织（服装）协会
39. 博罗县园洲纺织服装行业协会
40. 东莞市服装服饰行业协会
41. 东莞市毛纺织行业协会
42. 东莞市毛织服装设计师协会
43. 东莞市虎门服装设计师协会
44. 东莞市虎门服装服饰行业协会
45. 东莞市虎门童装品牌企业联合会
46. 东莞市茶山纺织服装行业协会
47. 中山市纺织服装行业协会
48. 中山市服装设计师协会
49. 中山市沙溪服装行业协会
50. 中山市沙溪镇直播电商协会
51. 中山市小榄镇商会
52. 中山市大涌镇商会
53. 阳江市服装鞋帽行业商会
54. 潮州市服装行业协会
55. 普宁市服装纺织协会
56. 普宁市纺织服装内衣产业协会
57. 普宁服装商会
58. 清远市纺织服装行业协会
59. 恩平市纺织服装协会
60. 开平市纺织服装行业协会
61. 茂名市茂南区服装商会
62. 罗定市罗城街道纺织服装协会

附录五　主板上市服装公司名录（广东省）

序号	单位名称	股票名	股票代码	交易所
1	金发拉比妇婴童用品股份有限公司	金发拉比	002762	SZ
2	深圳汇洁集团股份有限公司	汇洁股份	002763	SZ
3	比音勒芬服饰股份有限公司	比音勒芬	002832	SZ
4	深圳市安奈儿股份有限公司	安奈儿	002875	SZ
5	广东洪兴实业股份有限公司	洪兴股份	001209	SZ
6	深圳歌力思服饰股份有限公司	歌力思	603808	SH
7	卡宾服饰有限公司	卡宾	02030	HK
8	赢家时尚控投有限公司	赢家时尚	03709	HK
9	都市丽人（中国）控股有限公司	都市丽人	02298	HK
10	广东柏堡龙股份有限公司	ST 柏龙	002776	SZ
11	摩登大道时尚集团股份有限公司	ST 摩登	002656	SZ
12	稳健医疗用品股份有限公司	稳健医疗	300888	SZ

附录六　广东省服装与服饰设计专业院校开设基本情况

序号	院校	所在学院	类型	所在地	学历
1	华南理工大学	设计学院	985/211/ 双一流	广州	本科
2	华南农业大学	艺术学院	双一流	广州	本科
3	广州美术学院	工业设计学院	公办	广州	本科
4	五邑大学	艺术设计学院	公办	江门	本科
5	广东工业大学	艺术与设计学院	公办	广州	本科
6	广东技术师范大学	美术学院	公办	广州	本科
7	惠州学院	旭日广东服装学院	公办	惠州	本科
8	岭南师范学院	美术与艺术学院	公办	湛江	本科
9	广东白云学院	艺术设计学院	民办	广州	本科
10	广东培正学院	艺术学院	民办	广州	本科
11	广东科技学院	艺术设计学院	民办	东莞	本科
12	湛江科技学院	美术与设计学院	民办	湛江	本科
13	广州城市理工学院	珠宝学院	民办	广州	本科
14	华南农业大学珠江学院	设计学院	独立学院	广州	本科
15	广东理工学院	艺术系	民办	广州	本科
16	广州新华学院	艺术设计与传媒学院	民办	广州	本科
17	北京理工大学珠海学院	设计与艺术学院	独立学院	珠海	本科
18	广东轻工职业技术大学	艺术设计学院	公办	广州	本科
19	广东生态工程职业学院	艺术与设计学院	公办	广州	高职（专科）
20	广东女子职业技术学院	应用设计学院	公办	广州	高职（专科）
21	广州科技贸易职业学院	艺术设计学院	公办	广州	高职（专科）
22	广东文艺职业学院	设计与工艺美术学院	公办	广州	高职（专科）
23	广州工程技术职业学院	艺术与设计学院	公办	广州	高职（专科）
24	深圳职业技术学院	艺术设计学院	公办	深圳	高职（专科）

序号	院校	所在学院	类型	所在地	学历
25	广东职业技术学院	服装学院、纺织学院	公办	佛山	高职（专科）
26	中山职业技术学院	艺术设计学院	公办	中山	高职（专科）
27	惠州城市职业学院	艺术学院	公办	惠州	高职（专科）
28	东莞职业技术学院	创意设计学院	公办	东莞	高职（专科）
29	河源职业技术学院	人文艺术学院	公办	河源	高职（专科）
30	汕头职业技术学院	艺术体育系	公办	汕头	高职（专科）
31	揭阳职业技术学院	艺术与体育系	公办	揭阳	高职（专科）
32	私立华联学院	应用设计系	民办	广州	高职（专科）
33	广州南洋理工职业学院	数字艺术与设计学院	民办	广州	高职（专科）
34	广州华立科技职业学院	艺术与传媒学院	民办	广州	高职（专科）
35	广东岭南职业技术学院	艺术与传媒学院	民办	广州	高职（专科）
36	广州涉外经济职业技术学院	艺术与教育学院	民办	广州	高职（专科）
37	广州城建职业学院	艺术与设计学院	民办	广州	高职（专科）
38	广东创新科技职业学院	建筑与设计学院	民办	东莞	高职（专科）
39	广东文理职业学院	建筑与艺术传媒学院	民办	湛江	高职（专科）
40	广州大学	美术与设计学院	公办	广州	本科
41	广州市白云工商技师学院	服装系	民办	广州	高技
42	广东省轻工业技师学院	服装设计系	公办	广州	高技
43	广州市工贸技师学院	文化创意产业系	公办	广州	高技
44	华南师范大学	美术学院	公办	广州	本科
45	深圳大学	艺术学院	公办	深圳	本科
46	广东海洋大学	中歌艺术学院	公办	湛江	本科
47	珠海科技学院	美术与设计学院	民办	珠海	本科
48	广东南华工商职业学院	建筑与艺术设计学院	公办	广州	高职（专科）
49	惠州经济职业技术学院	艺术与设计学院	民办	惠州	高职（专科）
50	东莞市技师学院	—	公办	东莞	高技
51	广州市广播电视大学纺织服装分校	—	公办	广州	高职
52	香港服装学院	—	民办	深圳	高职
53	广州市秀丽服装学院	—	民办	广州	高职

附录七　个人荣誉名录

一、中国时装设计"金顶奖"获奖者名录（广东省）

张肇达、刘洋、房莹、计文波、罗峥、梁子、李小燕、杨紫明、王玉涛、刘勇、赵卉洲、邓兆萍、毛宝宝

二、中国十佳时装设计师名录（广东省）

张肇达、刘洋、马可、计文波、刘洋、房莹、曾维、黄谷穗、王鸿鹰、鲁莹、梁子、邓皓、范晓玉、罗峥、屈汀南、方健夫、王宝元、李小燕、林姿含、金憓、王玉涛、邓兆萍、刘勇、刘霖、邓庆云、邱伟、颜加华、张维国、赵亚坤、丁勇、赵黎霞、刘星、赵卉洲、吴飞燕、陈非儿、董怀光、刘星、黄皆明、林进亮、袁冰、蔡中涵、庄淦然、董文梅、林栖、黄刚、高捡平、徐花、徐妃妃、黄光辰、杨宇、孙贵填、郭鹤、王思元、龙晶、宋祖耀、张恩、丘依婷、邓晓明、关亚争

三、历届广东十佳服装设计师名录

第一届

十佳：黄谷穗、阳丹、童春晖、邹凯媚、叶桂燕、钟小敏、刘云、高山、张兆梅、鲍燕华

第二届

十佳：梁子、黄征敏、林晓洁、方建夫、张建中、黄赛、李玉英、郑妙华、吴艳芬、黄菊

第三届

协会奖：邓兆萍

十佳：蔡蕾、朱丽君、程飞、肖南、吴思璁、李永康、黄艳、甘健甫、崔可、林强盛

第四届

十佳：陈建华、江平、陈玉清、陈倩姿、冼裔冬、殷望星、徐建芳、黄启泉、蔡宝来、蔡涵

第五届

十佳：曹美媚、陈季红、彭莹、李杏梧、陈章成、郑小江、李贵洲、刘艺、何建华、冯璐

第六届

协会奖：周强、许素明、赵黎霞

十佳：赵黎霞、张维国、刘莎、姚璎格、赵亚坤、许素明、周懿、彭薇、周强、周向前

第七届

协会奖：曾翔、黄刚、陈玉玲

十佳：曾翔、黄刚、陈玉玲、黄清、卢一、李超、刘亮、陈志军、沈建英、张帆

第八届

协会奖：陈非儿、吴飞燕、卢伟星

十佳：陈非儿、吴飞燕、卢伟星、孙恩乐、孙月斌、刘健君、阿荣、彭秋丽、丁力、唐思

第九届

协会奖：郑立红、董怀光、颜启明

十佳：朱志灵、黄丽珊、董怀光、方惠娟、郑立红、颜启明、常静、谭国亮、魏延晓、王淑芳

第十届

协会奖：赵思凡、谢秉政、马映淑

十佳：赵思凡、谢秉政、马映淑、吴魏瑜、李爱燕、胡文静、林永建、刘泓君、黄海峰、黄荣秀

第十一届

协会奖：赵嘉乐、王曦晨、刘宇

十佳：王曦晨、丁伟、罗丽芬、范敏娜、赵嘉乐、谢群娣、刘宇、谢秀红、王炜、于小容

第十二届

协会奖：施明聪、郭慧画、郑浩宁

十佳：施明聪、郭慧画、郑浩宁、方杰俊、杨珊、邵诗茹、谭振航、谢堂仁、阎华英、文妙

第十三届

协会奖：蔡中涵、季青松、高武愿

十佳：郑浩宁、蔡中涵、王郁鑫、高武愿、季青松、凌红莲、林紫薇、司徒健、林伟生、李若涵

第十四届

协会奖：陈伟雄、唐新宇、林子琪、徐英豪

十佳：陈伟雄、唐新宇、林子琪、徐英豪、欧阳丽、周伊凡、钟选蓉、宋庆庆、康乐、阮志雄

第十五届

协会奖：张馨匀、沈忆、左坤友、段艳玲

十佳：张馨匀、郑玲玲、朱珍斐、沈忆、施圣洁、周艳云、郑蓓娜、左坤友、段艳玲、詹文同

第十六届

赵梦葳、张美丽、卡文、熊英、王荣、洛羲、马彬、俞秀、袁誉、黄思贤

第十七届

张恩、徐晓、韩银月、成晓琴、黄国利、朱珺钺、许师敏、陶文娟、蔡政乾、史勇、张宏侠

第十八届

邓薇薇、胡文伟、齐立良、闫春辉、倪进方、高佳杰、陈和斌、徐茵、王浩林、刘平

第十九届

高洪艳、陈乔、张允浩、陈文婷、刘家兆、严月娥、徐璐、王晨、郑衍旭、高烁珊

第二十届

唐志茹、何莲、梁蕊琛、杨盈盈、张丽莉、曹镕麟、张玉荣、杨龙、刘思佳、刘海东、米继斌、钟才

第二十一届

邓晓明、墨话（侯晓琳）、李冠忠、张杰、吴晓蕾、胡浩然、刘祝余、谭靖榆、池坊婷、彭佩仪、帅桂英（帅常英）

第二十二届

侯东美、王丹红、关亚争、李小裁、张玉荣、瞿德刚、严碧虹、李填、张语惜、薛峰

第二十三届

张荣、张译文、许文浩、李欣、刘佳鑫、黄国东、黄永豪、杜韵淇、蒋淑倩、曾发隆、胡丽华、关淑敏

第二十四届

刘晓波、Silver Lin、彭灵宁、邓小燕（希琳）、李代军、熊轩轩、代柏林、付平、于芳、李子晔、张天

编著单位简介

广东省服装服饰行业协会

广东省服装服饰行业协会于1990年经广东省民政厅批准成立。35年的发展历程，积淀了省服协坚实的行业基础，以"提供服务、反应诉求、规范行为"为己任，依法办公、规范运作，自身建设逐步完善，行业服务能力不断提升，较好地发挥了桥梁作用，得到了政府部门、服装企业、设计师、媒体及社会大众的一致认可和好评，在行业内建立广泛的凝聚力、公信力和影响力。2010年获广东省民政厅认定为首批省级"5A级"社会组织之一。

协会现有规模以上会员800多家，在册联系企业数量突破10万家，服务对象涵盖省内29个产业集群及各大龙头服装企业。协会下设青年企业家分会、童装专业委员会、电商分会、定制分会、红棉时尚服饰分会、互联网电商直播分会等6个分支机构。协会秘书处现有固定工作人员30余人，设有会员部、政府事务与产业研究部、传媒中心、策划部、行政部、时装周办公室等内设部门。

近年来，协会严格按照《广东省行业协会条例》要求，以省委、省政府《关于发挥行业协会商会作用的决定》《关于发展和规范我省社会组织的意见》等有关文件为指导，遵守法律、法规，依照章程开展各项工作。协会以推动广东服装产业高质量发展为宗旨，坚守"科技、时尚、绿色"的产业新定位，以提升产业素质为己任，为政府、行业、企业及社会提供与服装业相关的各类服务，在建设公共服务平台、发展品牌、培育人才、国内外交流、非遗时尚推广等方面，都取得了一定的成效，培育了广东时装周（已办34届）、中国（广东）大学生时装周（已办20届）、红棉国际时装周（已办13届）、"虎门杯"国际青年设计（女装）大赛（已办24届）等品牌活动，并积极推进服装产业集群建设。协会建立了广东纺织服装非遗传承振兴基地，被广东省文化和旅游厅认定为"广东省非物质文化遗产工作站（服装服饰工作站）"，被中国纺织工业联合会非遗办认定为"广东工作站"；同时，被广东省商务厅认定为"广东省外贸转型升级基地工作站联盟纺织服装专业委员会主任委员单位"；被广州市委、市政府认定为时尚产业集群服装产业链"链主"单位，是广州市番禺区纺织服装产业集群国家级中小企业特色产业集群的运营单位。协会先后荣获了"全国纺织工业先进集体""全省性社会组织先进党组织""全国先进民间组织"等荣誉称号。

协会于2009年8月率先成立了党支部，是全省首批5个成立党支部的省级协会之一，坚持党建工作走在前列，政治立场坚定，党支部按照《关于加强全省社会组织党的建设工作的实施意见》，积极开展各项工作，发挥战斗堡垒和先锋模范作用，多次荣获中共广东省社会组织委员会颁发的"全省性社会组织先进党组织"荣誉称号，2017年被认定为第一批全省性社会组织党建工作示范点创建培育单位。

广东省服装设计师协会

广东省服装设计师协会（Guangdong Fashion Designers Association）成立于2003年，是经广东省民政厅批准成立的具有社团法人资格的全省性行业组织，由从事服装设计、研究、教学、品牌管理和织造、针织、印染设计的专业人士及时尚界的专业机构的单位和个人自愿组成。

协会的宗旨是按照章程的规定和政府部门的委托，遵守宪法、法律和国家政策，遵守社会道德风尚，面向市场，面向世界，面向未来，加强横向联合，开展服饰文化艺术交流，规范职业标准，推动设计转化，促进广东服装和时尚产业的持续发展。

协会于2018年9月成立了党支部，坚持党建工作走在前列，政治立场坚定，党支部按照《关于加强全省社会组织党建工作的实施意见》，积极开展各项工作，发挥战斗堡垒和先锋模范作用。

多年来，协会在建设公共服务体系、培育人才、发展品牌、加强国内外交流、完善协会自身建设等方面，都取得了一定的成效，搭建了金字塔型完整的服装设计人才培养体系，形成了服务设计师、服务企业、服务行业、服务政府、服务社会的行之有效的服务方法。

协会与广东省服装服饰行业协会共同培育了广东时装周、中国（广东）大学生时装周、湾区（广东）时尚文化周、红棉国际时装周、"虎门杯"国际青年设计（女装）大赛等一系列具有重大影响力的品牌活动，通过"广东十佳服装设计师"推荐活动为中国服装设计师队伍发掘和培育出了超过240位享誉业内的广东十佳服装设计师，创办"广东服装设计师嘉年华"品牌活动，有力推动广东服装设计的原创发展。

广东省时尚服饰产业经济研究院

广东省时尚服饰产业经济研究院成立于2010年5月，是在广东省民政厅登记成立的民办非企业单位，举办者是广东省服装服饰行业协会。作为中国领衔的时尚产业经济与商业研究咨询新智库，本研究院由来自服装企业、行业组织、教育机构、研究机构、金融机构、出版机构以及社会各界的海内外优秀研究人员组成，采用"双智库"模式，汇聚了粤港澳大湾区产业经济博士团队，建立了纺织服装行业资深专家智库。以独立、客观、开放的态度开展产业经济、商业模式、企业战略、品牌经营、科技创新、产业规划、产业数字化等方面规划及研究，拥有丰富的产业研究规划经验，为行业发展与企业竞争提供理论支持和最具实效性的战略咨询服务。

服务范围包括：承接服装及相关产业研究规划、标准制定；开展产业合作、企业管理及技术咨询服务、质量认证管理咨询，市场调查、知识产权咨询；承接政府采购咨询服务，政府公共服务管理咨询，政府财政绩效评审与评价服务，社会公益项目绩效研究与评估服务；开展会议及培训服务；编辑出版相关刊物等。

与国内传统的研究机构所不同的是，"广东省时尚服饰产业经济研究院"作为一个产业智库，将会吸引越来越多新一代富有创造力的研究者加入进来，目前研究院拥有一支近30位研究员、副研究员、博士等高素质人才组成的研究队伍。他们大部分人有在研究机构、政府部门、金融机构、大型企业工作的经历，对区域经济运作、企业经营管理有着切身的体会和实践经验，对内配合政府及行业机构有计划地出具行业经济研究报告、产业规划报告及各类调研情报输出，对外开展商业项目、学术课题研究和咨询服务，既着重把握行业的宏观环境，着眼于区域的长远发展，提高其可持续的竞争能力，强调国际惯例与中国实际国情相结合，使咨询服务具有"中国特色"，提供的咨询方案强调有针对性和可操作性。

广东省时尚服饰产业经济研究院同时也作为一个研究成果发布平台，发布形式包括：区域政府产业规划白皮书发布，每年度产业竞争力研究报告，定期产业经济动态简报，与权威财经媒体合作发布，培训、讲座、会议发布等。

本研究院自成立以来，已取得了显著的研究成果。如编撰《广东服装产业"十四五"发展规划报告》《广东服装行业"十三五"发展规划报告》，宣贯国家相关政策，指导服装企业发展。同时，引导区域产业协同发展，受广西岑溪、广东清远、广东阳江等产业转移承接地委托编制《西部（岑溪）创业园纺织服装产业2021—2030年发展规划》《岑溪产业创新中心项目可行性研究报告》《清远华侨工业园纺织服装产业基地规划》《阳江高新技术产业开发区服装（鞋帽）产业发展规划》；协助政府规划，受广州市番禺区人民政府委托编制了《番禺区广州铁路新客运站商旅经济圈规划》；促进产业集群高质量发展，受中山市沙溪镇、惠州市园洲镇、东莞市茶山镇等镇政府委托编制了《沙溪服装产业发展规划》《园洲纺织服装产业发展规划》《茶山服装产业发展规划》。研究院还定期发布《广东服装产业研究》《首脑智库》《服装产业经济运行情况分析报告》等，帮助区域政府编制《产业规划白皮书》等，举办行业培训、专家讲座、主题论坛、研讨峰会等学术活动，为企业解读政府政策，为政府、企业发展提供决策参考，得到了行业的高度肯定。

广东国际时尚艺术研究院

广东国际时尚艺术研究院（以下简称"艺术研究院"）是经广东省民政厅批准成立的非营利性科研机构。是广东首家具备独立法人资格的时尚艺术研究机构。艺术研究院本着"推动时尚、接轨国际、趋势研究、优势互补、全面合作、共同发展"的原则，整合各地设计师力量，联合国内外相关服装、品牌研究机构，发挥各级专业人才优势，面向社会、企业开展设计研究服务，以建成"中国时尚创意产业开发和科技成果转化平台""中国时尚创意企业的服务平台"和"中国时尚服饰产业人才培养平台"三大平台为目标，汇聚时尚的创新力量，提升时尚产业的内涵魅力，为行业的发展提出科学的产业规划，以广东时尚服饰产业集群的优势推动中国时尚创意产业的跨越和持续发展。

聚集时尚创新力量，科学制定产业规划。艺术研究院将通过校企合作、设计大赛、时尚产业创新研究等途径，聚集海内外服装设计、品牌策划、营销创新、产业规划等方面的专家学者和时尚创新力量，科学系统地研究中国时尚产业市场发展走向、品牌扩张目标、服饰文化创新等事关行业科学、理性、健康发展的问题。

开创时尚产业研究，提升服装内涵魅力。由研究院研究员主导，与优秀时尚服饰品牌合作，在国际时尚大师及专家指导下，通过精准品牌文化定位，创建个性服务风格，帮助、引导企业提炼品牌时尚基因，注入有灵魂的文化精髓，通过鲜明商品风格价值，提升品牌亲和力手段，在打造品牌独一无二的个性符号、满足欲望消费需求中，创建品牌的核心竞争内涵。

深度培养设计人才，加大行业创新力度及与国际时尚产业交流的平台。组织专家、学者、企业家与高校合作加强课题研究，通过开展服饰设计大赛，设立服饰创新奖学金，进行服饰创新人才订单培养，合作设计开发市场新产品等，为服饰行业的创新注入活力。

转换商业经营模式，加快企业发展节奏。艺术研究院作为产业发展市场调查、新商业模式研究、企业发展指导、时尚品牌创新服务科研机构，指导企业在做专、做精、做强、做出个性优势的同时，引导时尚服饰产业链各环节建设，推动以国际时尚、社会知名度高的品牌为龙头，时尚艺术水平高、制造能力强的企业为产业基地的广东国际时尚产业的快速成长。

内 容 提 要

本年鉴全面、客观、真实地记录2024年广东服装行业年度大事、要事、新事、特事。"年度关注"类目，重点收录非遗新造、外贸升级、集群创新、重大活动等分目；"年度创新案例"类目，面向产业项目、服装企业、服务机构、服装院校等方向进行征稿，以图文并茂的方式收录上述主体在改革与发展中的新变化、新风采、新成果；"行业荣誉"类目，重点收录第24届广东十佳服装设计师、第五届广东纺织服装非遗推广大使。

图书在版编目（CIP）数据

广东服装年鉴. 2025 / 广东省服装服饰行业协会，广东省服装设计师协会编著. -- 北京 ：中国纺织出版社有限公司，2025. 9. -- ISBN 978-7-5229-3086-2

Ⅰ. F426.86-54

中国国家版本馆 CIP 数据核字第 202590T4W3 号

GUANGDONG FUZHUANG NIANJIAN 2025

责任编辑：郭 沫 责任校对：高 涵 责任印制：王艳丽

中国纺织出版社有限公司出版发行
地址：北京市朝阳区百子湾东里 A407 号楼 邮政编码：100124
销售电话：010—67004422 传真：010—87155801
http://www.c-textilep.com
中国纺织出版社天猫旗舰店
官方微博 http://weibo.com/2119887771
北京华联印刷有限公司印刷 各地新华书店经销
2025 年 9 月第 1 版第 1 次印刷
开本：889×1194 1/16 印张：18.25
字数：465 千字 定价：298.00 元